U0931550

齐鲁名家

大明进士

公鼐

王裕晏

公丕勤　公绪论　编著

吉林文史出版社

图书在版编目（CIP）数据

大明进士公鼐 / 公丕勤，公绪论编著. —长春：吉林文史出版社，2021. 9

ISBN 978-7-5472-7990-8

Ⅰ. ①大… Ⅱ. ①公… ②公… Ⅲ. ①公鼐（1558-1626）-传记 Ⅳ. ①K825. 6

中国版本图书馆 CIP 数据核字（2021）第 171911 号

大明进士公鼐

DAMING JINSHI GONGNAI

编　　著 / 公丕勤　公绪论
策划编辑 / 范继义
责任编辑 / 王明智
封面设计 / 张　振
出版发行 / 吉林文史出版社
地　　址 / 长春市福祉大路出版集团 A 座　　邮　　编 / 130118
网　　址 / www. jlws. com. cn
电　　话 / 0431—81629375
印　　刷 / 天津雅泽印刷有限公司
开　　本 / 710mm×1000mm　　16 开
字　　数 / 356 千
印　　张 / 26. 25
版　　次 / 2021 年 9 月第 1 版　　2021 年 9 月第 1 次印刷
书　　号 / ISBN 978-7-5472-7990-8
定　　价 / 128. 00 元

公鼐画像

该画像原在公鼐汶南别业，当地人称“翰林府”。由其第十四代后裔传承珍藏。

『五世进士·父子翰林』石坊

矗立在蒙阴古城的嘉靖进士公跻奎家前（明末清初旧县衙遗址）的牌坊，332年后毁于建设工程。（中共蒙阴县委办公室原新闻秘书蒋绍文摄于1961年）

题词：刘凤君

館閣門第文學世家
五世進士父子翰林

庚子夏月於山東大學 劉鳳君

题词：石运友

弘扬乡贤公鼐文化
追梦复兴齐鲁繁荣

庚子秋 鼎城 石运友书

总顾问

江林昌：

男，一九六一年五月生，浙江省杭州市临安人，文献学博士、历史学博士后。山东大学历史文化学院特聘教授，教育部人文社科重点研究基地山东师范大学齐鲁文化研究院院长，山东省泰山学者特聘专家，山东社会科学名家，国家出版基金评审专家，中国先秦史学会副会长，中国楚辞学会常务理事，中国孔子基金会学术委员，山东省齐鲁文化研究促进会副会长，山东省《左传》文化研究会会长等。曾任烟台大学副校长，烟台市人大副主任，烟台市政协副主席，民盟烟台市委主委，第十届、十一届、十二届全国人大代表。

江林昌教授曾参加国家『夏商周断代工程』和国家『中华古文明探源工程』。主持国家级、省部级课题多项。在中华书局、商务印书馆等出版社出版《中国上古文明考论》《考古发现与文史新证》《书写中国文明史》等学术专著十余部，在《中国社会科学》《历史研究》等刊物发表论文三百余篇。相关成果已获省部级优秀成果奖一等奖两项、二等奖三项，其他奖项多项，在学界有较大影响。

主审

张廷兴： 山东省沂水人，生于一九六〇年。济南大学文化与旅游学院教授、文学博士，硕士研究生导师。曾在省委党校工作十一年，任文化学教研室主任、齐鲁文化研究所副主任、章丘市市长助理。后调入广西大学，任文学院院长。二〇一〇年调入济南大学工作至今。先后主持和参与国家课题六个，省部级课题十一个。并先后担任山东省政府办公厅《现代文秘》杂志副主编、《文化山东》杂志社社长、山东省民俗学会副会长等职务。现为山东省非物质文化遗产研究基地副主任、山东省服务业发展促进会顾问、泰山人才考察组组长、中国《民间文学出版大系·俗语卷》专家组副组长、山东《谚语卷》主编。发表党建、文化、文学、旅游、民族民俗学、语言学、戏剧艺术、文化产业等方面的论文三十余篇；出版专著《山东文化资源开发利用研究》《民俗文化资源开发论纲》《沂水方言志》《谐音民俗》《中国民俗通志服饰卷》《中国古代文学名著与人生》《中华民俗》《中国文化产业史》《明清小说研究概论》等四十余部；主编与参编《三个代表在山东》《吉祥文化丛书》《山东省民俗志》《民间文学三套集成山东谚语卷》《中国傩戏剧本集成》等重点出版项目多部。获得山东社会科学优秀成果二等奖三次，三等奖二次。

主编撰稿

公丕勤：号云蒙，山东省蒙阴县野店镇烟庄村人。生于一九四九年一月，一九六八年参加工作，历职民办教师、供销社文书、农业学大寨工作组副组长。历任中共蒙阴县县委办公室秘书，乡镇党委副书记，乡镇长，县委办公室副主任兼档案馆馆长，县民政局局长、党组书记，县文化局局长、党组书记。民政局主任科员退休。二〇〇四年发起东蒙公氏第六次续谱，二〇〇五年带队完成堂阜试点全面铺开。二〇〇六年清明前，人丁登记达五万人时因故离开续谱，著书《云蒙诗草》。二〇〇七年开始撰写《名门望族 东蒙公氏》，二〇一一年由北京西苑出版社出版。二〇一五年组织抢救性保护《东蒙公氏族谱》民国年版缩编精印。同年《大明进士公鼐》正式动笔，二〇一七年任蒙阴县公鼐文化研究会会长。二〇一九年完成初稿送审，二〇二一年由吉林文史出版社出版。

副主编征访

公绪论：山东省蒙阴县前城子村人，大明进士公鼐直系第十六代孙，生于一九七三年二月，大学本科学历，一九九四年在铁道部十四局参加工作，先后参加京九铁路、国家高速公路同三线宁波段等项目施工。二〇〇三年任项目经理，带队参加烟黄高速公路蓬莱段的建设，蚌宁高速公路滁州段的建设，上海浦东铁路南汇泥城段建设。二〇〇八年任京沪高铁宿州段项目经理，二〇一七任中铁十四局集团鲁南高铁指挥长。现任中铁二十一局集团轨道交通工程公司党委书记、董事长。曾荣获山东省临沂市劳动模范，山东五四青年奖章，上海市重大工程先进个人，京沪高铁建设先进个人，国务院国资委学习型企业先进个人等荣誉称号。现为蒙阴县公鼐文化研究会副会长。

顾问

薛庆德：山东省蒙阴人，生于一九三七年五月，大学文化。中共前蒙阴县委常委，县政府常务副县长，蒙阴县政协原主席、党组书记。现为山东省老年书法家学会、中国老年书法研究会会员。

傅家传：山东省蒙阴人，生于一九四三年六月，中专文化。曾任中共蒙阴县委常委、县政府常务副县长，蒙阴县政协主席、党组书记。现为中国老年书法学会会员。

李长义：山东省蒙阴人，生于一九四二年九月，毕业于山东师范学院（今山东师范大学）政教系。历任中学教师、教导主任、副校长，中共蒙阴县委常委、宣传部部长、副县长，县人大副主任（正县级）。曾获得山东省优秀教师、山东省优秀宣传干部、山东省『尊师重教先进个人』等荣誉称号。

石运友：字晓石，山东省蒙阴人，生于一九六八年，大学文化，军旅生涯十三年，书法成就显著。现为山东师范大学副教授、省书协会员、山东高校书协理事、中国书画促进会常务理事、中国孔子书画院副院长。

公茂鹏：山东省新泰市人，生于一九五八年十二月，大学学历。曾任新泰市北师乡党委书记、翟镇党委书记、新泰市人大办公室主任、中共新泰市委党校常务副校长、新泰市政协副主席等职。曾获得泰安市优秀教师，连续六年被评为优秀党委书记。现为山东省书协会员，泰安市毛体书法院副院长。

东蒙公氏家族顾同

公方业：山东省蒙阴人，生于一九三九年，师范毕业从事教育工作五十年，历职教师、小学校长、教委主任。退休后加入家族续谱，为『世系』主编，《东蒙公氏族谱》（民国版）缩编精印编审。

公茂顺：山东省蒙阴人，生于一九七三年十月，大专学历，前蒙阴县商业局汇鑫公司财务主管，现任蒙阴县福顺物业管理有限公司董事长、总经理，兼山东富家寨建筑工程有限公司总经理。荣获山东省委宣传部最美志愿服务社区、临沂市委组织部五星级物业服务企业党组织、临沂市住建局标兵企业等荣誉称号。

公丕海：山东省蒙阴县烟庄村人，生于一九七〇年，山东大学研究生毕业，获加拿大兰桥大学工商管理硕士学位。历职济钢集团国际贸易和国际合作岗位，常驻海外工程十多年，历任马来西亚钢厂副总经理、济钢外事处副处长、国际贸易有限公司副总经理。济钢并入山钢后负责塞拉利昂铁矿销售及合资高强度耐磨钢板和装甲防护钢板出口工作。获高级经济师资格及优秀党务工作者称号。现任山钢同澳大利亚合资企业董事、副总经理。

公维强：山东省蒙阴人，生于一九六九年二月，大学学历，现任蒙阴县云蒙湖生态区新官庄社区党总支书记、山东云蒙湖渔业有限公司董事长、中国渔业协会常务理事。荣获山东省第二届十大杰出青年农民题名奖、临沂市科技进步奖等荣誉称号。

公维任：山东省蒙阴前城子村人，大明进士公鼐支系第十四代孙。生于一九七五年五月，大学文化。投笔从戎三年，历职团部警卫员、蒙阴兰陵酒厂科长，创建东兴汽贸公司。现任国鼐企业集团董事长兼鼐公家酒公司总经理、党支部书记，蒙阴县公鼎文化研究会执行会长。

校稿

公丕刚：山东省蒙阴坦埠镇人，生于一九六〇年，大学文化。历职沂源县财政局、经贸局、县政府办公室、县经济开发区、县政府党组成员。副处级。工书善画，好诗文，研经易，著书《梓河斋稿》由北京燕山出版社出版。退休后受聘为沂源县文联、作协、美协名誉主席。

王业东：山东省蒙阴人，生于一九六六年，大学本科学历，历职蒙阴一中语文教师。历任中共蒙阴县委办综合科科长，县委办公室副主任，县委机要局局长，县政府办公室副主任、党组副书记，兼任人民防空办公室主任。现任县人大办公室主任、县人大常务委员、党组成员。

公惟汉：山东省蒙阴公家城子人，生于一九四二年，高中文化。入伍首都警卫师制药厂，历职总工程师、生产副经理，同等副团级转业。现任北京庞士达保健品公司副董事长。

打字

禹强华：山东省新泰市汶南镇人，生于一九九〇年十二月，大学本科学历。毕业于中国刑事警察学院，治安学专业。历职厦门市公安局巡逻特警支队翔安分局马巷派出所。现在新泰市汶南福利彩印厂工作。

目　录

第一章　家　世

第二章　生平 事记

第三章　文学交游

第四章　齐鲁情怀

第五章　经世济民

第六章　文学主张　诗学影响

第七章　逸文、遗迹、遗存

第八章 附 录

序　言

江林昌

东蒙公氏贤裔公丕勤同志主编的《大明进士公鼐》一书即将付梓，是一件值得庆祝的事情。

公鼐是明代的著名文学家、诗人，出身于琅琊东蒙公氏名门。东蒙公氏号称“五世进士”，公鼐叔高祖公勉仁、曾祖父公跻奎、三祖父公一扬、父亲公家臣至自身蝉联五世进士，绵延130多年。他与父亲先后入翰林授编修，被称为“父子翰林”。如此家世，世所罕见。

公鼐大器晚成，少时曾在京学习，后因家庭变故归家务农，43岁举乡荐，44岁殿试赐进士，选翰林庶吉士，授编修。他东宫教太子，成为光宗、熹宗两代帝师；历任国子监司业、东宫讲官、国子监祭酒、詹事府詹事、经筵日讲官、礼部右侍郎协詹事府事、礼部左侍郎兼翰林院侍读学士，故后被诰赠礼部尚书，谥号“文介”，崇祀乡贤。他的文学成就显著，诗文宏丰，炳著海内，同于慎行、冯琦并称“山左三家”，在明代文学史上占有重要地位。有《问次斋稿》《问次斋西游稿》《问次斋续稿》行世。

以公丕勤同志为代表的编者队伍，积数年之功，爬梳文献、实地考察、访谈后人，终成此宏著，以享天下。拜读之下，感到该书有以下突出优点：

其一，史料珍贵，价值极高。编著者在搜集资料上下了很大功夫，视野遍及全球，既搜集到了图书馆的官方资料，也搜集到了个人的私藏资料，几乎将所有关于公鼐的资料都一网打尽。丰富的资料不仅保证了研究的可靠性，而且通过在书中的完整呈现，起到了留存史料的作用，所以具有重要的资料价值，是研究公鼐乃至明代政治和文学的重要资料。书中有很多史料是首次披露，如第七章部分逸文，价值极高。

其二，体例丰富，考证翔实。该书是目前所见关于公鼐的最翔实著作。该书体例完整，富有新意。该书从公鼐的家世、生平、故乡、交游、为政、理学、文学和佛修等各个方面展开，尤其是第二章以年谱的形式，利用大量史料，详加考证，客观科学地整理了关于公鼐的生平、事迹，全面翔实地展现公鼐一生。

其三，文笔晓畅，叙事优美。该书反映出作者较强的文字驾驭能力，行文流畅，语言优美，引文处理得当，展现出了作者的文学功底和史学研究能力。

是为序。

2020年9月于济南

序　言

张廷兴

公鼐（1558—1626），字孝与，号周庭，谥“文介”，古琅琊（今山东蒙阴）人。明代著名文学家、诗人，明朝万历前期“山左三大家”之一，是沂蒙山区走出来的一位著名先贤。

在沂蒙山区，有一句古话叫作“蒙阴县公一半”。意思是说，在蒙阴县公家的地位和权势非常显赫。据《公氏家谱》载，蒙阴公氏的始祖为北宋宣和年间公蕃，被表为“真儒”，至元朝八世祖公海父子为世袭军职。公海四子明初代父戍边，十世公就渡海寻亲以忠孝加军功被推授为广宗县丞，公就之孙公恕考贡生授河南固始县丞，东蒙公氏从此走向仕途。公氏家族第五代进士公鼐，15岁随父入京读书，因其父触怒张居正而贬官，公鼐重回故乡蒙阴，至42岁时再进国学，43岁举乡荐，44岁考中进士，选为翰杯院庶吉士，授编修，后兼国子监司业，晋左春坊左谕德，为东官讣官，官至礼部左侍郎。

公鼐赠礼部尚书，谥号“文介”，可见其耿直，有骨气。据史书与县志有关资料介绍，作为太子首席侍从官，他戚为“后党”和“阉党”的眼中钉肉中刺，动辄得咎，不得不“引疾归”；1619年万历皇帝驾崩，太子朱常洛即位，是为光宗。光宗对自己的老师公鼐极为器重，拜为国子监祭酒，亲书“理学名臣”四字的匾额，挂在他的府门。熹宗朱由校即位后，对公鼐仍很器重，以“两代帝师”视之。公鼐被封为礼部右侍郎、詹事府詹事。他秉性不改，上书熹宗，要求由他主持编纂《光宗实录》，秉笔直书光宗政绩和宫闱中

委曲隐秘之事，“存其真不存其伪”，“以成一朝信史”。熹宗没有批准他的建议。天启元年公鼐连续两次上疏，劝皇帝不要动辄惩戒官员，受到熹宗谯责，再一次“引疾归”，脱离了仕途。清《蒙阴县志》载万历四十三年，山东大饥，赋闲在家的公鼐上书请求赈济，得到允许，被崇祯帝褒扬为“仁殚乡间”。后因魏忠贤残害东林党人，时已去世的李三才被追夺诰命，御史叶有声追论鼐与三才有姻，公鼐遂被免去官职，不久病死蒙阴，终年69岁。思宗即位后，公鼐得到平反更正，追封为礼部尚书，谥“文介”。在蒙阴县城公鼐曾祖父公跻奎家府前街，敕命建造一座石坊，北面石刻“五世进士”，南面石刻“父子翰林”。

我关注公鼐，除了对故乡先贤的敬仰，主要是因为我的学生赵广升。赵广升是莒县人，考入广西大学文学院，就读古代文献学，选取了公鼐的《问次斋稿》作为毕业论文研究的对象，并且获得了2008年广西大学研究生获自治区财政专项资助创新计划。并且要在研究的基础上，整理点校出版《问次斋稿》。我作为老乡，自然鼎力相助，为其联系出版，并写了热情洋溢的序言（收录于本书附录中）。

最近十几年，公鼐研究也进入了研究生毕业论文领域。比较有影响的有：冯兆娜《公鼐年谱》(2007)，魏龙《问次斋稿研究》(2017)，李海鹏《明代蒙阴公氏家族文化研究》(2015)，朱凤云《公鼐研究》(2011)，赵广升《公鼐问次斋稿研究》(2008)。

本书的作者作为东蒙公氏的后人，一直潜心于对公鼐祖先的资料搜集和考证、研究，以及相关发掘成果，并利用自己善于弘扬东蒙公氏文化的基础和条件，编撰了这部公鼐研究集大成者——《大名进士公鼐》。家世部分考证详尽，生平事记部分脉络清晰，文学交游部分全面细致，齐鲁情怀与经世济民部分分析公鼐诗歌创作内容，文学主张与诗学影响合在一章体现了内在逻辑，最宝贵的是第七章逸文、遗迹、遗存和附录中当代研究、文选、纪念，给研究者提供了不少鲜为人知的一手资料，拓宽了研究视野及研究领域，提供了宝贵的资料。

忝为此序，与丕勤先生共勉。

2020年10月20日

编纂说明

一、本书坚持以历史唯物主义的写作原则。客观地、科学地整理关于公鼐的生平、事迹，及与其有密切关联的人物。反复认真的核对原始文稿，力求全面翔实地展现公鼐一生。

二、本书编著所依据的资料：一是历史资料，国史《明史》（清·张廷玉等撰）、方志《青州府志》《蒙阴县志》；二是公鼐家族《东蒙公氏族谱》乾隆二十六年版、嘉庆丙子年版、民国二十五年版；三是由曲阜师范大学相龙本教授校勘札记的《问次斋稿》清代手抄本、广西大学赵广升点校本《问次斋稿》《问次斋西游稿》《问次斋续稿》；四是参考当今正式出版的书刊、研究发表的论著，还有交游遗迹、研究发掘的成果；五是编著者实地采访、考察所得资料。

三、本书内容首先写概述总括全书；然后分章排节，列家世、生平、故乡、交游、为政、理学、文学、佛修为主体，有附录。公鼐年龄以虚岁计。

四、本书时间上限追溯到公鼐家族一世祖公蕃自北宋宣和年间卜居蒙阴堂阜之阳、蒙山之阴、齐鲁交界的古村上东门之时，下限为 2019 年。

五、本书纪年，中华民国前采用历史纪年，括注公元纪年；中华民国元年开始采用公元纪年。

六、本书所涉古代地名、官职称呼，沿用当时名称，古今地名不相一致者括注今名。

七、本书之立，冀望为研究公鼐文化的学者、热心读者提供汇集翔实的资料和重要依据。

概　述

公鼐（1558—1626），字孝与，号周庭（少时号九游），明代著名文学家、诗人，古琅琊今山东蒙阴（出生地蒙阴县上东门村，成年后迁居蒙阴县前城子村）人。蒙阴地处鲁中南，为孔孟之乡，国学底蕴深厚。公鼐出身东蒙公氏名门，家族声势显赫，少年即著称异敏；青年成长路途坎坷，京都学子归家务农，东蒙再起，大器晚成，42 岁再进国学，43 岁举乡荐，44 岁殿试赐进士，成为东蒙公氏第五世蝉联进士，选翰林庶吉士，授编修，接任父亲官职，世称“父子翰林”。他东宫教太子，成为光宗、熹宗两代帝师；历任国子监司业、东宫讲官、国子监祭酒、詹事府詹事、经筵日讲官、礼部右侍郎协詹事府事、礼部左侍郎兼翰林院侍读学士，故后被诰赠礼部尚书，谥号“文介”，崇祀乡贤。

公鼐仕途艰辛，历经磨难；为官期间，朝廷处于乱党纷争，时常有性命之忧，在朝二十五年，曾两次“引疾归”，一次“辞朝归”。公鼐除官政之外，集文学、理学、佛修成就于一身，几达“修身、齐家、治国、平天下”之至境，实现了一个封建士大夫的人生光辉理想。他的文学成就显著，诗文炳著海内。他倡导作品紧扣时代脉搏，不拘格套，反对“复古模拟”，主张文学要有时代声情，并以其鸿篇巨著《问次斋稿》《问次斋西游稿》《问次斋续稿》，以及其他大量作品实践了自己的文学主张，为扭转明末文坛消沉颓败的文风起到重要作用。明末，公鼐成为诗坛巨擘，崇尚大雅，标举齐风，同于慎行、冯琦并称“山左三家”，在明代文学史上占有重要地位。

一

公鼐出身馆阁门第，文学世家。自明弘治三年（1490）叔高祖公

勉仁考中进士，曾祖父公跻奎、三祖父公一扬、父亲公家臣至自身蝉联五世进士，绵延130多年。他与父亲先后入翰林授编修，被称为“父子翰林”。“五世进士”均为朝廷重臣，有封疆大吏、巡抚督军，词林名宿；掌国学，教太子，秉史笔，写皇录，文韬武略各有建树，并均有著述行世。他的先人与后裔多有科名、仕任，州府县令、督学教谕；个个忠君爱民，持廉秉公，政声清惠，文治武功各有所长；在国史、州府邑志中历历可考。明末在蒙阴旧县治前街，公鼐曾祖父公跻奎家府前建一御敕石坊，上刻崇祯皇帝御赐“五世进士　父子翰林”双面匾额，这是大明王朝对公鼐家族的封赏。

公鼐的成长深受其文学家庭的熏陶和影响。《东蒙公氏族谱》和《蒙阴县志》（清康熙十一年版）记他“生有异才，髫龄能诗。读书一目即记，载籍靡不腹笥之”。蒙阴曾因他参加“毛公试”考出奇迹，山东督学将蒙阴小邑升中等，每届增加五六个乡试考试名额。可以说，公鼐为家乡做出了历史上罕见的贡献。

公鼐14岁随父亲进京读书，受到词林名宿翰林文英的关爱和指教，诗文崭露头角。15岁写出《七律·拟秋怀》，抒发豪情，讴歌明代“款虏”政策，并表达自己要学父亲帮天子谋划太平大业的雄心壮志，一时闻名京师。但公鼐20岁时，父亲公家臣因张居正“夺情”廷议被贬外谪官，使公鼐失去了在京读书的机会。后返回故里，旋被选为生员，25岁又遭父亲南京赴任病逝滁州终天之痛的打击，接连几经科考不顺。但他的才学受到山东督学蹇理庵的器重，将他推荐给山东布政司曹如川，被许为“倚马才”，拜相国王锡爵为师。山东巡抚钟化民召他去参加山东修志并给予其特殊待遇。在此期间，他走遍齐鲁名胜，写遍山水奇观。万历二十七年（1599）被推入南宫太学就读，寄于礼部侍郎冯琦门下。次年秋闱中举，万历二十九年（1601）考中二甲进士，初授翰林院庶吉士，再受任编修，接续了父亲的官位，走进了当年父亲写国史、修皇录的官邸。

二

公鼐在宫中先给太子讲学，后给皇帝讲经，置身皇帝身边，处于宫廷党争、太监专权、朝廷内派系激烈斗争的旋涡之中，举步维艰。他秉性耿直，持正为公，无所畏惧；但是青年时期的政治热情，在现实面前大大受到挫伤。奉旨出巡江西、湖广期间，一路描绘祖国的大好河山，考察研究历史文化，疏章直陈民间疾苦，大篇幅地体现在他的巨著《问次斋稿》《问次斋西游稿》《问次斋续稿》中。他入翰林院的第五年，请辞归故里养病。在他的《丁未人日》诗中有："百年将半后，十载乞闲身。童子粘屏喜，乡邻送酒频"之句，描述了在家乡过春节，全家得团聚、四邻相帮，和睦相处的情景，表达出无官一身轻的愉悦心情。这是他在官第一次"引疾归"，时在万历三十五年（1607）。

万历四十三年（1615），在起复原官赴京上任的夏天，正值山东大旱颗粒无收。他行至泰山以南，目睹百姓流离失所、饿死荒野路旁的悲惨景象，又见官府差役强征暴敛，逼得百姓卖儿卖女，东奔西逃。他心情悲怆，奋笔疾书，写下了《夏日行岱野所见》这首声泪俱下的古体长诗。入朝后，立即上疏为山东请赈，得"全活通省"。崇祯皇帝在谕祭圣旨中提到他"发粟赈济，仁殚乡间"。这次赴任，他被提升为东宫讲官，成为诸皇子的老师。在围绕立太子国之本的问题上，朝臣与太监之间、勋戚之间明争暗斗。虽然按朝规原则勉强确立朱常洛的太子位，但诸王争夺权位的斗争并未结束。身为皇帝近臣的公鼐被晋升为"左庶子"，成为皇太子朱常洛的首席侍从官，仍然成为"后党"和"阉党"的眼中钉，处事如坐针毡，稍有不慎就会招来杀身之祸。但他决不苟同，被迫明哲保身，不得不抱病回故里。这是他第二次"引疾归"。

万历四十八年（1620），神宗朱翊钧驾崩。时为皇太子的朱常洛筹备继位（庙号光宗，年号泰昌）。公鼐又奉召回京，拜国子监祭酒，皇帝经筵讲官。光宗朱常洛亲书"理学名臣"匾额挂于府门，谕曰"国有大事公卿咸就裁”，昭示文武大臣遇国事要请教公鼐。可以说，此时是公鼐一生最受器重的时期。这时的他已年逾花甲，拖着多病的身体，坚持勤于职守，兢兢业业。当时他的大量记述诗保存在他的《问次斋续稿》中，现存于广东中山大学图书馆。在《署中晚归》诗中描绘一个六十多岁的人再次回京都任职，顶风冒雪早出晚归的辛苦，流露出对隐居生活的眷恋，也提醒自己处事要谨慎小心，不要忘记自己是一个病翁。

正当他老骥伏枥，只争朝夕地努力去实现他“有怀投笔非吾事，愿学龙门策太平”的远大理想时，继位不足两个月的光宗朱常洛因有病，让近臣推荐的外医诊疗，服用了一种红丸药后，腹泻不止而驾崩，也就是明万历年间三大疑案之一的“红丸案”。这时公鼐与光宗朱常洛的师生感情加君臣厚意，再加上对宦党罪魁的愤怒，明知朱常洛死因不明且无奈的他，在悲痛中迸发出来。他托着病体不顾寒潮风雨浸湿，坚持住乔山为朱常洛修陵护葬；半年后朱常洛的儿子朱由校继位（年号天启，庙号熹宗）。公鼐又被召回充修两朝实录，晋阶“詹事府詹事”，诰封“朝议大夫”，同年九月又加封“通议大夫”。熹宗在晋阶诰命中写“……命纂先猷，奉扬祖考。帷幄屡陈奥义，宫墙并铸群英。两朝之左马咸推，一代之夔龙共仰”，证明熹宗皇帝仍然器重公鼐。这又引起“阉党”和“后党”的嫉妒，想方设法地排斥他。更糟糕的是他的学生熹宗皇帝还年少，不久朝中被宦官魏忠贤专权。魏忠贤想方设法地压制公鼐，致使公鼐上疏要亲自执笔《明实录〈光宗实录〉》的请求不批准；推荐启用李三才，廷议不决；却被移职礼部右侍郎协理詹事府事，远离皇帝身边。当年的“愿学龙门策太平”的理想也无法实现。天启二年（1622），公鼐怀着对大明朝廷的失望，加之身体的原因，便毅然请辞告老回归故里蒙阴。这次不是“引疾归”请假养病，而是彻底地辞职告老还乡，由一位朝中高官成为平民。

天启四年（1624），熹宗皇帝随年龄的增长有了独立的能力，又想起德高望重的公鼐。就下旨召公鼐回朝，起任礼部左侍郎兼翰林院侍读学士，恢复其两朝实录副总裁。此时他的病情也越来越重，对大

明朝廷已心灰意冷，即上疏请辞，熹宗皇帝御批不免“奉旨闲住”。

天启五年（1625），公鼐仍被魏忠贤以举荐李三才为罪名罢职。这年公鼐的妻子诰封彭淑人病逝，更使他的身体状况一天不如一天，他的诗文《乙丑彭淑人亡后九月遇病自伤》中记有此事。天启六年（1626），公鼐69岁不幸在故里蒙阴病逝，明末一颗文坛巨星陨落。崇祯元年（1628），崇祯皇帝追赠他为礼部尚书，谥号“文介”，赐国祭全葬，崇祀乡贤，御批墓陵建“世荣坊”纪念。在故里县城建“五世进士　父子翰林”坊封赏公鼐文学世家。

公鼐自赐进士到去世，在职25年，两次“引疾归”，一次告老还乡，实际在朝理政十年余。崇祯元年十一月十七日在谕祭公鼐旨中曰：“……赠礼部尚书赐谥文介公鼐……维尔真修卓品，博学宏词。承太史之家风，作述继美；掌先朝之典故，今古为昭。侍从讲帷，冰兢纳牖。……离明多献替之功”等定论之语。

三

公鼐一生勤奋，为政鞠躬尽瘁，诗文丰厚，著作等身。他的文学作品具有时代风貌，同期著名文学评论家海曲状元焦竑、青州状元赵秉忠、侍郎李若讷等人为他的文集作序给予肯定，并大加赞扬。据历史资料记载，仅《问次斋稿》就有一百多卷，现存手抄本三十一卷，岭南大学存《问次斋续稿》五卷，中山大学存《问次斋西游稿》七卷。《问次斋集》（明万历刻本）被美国国会图书馆收藏。《问次斋稿》（清代手抄本），共计三十一卷，由他的后人收藏，至今保存完好，1997年由蒙阴县政协影印出版。他的文学思想对明清两代影响很大。清初大诗人安箕在《青社先贤・咏公鼐》诗中写有“高枕东蒙间，寝食研图籍，撰书卷帙繁，与身同寸尺”等句，颂扬公鼐治学勤奋，著述繁多；说他的作品摞起来与他的身体一般高。康熙初年，刑部尚书渔洋山人王士禛评说：“吾乡文介公鼐，万历中为词林宿望，诗文嫣雅，绝句尤工。如《习家池》《南竺寺》诸诗皆不减唐人风致。”

四

公鼐的文学主张，在他的《古乐府序》中表露出来了。他主张文学发展不应“贵古贱今”，要有时代特征，要坚持历代文学演变的原则。他的文学作品，既继承古代优秀文化遗产又紧扣时代声情而革旧创新，字里行间展示出他的政治抱负和艺术风范。主要表现在四个方面：

一是从少年到做官至晚年，一直关心国家大事，关注边防，同情民艰，反映人民疾苦，请赈济民。无论宏文赋辩还是古诗言律，都富有时代气息。

二是他那刚正秉直性格使他的作品直陈时弊，揭露明末朝廷混乱腐败、仕途艰辛和世情险恶。

三是他的作品中突出展现了他的故乡情怀。他热爱故土，讴歌家乡山河民风，抒发自己对故乡的眷恋，怀念亲朋诗友之情意，把故乡东蒙及其周边的山川、草木、寺院、泉林写得淋漓尽致，读之令人心旷神怡。

四是标举齐风，他倡导“诗贵真”的文学主张，为萎靡的晚明文学、诗学注入了生机与活力。为导扬齐风，复兴大雅做出重大贡献。主要思想反对复古、摹拟，并在他的《古乐府序》中发出宣言。在他后来的诗篇中有“东海茫茫东岱雄，齐王旧国伯图空。斗鸡六博皆绵邈，惟有泱泱古大风”“一歌先齐风，大海扬波澜”“我也导其波，君也扬其澜，主盟非吾事，愿君恢齐风”等倡导、评论，揭示了“齐风”的主要内涵。可谓在明末诗坛上的时代创新和自我树立了榜样，直到清代还有人标榜他“言诗于万历，则三齐之彦，吾必以公文介为巨擘也”。

五

公鼐诗文，少奇青雄，壮老禅韵，逐渐窥透人生大道。由辞句至篇章，渐溢禅味，其情怀境界由凡近圣，明心见性，入诗升神，超唐宋之名家，追禅宗之大德。其状可散见于众篇章，尤集志于《问次斋稿》之“闲居偶作杂诗以当谒言”十四首中。

第一章　家　世

受氏两千五百载，封地阳谷爵位公。

蕃祖卜居上东门，礼乐传承九百冬。

庙堂封疆行端正，州府县令留政声。

家族文化称世家，以忠尽孝贯遗风。

公鼐在他的《训子篇》中写道："公氏受氏，为国纪纲。公姓本出鲁昭公之子衍、为之后。或以公孙、公西氏之省，非也。"那就是仅此一门单姓"公"，战国时鲁昭公之后裔。绝不是其他复姓如公孙、公西、公羊等省略为一个字为"公"氏。他又说"汉肆云扰，唐季瓜分。宣和改卜，东蒙新兆（宋宣和中自沂州来改卜在古堂阜之阳）"。堂阜在明朝之前有时期称蒙阴为堂阜邑，地名旧址在今蒙阴县常路镇西高都村，是管仲脱囚处，原有"夷吾亭"，为纪念春秋时管仲（名夷吾）在此脱囚而建，毁于 20 世纪 60 年代。那是说公鼐先祖改卜在堂阜之阳蒙山之阴的蒙阴古村上东门。

第一节　远　祖

公鼐的远祖可追溯到春秋战国时期，周文王之子周公旦的后裔姬姓二十三世鲁昭公。周文王次子姬发继位为武王，封三子姬旦（周公旦）为鲁国公，封姜子牙为齐国公，二人辅佐武王灭商纣建立周王朝。两年后武王去世，由13岁的儿子姬育继位，是为成王，封姜子牙为太师，尊号尚父，赐齐国候；封姬旦为丞相，世称“周公”。其子伯禽为鲁国公。公元前541年，鲁国公位传至二十三世孙鲁昭公。鲁昭公行周礼爱子民，受到孔子的赞扬和辅佐。昭公在位正是春秋末期，东南地区吴国、越国军事强大，挑战楚国称霸中原，社会政治、经济、文化有了发展，此时诸侯国之间的关系发生根本的变化，长期战争兼并改变了大国争霸局面，鲁国的统治地位逐渐衰退，鲁昭公兵败臣家，不得不逃出国门，由孔子陪同投靠齐景公，国公位交给弟弟姬宋，称鲁定公。鲁定公封昭公之子衍为公爵位，授氏为公。鲁昭公在位时派太子衍出使齐国，被齐景公封臣，赐地阳谷（今聊城市阳谷县）。载《春秋左氏传·昭公二十九年篇》，那就是东蒙公氏家族的远祖，迄今已有2500年的历史。

公鼐在他的《训子篇》中写道：“汉有主爵都尉公俭，历唐宋氏族诸家有地望可考。云来地著，望于括阳。分支别派，不出鲁疆。”就是说，阳谷一支未出鲁疆。据《后汉书》载：胶州公沙穆历官主事、绘相、弘农郡守、辽东都尉，出身贫寒，勤奋苦读；长期研读汉初燕人韩婴所著《韩诗》和战国齐人公羊高所写的《公羊春秋》。为攻克儿童杂症又攻读《河洛推拿术》，专为儿童治病。后来沙穆被举荐为孝廉，封为主事，调琅琊为绘相，辅佐侯王。几年后又被朝廷调往河南为弘农郡守，再后来授命辽东都尉。在位深受所属部下、黎民百姓拥戴，

66 岁卒于任上。他的五个儿子都成就大事，长子公孚，字允慈，也像父亲一样为孝廉，授尚书使郎，又放河北怀来为上谷太守，时称“沙穆五龙，天下无双”。胶州、平度、诸城、安丘、沂州均有公氏后裔。

第二节　卜居东蒙

“岱宗之亚，爰有东蒙；神禹因之以艺淮徐，鲁公有之以荒大东，尼父登之以俯宗国；羡门居之以越蓬瀛。”这是公鼐 24 岁时写出的宏文巨篇《东蒙山赋》中的精句，描写的是雄踞于鲁西南由西北向东南绵延八百里，纵横于蒙阴、费县、平邑、沂南境内的蒙山，旧时称东蒙山。蒙山北面为阴，蒙阴县地处蒙山之阴，由此而得名。公鼐家族之源就在蒙山之阴的上东门村。公鼐在《训子篇》中写道：“云来地著，望于括阳。分支别派，不出鲁疆。大庭之履，尼父之乡。”下一段有：“东蒙之兆，堂阜之滨……攸攸阴德，遂于其门。”点明其家族：东蒙公氏自宋宣和卜兆地为东蒙山之阴，堂阜之阳的蒙阴县上东门村。（注：蒙阴县曾称堂阜邑，蒙山称为东蒙山。）据《东蒙公氏旧谱》记：公鼐家族的上东门一世蕃祖是在“北宋宣和中（1119—1122）自沂州西南六十里义沟村避兵来蒙居上东门”。遂卜兆祖茔于安平崮东南麓，称为东蒙公氏，迄今已有 900 年的历史。

据《蒙阴县地名志》载：东晋大兴四年，包姓自山西潞安举家六口人迁此建村，因村东河为东周时齐鲁边界，该村地处鲁国的东门。宋宣和公姓由临沂义沟迁居。公姓在明朝间族大人盛，显赫异常，曾出了“五世进士”“父子翰林”。

据 1924 年开始第五次续修的《东蒙公氏族谱》载：公鼐家族卜居上东门 800 年间，族人遍布全国 13 个省市，108 个县；繁衍人丁 4 万余众。那时的安平崮祖林占地就有 300 多亩[①]，前有玉带河（梓河

① 一亩≈ 667 平方米。

源），后有轿顶山。古树参天，郁郁苍苍；碑坊林立，雄伟壮观。公鼐在中进士后回故里上东门展墓祭祖写七律一首：

展墓东门故里见旧居荒凉有感

松柏千岩锁暮春，先人曾此寄垂纶。
诸溪入汶归东鲁，绝嶂凌霄拱北辰。
彭泽旧居栖鸟雀，嫖姚遗冢卧麒麟。
今逢冠盖蝉联日，故里萧然转怆神。

上东门古村是公鼐的出生地，他少年时期生长的地方。村庄坐落在梓河源头野店河两岸，常坦公路贯穿。这里土地平坦，接重峦群山，背靠安平崮、石门山，崮峰俊俏，下接丘岭，似轿顶起伏连绵。河道似玉带，河水畅流不息，南岸有石人山耸立，著名的瞭阳崮出群岭屹立巍然。在20世纪50年代旧貌依存，村中有御敕都宪坊残件、古屋祠堂、上马石，旗杆座、古砖瓦等文物古迹随处可见。从这里走出了“五世进士”，另有诸多州府县令、沙场将士在这里长眠。

如今的上东门村，地域面积7530亩，近700户人家，1800多人丁旺盛，枝繁叶茂，公鼐家族人占50%。至今仍人才辈出，忠孝绵衍。这里也走出诸多硕士、博士，以及军事将领，纷纷报效祖国、回报家乡，科技农桑经济大发展。

上东门村可谓公鼐家族、东蒙公氏诞生的摇篮。

上东门村全貌（公茂栋摄影）

新立祖林纪念碑

此处乃东蒙公氏祖林遗址，已建成一座祖林纪念碑，碑址在巡抚、御史公勉仁神道，正德皇帝御敕雕龙碑位上。东蒙公氏祖林，毁于20世纪60年代整地改土、破旧运动。

建碑调整土地，协调施工：上东门村党支部书记、村委主任公丕法。

雕龙御碑

据上东门耆老公衍安回忆口述龙碑形状、位置，公勉仁墓陵神道有两座雕龙碑，再查询资料绘图，雕龙御碑状，当地人称“龟驮碑”，与大林内全部碑刻、石雕、谱碑廊，毁于20世纪70年代初水利建设工程。

第三节　世系人物

公鼐家族“东蒙公氏”一世祖公蕃肖像

（临沂市博物馆提供）

公鼐在他的《训子篇》中写道："流泽之厚，簪笏骈蕃。庭槐荫宇，带草临轩。五良克肖，连踵齐骞。"意为先祖恩泽于后世，是家族文化发展的起源。家里摆放着上朝的笏板、插在官帽上的耳笔，说明在朝仕任的官多，诗书继世。院子里老槐树遮住屋檐，捆扎书帙的草就生长在书房前。"五良克肖"是指二代进士公跻奎五个儿子皆登科。

公鼐出生在上东门东蒙公氏的一个文学世家里。他的家族发展始于宋，著于元，盛于明，乃江北著名"馆阁门第""文学世家"。一世祖公蕃自琅琊沂州来蒙山之阴卜居后，以劝学力农为主，举善而教，勤奋开垦；娶晋代来建村的包氏闺阁，置包家风水地安平崮东麓卜兆祖茔，将显考迁此。《蒙阴县志》清康熙十一年（1672）版记：公蕃北宋期旌表为"真儒"，著《定园集》行世。《蒙阴县志》清康熙十一年版《进士》篇中记："……勉仁十二世（应为十三世）祖讳蕃者，笃行力学，劝掖后进，故宋称'真儒'。勉仁以蕃状书之于壁，朝夕礼拜，恪遵惟谨……"在《文集》篇中也有详细记载。《东蒙公氏族谱》清乾隆二十六年（1761）版有字证，"查康熙谱，一世祖蕃，二世祖怀远"。公蕃生一子名怀远，继承父业著书《松石草》行世。怀远配李氏生四子，是为三世祖。公鼐为二支信祖系。信祖生一子佑，是为四世祖。佑生四子，是为五世祖。公鼐属次支元祖系。元祖生三子，是为六世祖。公鼐为三支仁祖系。仁祖配阚氏生五子，是为七世祖，出军职浙江团练使公显。公鼐属五支汉祖系；汉祖为生员，生一子海，是为八世祖。公鼐直系。

七世叔祖公纲

公纲，字文纪，二世祖长支，五世长孙德公之四子，元初受任两浙（今杭州）都转运使，后充任湖汶，赭山税务大使，再后又充任浙江亭批验鱼盐引目官。兄弟四人中他最小，属东蒙公氏第七世，其长兄公显，宋朝末年任浙江团练、兼总理鱼盐官，乃宋代公氏之盛誉。

公纲举官后独自迁新泰刘家官庄（原名李山庄）创居，在延祐元年（1314）告归故里，回上东门发动父老修理祖茔地、植树立碑，继四世存祖后又一次修理祖茔地、植树立碑活动。上东门祖林有为其竖立的“孝德碑”。

八世祖公海

海祖自幼习武，夏练三伏，冬练三九，常常研读兵书至夜半孤灯。元末先为蒙阴十八寨统领，主守瞭阳崮，授任青州府万户军职，战时统一万兵马上阵，平时保一方平安。

瞭阳崮现状（公茂栋提供）

元末，蒙阴周边十八寨建在高山崮顶，悬崖峭壁上；有匪乱或外敌入侵，四方百姓齐奔山寨避难，公海被推任十八寨总领，驻守瞭阳崮。他治兵力农刑赏无私，每当匪寇来犯，各路人马统一调度分兵迎敌；敌退他又组织桑农耕作，深受百姓拥戴，受官府表彰和推荐，被元朝廷委任万户军职。他成了元代公鼐家族最大的军官，直接受朝廷枢密院的调遣。

明太祖朱元璋改朝换代，废除朝廷枢密院，撤销中书省，地方军事权力改制，自然牵扯到万户军职。公海因是元代旧臣被谪迁辽东戍边。当时有规定从军到40岁时可由子代替，后来由从小跟父亲学武弄刀枪的小儿子公守敬替父从军，公海回故里上东门，仍然扶助乡民耕农。八世祖公海配包氏生四子，公鼐为四支守敬祖系。

九世祖公守敬

守敬祖携妻抱子（公铣），赴辽东替父公海从军，行至登州码头遇海阻，时遇风大浪高，多数船只不敢出海行航。公守敬替父心切，将十个月大的儿子公铣托付给沂水姓葛的人带回交给大哥抚养，夫妻二人不顾生死安危，乘渡船顶风浪过海，徒步赶到辽东边塞。公守敬将妻子安顿在附近的村子里给当地人做活谋生，自己去军营替回父亲。他在军中练兵杀敌立功，成为一名将领；十五年中又生了次子世亮、三子世杰、四子世源。公鼐属长支公铣支系。再说公铣自登州被葛姓捎回交给大伯公守道扶养成人，15 岁又只身赴辽东替父从军。父子“以忠尽孝”的美誉世代相传。旧县志记旌表公守敬为“忠义”，公氏家族表为“孝子耆德”。

十世祖公铣

公鼐的十世祖公铣，字世藏。公铣由守敬祖夫妻二人从登州海岸托人捎回给大哥抚养。公铣在大伯家长到八九岁时常到村内郭家学堂在窗外听郭先生讲书，用树枝在地上写字。有一次先生提问算术，室内无人能回答，公铣在窗外答对，先生闻听大惊，出门一看说：“你不是公家的放牛娃吗？”随即把他领进学堂说：“以后你再来听课就坐在学堂的最后一排，不要在窗外听啦，我不收你的学粮。”从此公铣有了上学的机会，尤其算术水平大大提高。公铣长到十五六岁的时候，学堂的学生经常取笑他没有爹娘，他打听到父母在辽东从军，一时想见父母的愿望涌上心头。回家哭闹不吃饭，要去辽东寻找父母。大伯公守道无奈，只好凑足盘缠让公铣只身一人出门，经历艰难险阻，来到辽东军营寻找父亲，见面后父亲不敢相认，等母亲来验看项后痣点后，母子相认抱头大哭。此情景感动军方并收留了公铣，准许其替父从军。军方发现公铣文才出众，智慧不凡，推荐到总镇发挥特长。公铣在军中立功受奖，几年后被委任登州卫胥吏之职。永乐年间，因他有军功加忠孝事迹，被征授任直隶顺德府广宗县丞。从此，公鼐家族从世袭军职步入仕途出了第一位县官。

公铣履广宗县丞任一年后因病体告归故里，临行用二驴驮全部家当，儿女随后徒步一路艰行回到上东门，世称一介清官。自古忠孝难两全，公铣以忠尽孝成为楷模。乾隆二十六年（1761），公鼐家族续修族谱，将守敬祖的“敬”字、铣祖任职的县名“广宗”作为辈字，“允中怀‘敬’慕，尚式‘广宗’传”作为家族的法规永传后世。公铣配氏无考，生一子名评，为十一世祖。

十一世祖公评

公鼐的十一世祖为公评，据蒙阴旧县志载：明代旌表为“大善人”。生二子，长子忠，字尽己，恩赐九品；次子恕，字克己。

十二世祖公忠

生于宣德九年，一生至亲至孝，行善积德，不吝施财接济乡民，周济亲友。正德己巳年（1509），朝廷下召推举80岁以上仁善优老，可恩赐九品，公忠授恩赐“中士大夫”。公忠配国氏生四子，公鼐为三支景仁祖后代。

十二世叔祖公恕

字克己，贡生，河南固始县丞，初授河南怀庆府修武县丞。在任期间，他以情征税，周恤贫民，劝富家多交税银，总量完成本县任务，受民拥戴。迁汝宁府固始县后，他组织保护文物、修县志撰词颂，任期未满申请告归。临行时固始父老有馈赠，公恕辞授谢曰：“在位要有益于国，惠泽于民，去任乃虚受惠，能无愧乎？”告归时，长子公勉仁还

祖宗遗训：……以孝友德行爲本，以勤儉耕讀爲業，勿尚機詐，勿染浮靡，親親長長，窮勿失義，達勿離道，求無愧爲清白家之子孫。

明代十三世景仁祖在上东门祖林立卧碑垂训

未登第。回故里后，公恕不住县城仍住上东门，与乡亲父老共同开垦农田制定社约，创乡社平安。长子勉仁中进士封御使，他速寄家书教子曰：“官虽冷，辞受取与不可苟且，一定要循礼法秉公正。”勉仁升迁都察院，他又面授语：“任御史，戒以遇事不可畏避，以事至勿推，事去勿追；努力尽忠，勿为矫激。”正德皇帝称公恕：“教子以忠必使之效，训成贤子，名显甲科。”公恕的为官爱民之道，延先达之遗风，成为后代为官者忠君爱国、廉明勤政的榜样。

十三世高祖公景仁

公鼐的高祖公景仁授封承德郎，加赠奉直大夫。他传承家风，持之以恒，掌族权立规约将祖宗遗训，族规家风，刻立石碑于上东门祖林垂训后世。配包氏生四子，公鼐属三支家族中二代进士公跻奎直系。

十三世伯高祖公增仁

公鼐的伯高祖公增仁，因三子志真选贡于嘉靖初年，授任山西大同府广灵知县，升五品，授封“文林郎”。配邱氏封儒人生六子，枝繁叶茂。

十三世叔高祖公勉仁

公鼐的叔高祖公勉仁为东蒙公氏明代第一代进士，字尚德，号西埠。生于景泰元年（1450），卒于正德十一年（1516）。《东蒙公氏老谱》记：公勉仁自幼生性聪敏刻苦奋进，身材瘦弱但气节超群。少时有《黑鹰行》诗集，少壮立下凌云志报国情怀。《蒙阴县志》清康熙十一年（1672）版记：“勉仁，世祖讳蕃者，笃行力学劝掖后

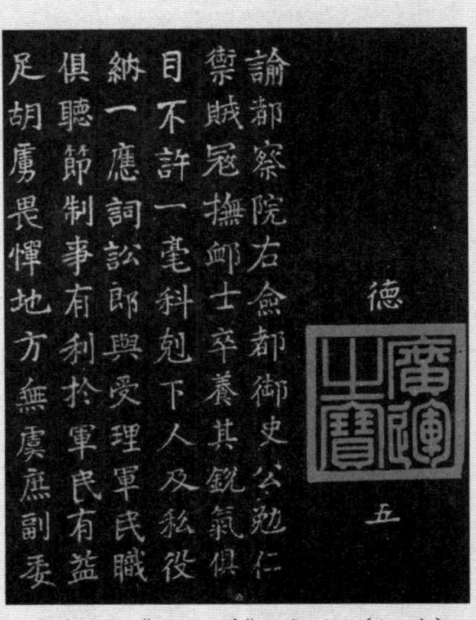

公勉仁《御敕碑》残块（拓片）

进，宋称真儒，勉仁以祖讳蕃状书于壁，朝夕礼拜，恪遵惟谨，以文学著名，官至佥都御史，卒于全祭。”公勉仁为弘治三年（1590）进士，初授行人升太仆少卿，迁江西道监察御史。正德初年，因办案得罪宦官刘瑾，被外谪五年。初为四川参议，谨诛，起任四川按察副使，协助巡抚林俊平叛安民，累立战功，升调都察院右佥都御史。正德五年（1510），他奉旨巡抚湖广、荆襄、陕西汉中。正德七年（1512），他奉旨巡抚大同赞理军务。明史记公勉仁“在边十年无警”。正德十一年（1516），66岁的公勉仁又奉旨巡抚江西、抚治郧阳，推兵部侍郎未及上任，因劳累过度病逝于郧阳府邸。留下七律诗一首：

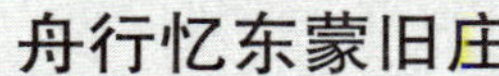

舟行忆东蒙旧庄

野馆篱边秋水清，竹阴深处掩柴荆。
渔灯乱集澄潭下，樵唱时闻隔浦声。
泉石梦中千里远，烟波江上一舟轻。
何年了却人间事，静向云林问养生。

公勉仁大同巡抚衙门九龙照壁现状

正德十二年（1517）三月，武宗降旨赐以全祭谥号“忠肃”（康熙年间族谱载）。谕敕山东布政司许纯葬公勉仁于蒙阴上东门，在上东门故居家府前建御批“都宪坊”纪念。公勉仁以文学著称一生，著有《黑鹰行》诗集，以及《东山集》《守边策略》等书行世。上东门公家大林都堂坟前，神道两边各立弘治、正德皇帝的两座雕龙御碑，那是公鼐家族的辉煌根基，世家延续的命脉。公勉仁省亲故里时，为家族建立了高2米、长20米的青石碑廊，立谱建铭志，为其家族在清康熙朝创立书谱奠定了基础。此碑廊同宋、元、明、清时期的墓地共存400多年后毁于20世纪60年代的整地改土与“破四旧”风潮。碑廊、铭志、碑谱与皇帝圣旨雕龙御碑等建筑物又被毁于20世纪70年代初，用于兴修水利工程。东蒙公氏老谱载，自明弘治十二年（1499）至明正德十二年（1516），十七年间，孝宗、武宗皇帝降公勉仁圣旨文十一篇。遣山东布政使许纯葬公勉仁旨：

> 谕祭于都察院右佥都御史公勉仁曰：惟尔质纯才赡，名荐贤科。列官大行，简居台察。晋秩太仆，夙夜惟勤。偶谪运司，载迁藩臬。升华都宪，屡出抚巡。南北驰驱，席不暇暖。勋业方著，胡遽沦亡？讣音远来，良深悼惜。追维往勚，宜布新恩。爰命有司，特赐以祭。九原不昧，尚克歆承。

十四世曾祖父公跻奎

公跻奎乃公鼐之曾祖父，景仁祖三子，是其家族第二代进士，原名志厚，字瑞文，号中山。少年颖秀，才思敏捷，13岁补弟子员。嘉靖乙未年（1535）进士，授工部主事，分司吕梁，根治水患，漕运大通，受朝廷两千石嘉奖，诰封奉直大夫。嘉靖己亥年（1539），出任山西潞安太守。在任五年，考绩为最，升任湖广副使提督军卫。嘉靖乙巳年（1545）苗边平叛，他大造声势，按兵不动，暗派精兵小队奇袭贼营擒获贼首，叛军大乱而败。同时侦破地方官与匪勾结之案，得一方平安。嘉靖庚戌年（1550），广西东兰州土官反叛，官军大败，民不聊生，他又奉旨广西副使提督军卫。他

公跻奎后土庙碑记

亲率官军督兵柳庆，密授千户将军丁俊，飞兵奇袭土官反营，杀死叛贼魁首苗大沮，以平东兰州，使长乱不治之区得以平安，瑶、汉民族万众称颂。此时又遭人妒忌，上峰不公，赏罚不明，公跻奎气愤不过挂冠归里。著书《中岩诗草》行世。90岁在家府无疾而终，建副宪坊纪念。安人包氏生五子皆登科。嘉靖皇帝称他："敦实端重，博达纯明，率身轨物，勤政爱民。"

公跻奎在赴任潞安府前，回故里省亲，为坦埠后土庙写下碑记，石碑现仍原址矗立，历经460多年，风采依旧。

公跻奎的家府位于蒙阴县旧城，南到城墙，东至大东关落花泉边有家府庆昌酒店，西至西关，占地二百余亩。嘉靖乙未年（1535），公跻奎中进士，授命吕梁，治水有功，嘉靖皇帝奖励二千石。晋升山西潞安太守时初建于嘉靖己亥年（1539）以后。繁盛延续至明第十七世，在府第生养发展四代人后的崇祯年间遭匪患，匪破城杀掠，府第损失惨重。自十七世大量外迁到蒙阴巨山小峪、常路南北围子、临朐和尚洞等地。崇祯元年（1628）御敕"五世进士　父子翰林"石坊就建竖在府门前街。明末，因旧县衙被匪贼火焚毁坏，知县蔡阶正式租借公跻奎家府一角修缮为县衙。直至民国，是为国民党县治所在地。中华人民共和国成立后，成为中共蒙阴县委机关，东部成为邮政局、县机关招待所。

公跻奎墓地在蒙阴县城北下庄（现属黄沟村），墓地有华表、石雕，松柏茂盛，毁于20世纪60年代，城北关老旧县衙前有御敕副宪坊纪念。

十四世叔曾祖公志真

公志真，字纯夫，博学工书，选贡生。嘉靖初年受任山西大同府广灵知县。广灵地处边陲，前任县令政废不举，事无法度，境内战乱、焚烧残迹犹在，满目困惫缺少生机。公志真到任与民发誓言：三年让广灵变样，要储备一年粮草，为边陲军民有备无患。首先上下多方征集粮米，赈济灾民，发令边民百姓开荒耕种。他在任四年，广灵由乱变治，百姓称颂。嘉靖十二年（1533）荣升五品，公志真升官辞位，以赡养双亲为由告归故里上东门村。《蒙阴县志》清康熙十一年（1672）版称他“传家孝友，敦明致化”。

十五世祖父公一载

公一载，号肖山，就读于中山书院，考岁贡生，系公鼐的祖父、公跻奎长子。初授任南京又调直隶河涧府兴济县令。兴济县位于河北边沿，东临渤海，地广人稀，风沙侵害，盐碱地谷粟不收，百姓大量外流。公一载到任后昭告安民，发动开垦，免征赋税，应征部分不强不暴，颇受百姓拥护。此时，朝中争斗，吏治腐败，上报请赈不准，因完不成赋税而受责怪惩罚，在任三年，深受官场险恶之苦，后曾言：“为官一地不能为子民做主，不如回家务农孝父母。”于隆庆庚午年（1570）抱病申请递上辞呈，未等批准即离任还乡，有诗一首为证：

拂袖归来气未平，无官且喜一身轻。
睡红门外三竿日，遮莫风波逐浪生。

他归故里不住县城家府，毅然回上东门旧居治学力农，读书千卷，著《田居稿》一书，未能行世。长子公家臣考进士入翰林后受诰赠文林郎，旨称“良史之材”。

公鼐的二祖父公一鸣

公一鸣，号次山，贡生。他事亲至孝，因五兄弟有四人出仕，自己坚决不出，在家侍奉父母，身居贵门待人和善，与家府仆人皆平等相待、和睦相处。父亲公跻奎去世后，他被授任安徽南陵县丞，万历初年届满告归，独自在蒙山脚下野老峪建草堂，称“琴月轩”。诗书画印，修身养性，方圆百里时有文人墨客来访，研讨文学，游历山水，公鼐有诗七律《题南陵从祖蒙山草堂》以记之。万历十五年（1587），进士杜洽任蒙阴县令，时常来琴月轩做客。万历十六年（1588）初夏，杜知县放赈，焦劳，公一鸣提酒携牡丹花去慰问，杜知县回赠一首：

琴月轩牡丹并序赠南陵丞

轩乃南陵丞公次山修性之所，庭前花华芬芳，牡丹更盛，余于十六年初夏正值放赈，朝夕焦劳。次山公具酒一樽，牡丹数枝来慰，余因走笔数字谢之。

日恨山花开放迟，仙翁忽赠两三枝。

何如满县都开遍，却好尊前燕笑时。

公一鸣应杜知县之邀，协助其组织编修明朝万历年间《蒙阴县志》。著有《蒙志考》《墨庄摭要》行世。

公鼐的三祖父公一扬

公一扬乃公氏家族第三代进士，号亦山，为少年英才，9岁能文善诗，12岁入县庠生，21岁中举，22岁中进士，初授大理寺评事，万历初年出任河南尉氏县令。公一扬到任后，明察暗访智断冤案，百姓称赞立“遗爱碑”纪颂。后升裕州知府又迁淮安。万历十四年（1586）被召回京都任工部郎中。同朝大司马石星对其曰：“年兄细思，三十年为朝廷出力，在任一地平安一方，五十岁给个郎中何因？”意思说公一扬“气岸太峻”，本来气就不顺，公一扬于是便上疏辞呈，拂袖而归。

万历十五年（1587），公一扬辞任，在山东任城（今济宁市区）建“迎仙楼”雅聚采风闲游。《蒙阴县志》清康熙十一年版记：“郎中公一扬致仕，徙居济宁州好仙术。一日有一道人忽坐厅前，呼扬出谈方外事，移时，扬述初任署中太湖石奇秀云云。道人闭目不答，倏忽石在厅前，道人起入石孔去。”他晚年回上东门老家著书、写野史，

《蒙阴旧志》记："百流出其中，千峦环其外，颇有四塞之崮、在所不争之区"等句出自公一扬手笔。他的文学功底超凡，诗文著名；还研究玄学，著书《闲音集》《静安摘稿》，于明万历年间行世。他的手稿、抄本保留在公家城子小东园。清嘉庆十三年（1808）连同家族文化艺术作品毁于一场大火。《蒙阴旧志》《青州府志》等记载他的诗文多篇。

公鼐的四祖父公一耀，号继山，贡生。他博学修行，被授任河北广昌县丞，在任立义学重教育；广昌遇灾，民衣食不保，他筹粮劝捐，施粥放赈，救活百姓。后迁甘肃岷州经历兼陕西西城印务，卒于任上。

公鼐的五祖父公一翔，号续山。他身材魁伟，目光如炬，声若洪钟，善书工贴，少年入庠；乡试不报，投笔从戎；出游边陲塞上，观九边防务形势，陈述整顿中原之方略，委授金吾卫之军职协守辽东。他与辽边将领风餐露宿，查研游击协守方略；准备行动时偶染风寒，归故里蒙阴后病逝。

十六世父亲公家臣

公鼐的父亲公家臣（1533—1583），字共甫，号东塘，是其家族第四代进士。公家臣天资好学，诚朴正直，通古博今，读书诵诗务求进取，隆庆二年随父亲公一载读书于兴济县学斋。隆庆五年（1571）考中进士，初选庶吉士授翰林院编修，充典纂修官，秉史笔写皇录受万历皇帝金币奖。

万历五年（1577），首辅张居正"夺情"争议。公家臣因派遣儿子公鼐到潞河码头，为被张居正梃杖贬出京的吴中行、赵用贤二位翰林院编修送行，被首辅张居正侦知，贬官外放山西泽州，又移广平司理。但公家臣仍然赤心朝纲，勤奋为民，忠于职守。万历八年（1580），他在故里"丁忧期间"，由公鼐陪伴回上东门故居地瞻墓、看老宅、忆书屋，到蒙山野老峪看二叔南陵公，登蒙山、观仙洞，游故乡山水，写下了大量有关家乡美景、地理人文的诗篇。父子二人在登上蒙山之巅时，公家臣对儿子说：“秀哉兹山，余尝南逾五岭，西逾太行，北游山后，诸山未有兹山之胜也！有其地而无其名，居是地者之耻也。”激励公鼐写出宏文《东蒙山赋》，向世人展现东蒙山之府地洞天、物产丰富、奇景秀丽、雄伟壮观。公鼐中进士后又写出《东蒙辨》，进一步把蒙山推向全国名山行列。

万历十一年（1583），张居正去世，公家臣被召迁南京户部主事，因故未能官复原职。因何故未能官复原职？在礼部尚书于慎行为公家臣写《明故南京户部主事前翰林院编修东塘先生墓志铭》中一段描述为：“癸未大计，部使群吏治行，豫以所刺察，请先生实状，先生曰：‘某尚不知其人，何知长短？’竟不出实状。”因此，引起上峰不满，未能复原职，奉迁户部南京主事。回籍探亲，在故里父子二人骑马路过黄山时，他暗示儿子公鼐：“此处是‘乐哉斯土，没而葬是不憾矣’！”公鼐因陪同父亲坠马伤身，未能送行南京。父亲走后，公鼐一直心神不定。数月后，忽一日快马来报父病滁州，公鼐顶风冒雪、星夜兼程，奔至滁州时，公家臣已逝。待南北两京官员赶来拜别后，公鼐护灵柩归蒙阴葬父亲于父子同游黄山时父亲暗示的地方——黄山前。时任礼部侍郎的冯琦为其写下了《东塘公葬黄山记》，后人便把这个地方叫“翰林旺”。

明神宗朱翊钧赠公家臣“承德郎”。天启元年（1621），公鼐晋正三品。明熹宗朱由校赠封公家臣“通议大夫”。圣旨曰：“先尔原任南京户部清吏司主事赠承德郎公家臣，……宏文博物，懿行作人；居号义门，仕为良吏。具经纶之实用，需弼亮之远期。顾以正己见疑，竟浮沉于谪籍，乃益鞠躬尽瘁。每建白于当官，微言而论国，有裨响用。而天年不待，世永惜之。”他崇祀乡贤。时在蒙阴旧县城东门外，建“四牌楼”石坊以纪念。

公家臣著有《东塘集》行世，弱冠写诗文百余篇成帙，题为《贵适轩》，未能付梓，书稿遗失。

公家翰，公鼐的二叔，英年早逝。

公家邻，公鼐的三叔，万历十三年（1585）科考中举，授河南虞城县知县。其承先辈之风行，为官清正，尽职为民之道。届满告归故里，在蒙阴县城家府东边，桥西建一草堂取名“自怡园”。仍关心教育、帮助办学。蒙阴旧志记载：公家邻在官不给家乡官员添麻烦，时任蒙阴县知县杜洽见面时握着手说“三年无只字于我，真金玉也”。著有《蒙山集》行世。

十七世公鼒

公鼒（1569—1619），是公鼐的弟弟，字敬与，号浮来。他少年时期受父兄影响，博览群书，通古晓今；少年英才与兄齐名。万历二十五年（1597）科考中举人；时为著名诗人、书法家、剧作家，考进士未中；因文章写得好，且书法著名，被召进宫中授任中书舍人。他在朝中目睹国难，体悟边关事、民间苦，感受朝中邪党官宦争斗、藩王争权、农民起义、外族反叛。他在诗文中直抒其陈，抒发胸臆。这也是他在朝二十二年未擢升之原因。公鼒的父亲公家臣，在世时有来青楼建在后城子，公鼒出仕后，重金买下蒙阴后城子冯氏堂楼，创建小东园，同兄迁居的前城子隔山相呼应，逐渐成为明清时期蒙阴公家的一大庄园，公家城子成为东蒙公氏家族的文化中心。族人的著作、在官画像、谱乘刻版、谱书铭志等文物都在小东园保存珍藏。小东园不幸在清嘉庆十三年（1808）遭受火灾，损失惨重；更有后来战乱，1945 年后修建岸堤水库，加之破旧风潮，小东园遗迹荡然无存。

公鼒与公鼐“伯仲”齐名，诗歌文风与公鼐不相上下，与北临邑李若讷、新城（今桓台）王象春并称“山东三才子”，同时亦是公鼐倡导齐风的支持推动者，更是东蒙公氏家族文化的继承、发展创新杰出的代表人物。公鼒一生写下了不少著述，有《史汉全书》《千金裘》《诗谈》《小东园诗集》《圃谈》等行世。他在朝户部主事任上，于万历四十七年（1619）去世，年仅 51 岁，当时未能回故里安葬，暂寄丘于京都西山蓟门。次年公鼐在朝去弟丘陵祭扫时，有一首诗——《题亡弟鹤墓侧》证明公鼒任上去世，暂时葬在京西蓟门。回想弟弟是个有才能的人，曾在皇帝身边称臣，不料先他玉楼应召，本应归葬故里，但至今仍鸰原宿荒草，滞留异地，往事回首似肝肠寸断。天启年间，其兄鼐在朝，次子公襄守蓟门时归葬故里卜兆蒙阴北河东。

十八世公光国

公光国是公鼐的长子，原名桓，字武子，号宾王。他身材硕伟，眉目清朗，学文习武，才艺超群。少年时在朝廷弟子园读书。秋闱科考不中，他立志投笔从戎，在边关实现自己的报国之志。在军营，他坚持从士兵做起，站岗、放哨、冲锋陷阵；有一次奉命深入敌营侦探敌情，有一只飞鸟引路出入敌营有惊无险，侦得敌情，飞报大营及时调兵围歼，一举大获全胜。因此，他在军中声名大振。而后又多次立功被提升，历守河北涿州，有诗《宿雄县》记载："昨宵旧涿鹿，今日古雄州。"

公光国画像

他的叔叔公鼐写诗一首：

见邸报大侄光国皮林之捷得官

驿使朝来奏捷书，喜看千骑上头居。
论兵马服卿何忝，世业龙门我不如。
功在玉关人未老，肘悬金印事非虚。
相期早上麒麟阁，莫忆桐江有钓鱼。

后来公光国又调防辽东，有诗《全辽不雨，民忧旱魃。暮春滂沱四野，即刻喜晴援此赋》记载：“万里喜占今岁稔，三农望足是春耕。天公已润焦枯意，从此东平报洗兵。”升迁驻守陕西潼关后，有《入潼关》：“罗列诸峰耸，行来鸟道中。地称三辅胜，天险一关雄。人语他乡异，莺声旧国同。登危聊伫望，眼底是新丰。”还有《九日写怀》《真定大悲歌》等数首诗记。后又晋升国家副总兵镇守徐州兼理漕运。他在徐州治军有方略，兵强马壮，训练有素，成为一支威武之师。他还协理地方惩治贪官污吏，整顿地方治安。时年辽东边关告急，他请命出征，正运筹韬略准备发兵时，不幸染重病而去世，年仅40岁。

公光国著有《自适吟》《寄乐园》行世。淑人刘氏，生一子公秉文，字凤西，号了凡，清雅高品，恩贡生，官任太仆署丞，升刑部郎中。崇祯年间奉旨江南，救灾放赈，卒于宿迁驿馆，只有一首诗载于《蒙阴县志》上：

雪后山行

日在破村西，风高野路迷。败垣唯卧犉，过午不闻鸡。
云脚分山鹿，冰声碎马蹄。仆夫饥欲宿，指点过前溪。

十八世公端，公鼐的次子，字平子，监生，授光禄寺署丞。

十八世公甸，公鼐的三子，字宣子，号陟岈，廪生，恩赐南京户

部郎中。公甸天资英毅，遇事敢作敢为。告归故里后善事常为，多次向县衙捐钱捐粮，赈济灾民，救百姓于水火。崇祯十四年（1641），贼寇入侵沂水，山东巡抚与总兵领3万兵马到沂水剿匪，行至蒙阴时军饷不足，就向县衙征收。由于百姓刚过灾荒，县衙无力征粮，兵马又不走，蒙阴百姓遭殃，县令求助于公甸出面，这时他慷慨出粮千担犒慰军师，并当面向巡抚王公弼总兵刘泽清进言："贼匪猖狂，沂水百姓遭殃，您们要尽早追剿救民于水火。"果然3万兵马即刻起程，平贼于沂水蒙阴边境。山东巡抚临起兵前以"奠国绥邦"之匾额赠予公甸。旧县志记：圣寿寺崇祯年间郎中公甸重修。东关三元阁公甸出资重修。在小河东公甸建"观音堂"。

崇祯十五年（1642），贼寇突袭蒙阴攻破县城，公甸带领家丁、乡勇迎敌，由于寡不敌众，在傅家山寨殉难，年仅56岁。

十八世公鼐女儿，一女嫁通州万历二年进士李三才之子；一女嫁冠县，京都同窗，同朝钱汝晦之侄子；一女嫁新泰举人邓一经之子，子英年早逝，幼子3岁又亡，女绝食而亡，有临邑进士李若讷写《邓室公贞妇墓志铭》，载《四品稿》卷之七。

公鼐的弟弟公鼒有四个儿子，长子公赞英年早逝。次子公襄，公鼐喜欢他，培养教育侧重于他，伯侄感情深厚。

十八世公襄

公襄，字文侯，廪生，后城子人，浮来公鼒之次子。蒙阴旧志康熙十一年（1672）版记他"天性敏悟，五岁入学，九岁能文，十二岁补弟子员，食饩，经史子集，靡不洽贯，诗文之名丕著海岱，有《潜园诗集》"，15岁熟读经书，研阅诸子文集，善武习剑。公襄一生出行俭朴，博识多闻，名闻海岱，声扬齐鲁。伯父、父亲在朝时，他协守蓟门，父亲公鼒卒于任上未下葬暂丘蓟门。天启年间，他护灵柩回故里下葬。公襄在世文武双全，东蒙公氏老族谱载公襄诗十八首，其中一首：

过西崖

（县志载《过西崖泉》）

偶驱款段入空山，倚仗看云藉草眠。
养熟池鱼听客话，携来家酿煮寒泉。
松多古貌僧多韵，石纪游人诗纪年。
重到遍寻题壁句，洞门依旧锁秋烟。

伯三弟公甸上任南京，有送别诗三首：

送宣子弟之任留都

三首（选一首）

彤管先朝侍从臣，分司洛下及君身。
新亭风景山河异，江左夷吾定有人。

说明：明代朱棣称帝后分两都，原南京称留都，皇帝正朝在北京。从诗言中得知公甸授任南京户部郎中分司洛阼之职位。洛下：指洛阳城。夷吾：指堂阜。

崇祯十五年（1642），他在故里与伯三弟公甸同时抗匪，战死在付家寨。

十八世公移，字子苏，庠生，公鼐之三子，与二哥公襄、伯父三子公甸同时抗匪遇害。其夫人高氏，乃沂水进士巡抚河南的高名衡之女，生一子封鲁。公移被害时，封鲁才七八岁，被外祖父家保护，抚养至十五六岁。清初，移公之妻高氏奉旨守节回公家城子村重整家业。“小东园”再起，到二十一世繁衍到十支，人丁兴旺，多有科举仕任，诗书绵衍。

明末清初，公鼐的后四代，家族排列至二十世，有南迁费县西围沟，西移新泰市汶南、洪河、盘车沟等，至今保藏着公鼐、公光国在

官原始画像；故居蒙阴前城子村至今保藏其《问次斋稿》手抄本，以及几代人的部分手札、书信等文物。其故居问次斋书楼毁于土改运动，现存问次斋楼基、故居后花园紫藤树、饮用龙泉井、祠堂旧址老墙等。汶南别业遗址，果庄后代世代传承保藏公鼐在官绘像。

第四节　公鼐家族世系人物表

1.东蒙公氏上东门一世祖公蕃至十三世祖分支别派世系表

［注］嘉庆二十一年（1816），定为十三世以上为总谱。

《东蒙公氏族谱》

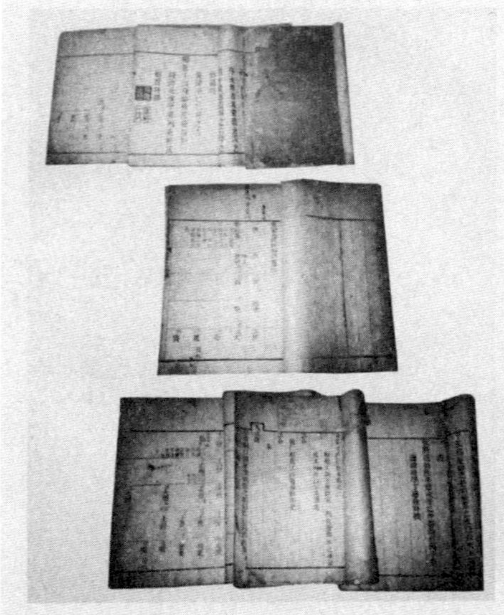

清乾隆二十六年（1761）族谱

民国十三年（1924）族谱缩印版

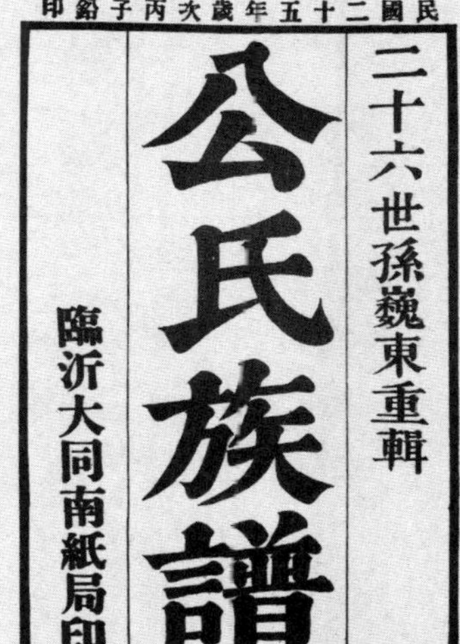

民國二十五年歲次丙子鉛印

二十六世孫巍東重輯

公氏族譜

臨沂大同南紙局印

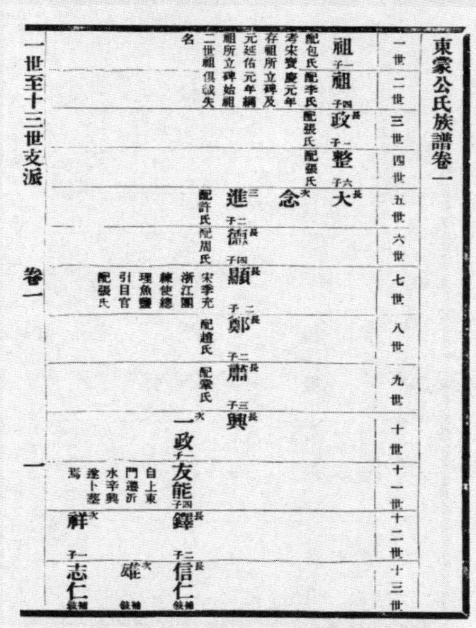

東蒙公氏族譜卷一

一世 二世 三世 四世 五世 六世 七世 八世 九世 十世 十一世 十二世 十三世

祖 子一

祖 子四 配包氏 配李氏 考宋寶慶元年存祖所立碑及元延佑元年綱祖所立碑始祖二世祖俱諱失名

政長 子一 配張氏

整 子六 配張氏

大長

念次

進三 配許氏

衢長 子二 配周氏

顯長 子四 宋季充浙江團練使總理魚鹽引目官配張氏

鄭長 子二 配趙氏

肅長 子二 配蒙氏

興長 子三

一政次 子一

友能 子四 自上東門遷沂水辛興逢卜塟焉

鐸長 子二

信仁長 補缺

碓次 補缺

祥次 子一

志仁 補缺

一世至十三世支派 卷一 一

一世至十三世支派 卷一 二

弼次

希膠七

希魯三

希孟四 子三

好敏長

好禮次

好寬三 補缺

希成五 子二

好原長

好棨次

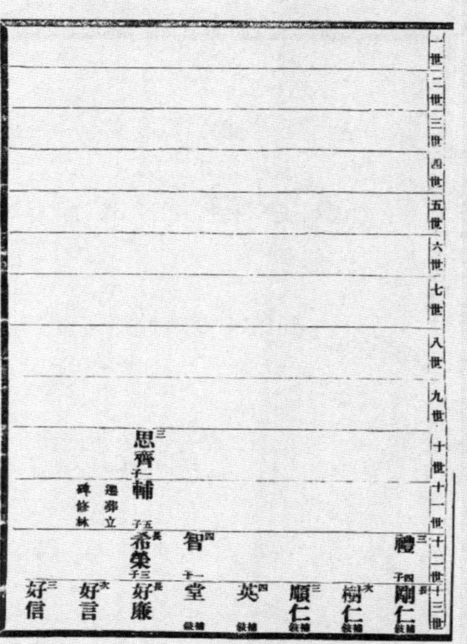

一世 二世 三世 四世 五世 六世 七世 八世 九世 十世 十一世 十二世 十三世

禮三 子四

剛仁長 補缺

樹仁次 補缺

順仁三 補缺

英四 補缺

智四 子一

堂 補缺

思齊三 子一

輔 子五 遷鄉立碑修林

希榮長 子三

好廉長

好言次

好信三

一世 二世 三世 四世 五世 六世 七世 八世 九世 十世 十一世 十二世 十三世

直

顥次 子四 理長 子二 祜長

祚次

璪次 元富州百戶 子二 廉長

陟次

信三 子一 鐀

寬四

順三 子四 琮長 子二 良佐

世興次

瑛次 元密州百戶 子一 泰

灼三 子二 香長

收次

穀四 子一 留

綱四 子八 義長

字文紀 元稅務 裕次 子二 冬長

一世至十三世支派　卷一　三

一世 二世 三世 四世 五世 六世 七世 八世 九世 十世 十一世 十二世 十三世

春次 子一 失名 子一 失名 子一 失名 子一 失名 缺後

此下至十四世有塚無碑故失名

大使配高氏遷新泰後於林內立碑栽樹

亮三 子一 塔

正四

待五

仁六

仲文七

迥八

平次

賽四

十二五

十三六

信次 配張氏 子一 佑 配時氏 子四 同長

元次 配鄒氏 子三 績長 子一 旻 子三 允長

尹次

貞三

一世至十三世支派　卷一　四

一世 二世 三世 四世 五世 六世 七世 八世 九世 十世 十一世 十二世 十三世

錢次
義長 子三 元管軍鎮撫
賢 子一
貴次 子一
伯和
讓三 子五
失名長 子一
伴叔
旺次
青三
長山四
臘五

一世至十三世支派 卷一 五

仁三 配關氏 子五
欽長 子三
通長 子二
文美長
文才次
連次
賁三
斌次 生員 子一
絹 子一
鑾
智三 子五
改長 子一
攬
福次

一世 二世 三世 四世 五世 六世 七世 八世 九世 十世 十一世 十二世 十三世

全三
志四
得五
猷四
湊五 生員配元萬戶李氏于配包氏 氏 子一
海 子四
守道長 子一
軒 子二
亭長
立次
守信次 子三
士能長 子二
增長
罡次

一世至十三世支派 卷一 六

士用次
士先三 子二
棠山長
安寧次
守權三 子一
士中 子一
譬子
守敬四 孝子耆德 子四
皝長 字世戴 明廣宗縣丞 子一
評 子二
忠長 字盡己 恩賜九品服色 配關氏 子四
增仁長 後缺
行仁次 廩生舉 氏節孝
景仁三 後缺

一世 二世 三世 四世 五世 六世 七世 八世 九世 十世 十一世 十二世 十三世

里仁（四）敍後

怒（次）字克已 子二 勉仁（長）敍後

明固始縣丞封監察御史孺人許氏

居仁（次）敍後

世亮（次）子二 敏（長）子二 文斌（長）子三 寬仁（長）

同仁（次）

愛仁（三）敍後

文表（次）子一 從仁

能（次）子一 得同 子二 欲仁（長）敍後

隨仁（次）敍後

世傑（三）子三 榮（長）子三 文棨（長）

文讓（次）子二 黨仁（長）敍後

恪仁（次）

文勝（三）子二 用仁（長）

文仁（次）敍後

一世至十三世支派　卷一　七

一世 二世 三世 四世 五世 六世 七世 八世 九世 十世 十一世 十二世 十三世

熊（次）子三 文博（長）子一 全仁

文宗（次）子二 欽仁（長）敍後

郁仁（次）

文廣（三）子二 致仁（長）

復仁（次）

鐸（三）子二 文溥（長）子二 訓仁（長）敍後

誨仁（次）敍後

文賢（次）子二 詁仁（長）敍後

誠仁（次）敍後

世原（四）子一 勝 遷遼東

安（三）

慶（四）

彥（三）子四 戚（長）遷淄川

失考

存（次）子二 興（長）

林立小譜碑

就（次）

一世至十三世支派　卷一　八

2.“五世进士、父子翰林”家世表

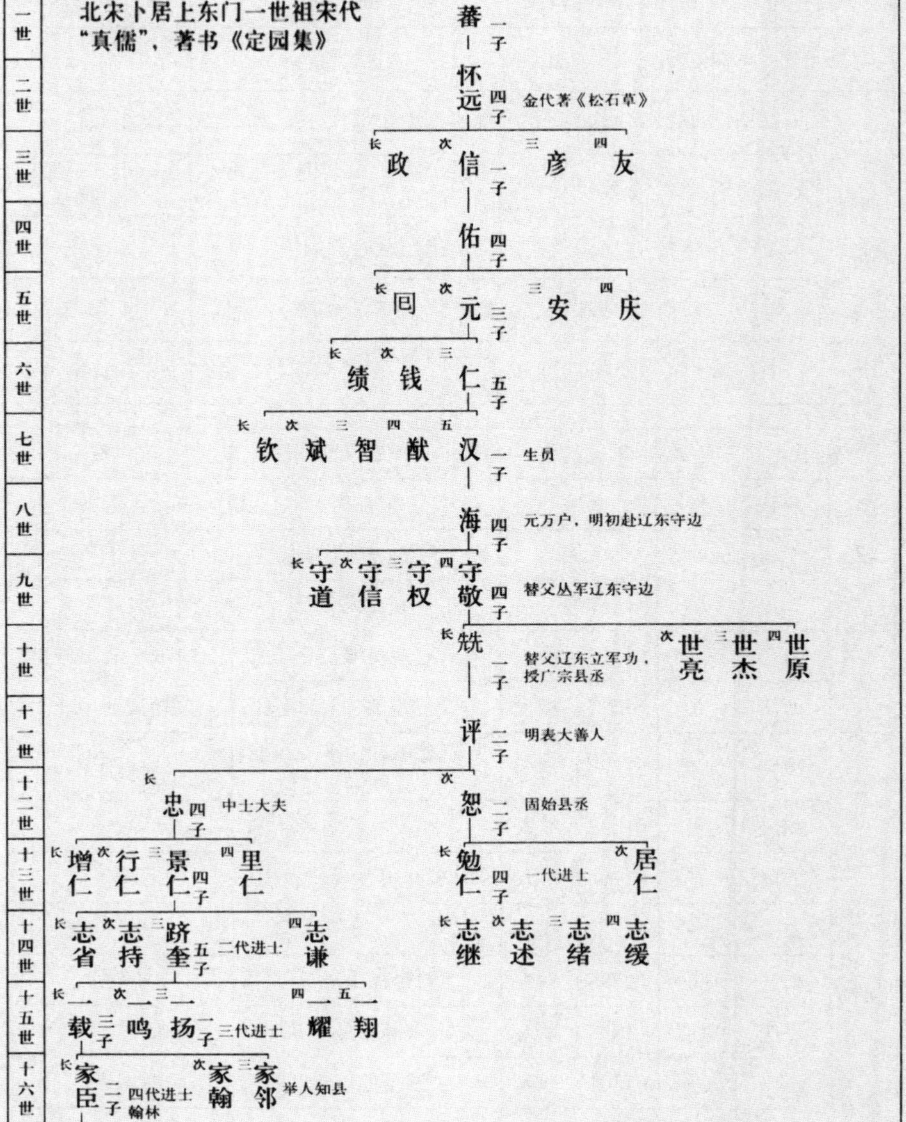

- **一世**：蕃（北宋卜居上东门一世祖宋代“真儒”，著书《定园集》）— 一子
- **二世**：怀远（金代著《松石草》）— 四子
- **三世**：长 政、次 信（一子）、三 彦、四 友
- **四世**：佑（信子）— 四子
- **五世**：长 回、次 元（三子）、三 安、四 庆
- **六世**：长 绩、次 钱、三 仁（元子）— 五子
- **七世**：长 钦、次 斌、三 智、四 猷、五 汉（仁子；生员）— 一子
- **八世**：海（元万户，明初赴辽东守边）— 四子
- **九世**：长 守道、次 守信、三 守权、四 守敬（替父从军辽东守边）— 四子
- **十世**：长 銑（替父辽东立军功，授广宗县丞）— 一子；次 世亮、三 世杰、四 世原
- **十一世**：评（明表大善人）— 二子
- **十二世**：长 忠（中士大夫）— 四子；次 恕（固始县丞）— 二子
- **十三世**：忠子：长 增仁、次 行仁、三 景仁（四子）、四 里仁；恕子：长 勉仁（一代进士）— 四子、次 居仁
- **十四世**：景仁子：长 志省、次 志持、三 跻奎（二代进士）— 五子、四 志谦；勉仁子：长 志继、次 志述、三 志绪、四 志缓
- **十五世**：长 一载（三子）、次 一鸣、三 一扬（三代进士）— 一子、四 一耀、五 一翔
- **十六世**：长 家臣（四代进士、翰林）— 二子、次 家翰、三 家邻（举人知县）
- **十七世**：长 鼐（五代进士、翰林）— 三子、次 鼒（举人中书舍人、主事、诗人、书法家、剧作家）
- **十八世**：长 光国（徐州元帅）、次 端（署丞）、三 甸（南京户部郎中）

3.东蒙公氏家族进士、举人、仕任表

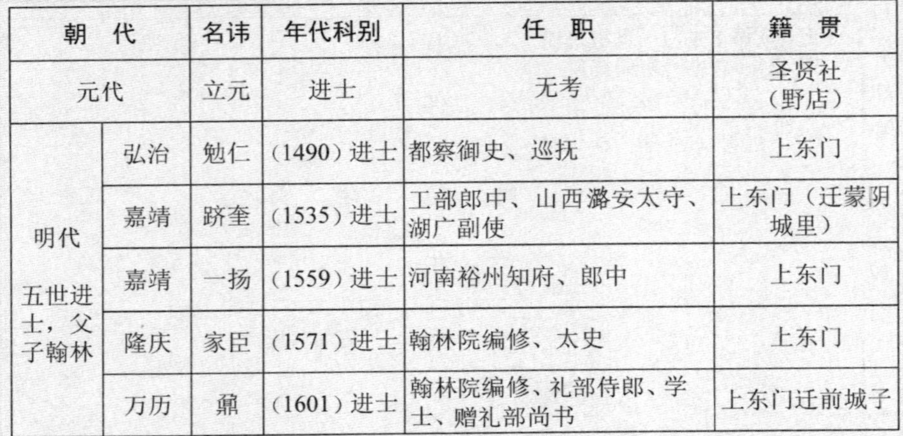

朝代		名讳	年代科别	任职	籍贯
元代		立元	进士	无考	圣贤社（野店）
明代 五世进士，父子翰林	弘治	勉仁	（1490）进士	都察御史、巡抚	上东门
	嘉靖	跻奎	（1535）进士	工部郎中、山西潞安太守、湖广副使	上东门（迁蒙阴城里）
	嘉靖	一扬	（1559）进士	河南裕州知府、郎中	上东门
	隆庆	家臣	（1571）进士	翰林院编修、太史	上东门
	万历	鼐	（1601）进士	翰林院编修、礼部侍郎、学士、赠礼部尚书	上东门迁前城子

朝代		名讳	年代科别	任职	籍贯
汉	汉代	俭	孝廉	国都尉	无考
	东汉	沙穆	孝廉	郡相、辽东都尉	胶州
	东汉	孚	孝廉	上谷太守	胶州
明	万历	家邻	（1585）举人	河南虞城县令	上门东迁蒙阴城里
	万历	鼒	（1597）举人	中书、户部、工部主事	上东门迁后城子
清	康熙	廷搢	（1720）举人	四川璧山、山西交城县知县	后城子
	乾隆	观	（1753）举人		后城子
	乾隆	震	（1756）举人	山东登州、青州教授	后城子
	乾隆	恪	（1762）武举		东坪
	嘉庆	廷暖	（1798）举人	烟台福山教谕	小峪
	嘉庆	肇琨	（1798）举人	山东高密县教谕	后城子
	嘉庆	元夔	（1801）举人	国子监学政	后城子
	嘉庆	肇玮	（1818）举人	知县	后城子
	道光	戴东	（1846）举人	山东鱼台金乡教谕、赠国子监学政	洪河（新泰）
	咸丰	道东	（1862）举人	候选知县	故县

续表

朝代	名讳	科别	任　　职	籍　贯
宋	显	武生	浙江团练、总理鱼盐	上东门
元	纲		税务大使	新泰刘家官庄
	义	武生	军镇抚	上东门
	嵘	武生	莒州百户	上东门
	�	武生	密州百户	上东门
	海	武生	蒙阴万户	上东门
明	守敬		替父辽东戍边	上东门
	犹		直隶顺德广宗县丞	上东门
	评		旌表大善人	上东门
	忠	貤封	中士大夫	上东门
	恕	贡生	河南固始县丞加封文林郎	上东门
	增仁		封文林郎	上东门
	景仁		赠封承德郎　加赠奉直大夫	上东门
	志真	选贡	山西大同府广灵县知县，进阶文林郎	上东门
	志继	岁贡	训导	黄泥堰（费县）
	志绪	恩贡	知州、衡王府长史	上东门
	志纠	贡生	湖南溆浦县丞	坦埠
	一载	岁贡	直隶河间府兴济县县令	上东门
	一鸣	拔贡	安徽南陵县丞	上东门
	一耀	副贡	甘肃岷州卫经历	上东门
	一翔	恩贡	金吾卫千户	上东门
	一柟	岁贡	河南开封府祥府县县丞	坦埠
	家英	吏目	江苏松江盐场大使	坦埠
	家卿	岁贡	太常寺博士	上东门
	家屏	吏目	扬州盐课司大使	上东门

续表

朝代	名讳	科别	任职	籍贯
明	家祚	贡生	山东即墨县训导	沂州（临沂）
	亮	武生	大将军	辛兴（沂南）
	准	贡生	兵部司务	上东门
	登籍	贡生	河北保定府教授	坦埠
	登策	选贡	陕西华州同知 山西按察司经历	坦埠
	光国	廪生	副总兵镇守徐州元帅	前城子
	端	廪生	光录寺署丞	前城子
	甸	廪生	南京户部郎中	前城子
	安国	武生	江苏淮安守备	坦埠
	秉文	恩生	刑部郎中	前城子
	显文	恩生	鸿庐寺序班	前城子
	显爵	廪生	考州佐	上东门
	澍	廪生	吏部选侍郎	野店迁南岩庄（沂源）
	家观	贡生	山东登州府训导	蒙阴城里
清	家珍	贡生	河北真定府知府	蒙阴城里
	诱	廪生	修职郎	小峪
	翥	武生	青州军职、辛兴寨主	局埠（沂南）
	廷掞	生员	貤赠修职郎	后城子
	廷晖	监生	福建永定府巡检	小峪
	廷採	庠生	貤赠修职郎、户部江南司主事	后城子
	廷士	贡生	黉门监考县丞	故县
	廷瑞	恩贡	候选教谕	故县
	涵	贡生	河南范县训导	坦埠
	随	选贡	山东昌乐县教谕	后城子
	需	贡生	德平县教谕	后城子

续表

朝代	名讳	科别	任　职	籍　贯
清	元聘	选贡	山东济阳县教谕	后城子
	元燮	拔贡	山东峄山县教谕	后城子
	元价	监生	候选州同	西公家庄（费县）
	肇锦	岁贡	训导	洪河（新泰）
	肇鸿	岁贡	训导	后城子
	肇观		修职郎	公家庄
	肇觐		修职郎	芦崮坡
	肇准	庠生	寿官　钦赐“五世同堂”匾	刘官庄（新泰）
	肇经	儒生	孔府诗礼堂齐事	刘官庄（新泰）
	肇清		孔府诗礼堂齐事	华家洼
	毓恩		孔庙举事官	华家洼
	方愉	监生	候选县丞	后城子
	方直	庠生	云骑尉	布洼
	印堂	庠生	四川热河县知县	果庄（新泰）
	方焕	庠生	奉直大夫	铁城
	懋理	教授	至圣庙典籍加三级 诰封“奉直大夫”	铁城
	懋玺	监生	独山屯正堂	铁城
	懋忠	廪生	济南巡官	独树头（临沂）
康熙十一年蒙阴县志表礼部儒士（官）				
明	一大		礼部儒士	坦埠
	大顺		礼部儒士	上东门
	家荐		礼部儒士	坦埠
	璠		礼部儒士	蒙阴城里
	伟器		礼部儒士	上东门

第二章　生平 事记

世家少年称异敏，栋梁起升时汶汶。

理学名臣御皇赐，就裁国事为辅君。

秉笔两朝写实录，奋迹词坛正风云。

奸阉专权无回力，持节保身乞退隐。

公鼐一生可谓少年异敏，弱冠成名，科第不顺，大器晚成。他42岁再进国学，43岁领乡荐，44岁中进士，入翰林院授编修，理詹事、治国学，奉旨观风，侍讲两帝。他置身朝党斗争激烈、奸阉专权的旋涡之中，政治生活如坐针毡，无力回天。为持节保身乞休隐退，两次“引疾归”，晚年辞职还乡。天启年皇帝降旨复职，他又上疏请辞，御批不免，奉旨闲住。他在朝中任职25年，三起三落，实际理政不足十载。一生文学领齐风鲁韵，儒修获“理学名臣”，佛法得明心见性。

第一节　少年异敏　弱冠成名

（1岁至23岁）

嘉靖三十七年岁次戊午（1558）的重阳节刚过，星降蒙阴，公鼐诞生在上东门村一个“文学世家”“馆阁门弟”。父亲公家臣时年26岁，喜得贵子，取名“鼐”，意为大鼎；十一年后的隆庆三年（1569）次子降生，取名“鼒”，意为小鼎。父辈寄希望二子成为国家栋梁之材。公鼐降生的同年，三祖父一扬乡试中举，进士及第，双喜盈门。

嘉靖三十八年岁次己未（1559），公鼐 2 岁。

祖父一载以贡生授命南京任职，三祖一扬考中进士。后来祖父一载，调任直隶河间府兴济县令。

嘉靖四十年岁次辛酉（1561），公鼐 4 岁。

父亲公家臣山东乡试以第二名中举。

嘉靖四十五年岁次丙寅（1566），公鼐 9 岁。

能写诗诵文。《蒙阴县志》清康熙十一年（1672）版记他“生有异才，龆龄能诗，读书一目即记，载籍靡不腹笥之”。

隆庆元年岁次丁卯（1567），公鼐 10 岁。

村里在梓河上游修成一座平桥连接两岸春光，少年公鼐有感而发写诗一首：

谷中平桥成

一溪中断两山春，丁卯桥成载酒频。
白饭青刍欣对客，绿阴黄鸟解衣人。
儿童踯躅渔樵便，闾里招徕守望亲。
莫遣渔人迷往路，武陵原是有通津。

说明：“白饭青刍”，出自唐杜甫《入奉行赠西山检察使窦侍御》诗句，是指供客的饭食、喂马的青草。“绿阴黄鸟”，指宋苏洞诗“绿阴黄鸟半山园”句。“武陵原”，出自《桃花源记》，意思把家宅古村比作“桃花源”之形胜。诗人与村中少年儿童在桥上戏玩之时欣然有感而发。一首七律诗文对仗工整水平，三处引典，讴歌家乡，说明诗人对家乡的热爱，也表现了一个不满10岁的少年博学广深。

隆庆四年岁次庚午（1570），公鼐13岁。

公鼐的父亲公家臣38岁，随其父公一载就读于兴济县斋。公鼐在家乡学习。是年春，公鼐随父亲在祖父公一载县衙园亭写诗《春日园亭试笔，园家祖兴济尹植》四首，其三有原文注：“时按察公九十在堂，太史公亦家居。”

说明：按察公，指曾祖公跻奎，太史公指父亲公家臣，时公鼐13岁已是四世同堂。诗中也点明祖父公一载是从南京调任兴济县令。

隆庆五年岁次辛未（1571），公鼐14岁。

是年三月十五，公鼐父亲公家臣公殿试中进士二甲七十七名，同年六月晋翰林院选庶吉士。

隆庆六年岁次壬申（1572），公鼐15岁。

公鼐是年被推选参加山东“毛公试”（即童子试，主考古文），考出奇迹。山东督学将蒙阴小县升中邑，乡试诸生增五六个名额。此时的公鼐，未成年就为家乡学林立下了历史罕见的功绩。《蒙阴县志》清康熙十一年（1672）版记载：“弱冠闻名，炳著海内，直指毛公试而奇之，升蒙阴为中邑。”为此后来受到山东参藩曹如川的器重，许为“倚马才”名，推荐为相国门下士。《感旧行》记有：“我生十五心尚童，是时伏处山之东。深林旷野驱奔马，伐狐击兔如飘风。……天地容我任骀荡，礼数与我如樊笼。”表现出少年壮志，全诗显示出少年游侠的精神风貌。同年，15岁的公鼐随父亲进京读书，从师湖南人夏为斋先生，此时有诗并序：

壬申冠氏钱文学、汝海、汝南、何公子从楚夏先生之门初试作诗，作七言绝句得支字

裋褐盛秋寒不支，御街人静夜深时。
万家砧韵乘风远，几处槐荫逐月移。

从此，公鼐在父亲身边受到了翰林院词林名宿、翰苑文英们的点拨与熏陶，眼界大开，学业日臻精深。同年，写出七律《拟秋怀》。

《序》云：壬申秋初读李空同先生集，时适三司马阅边之命，因拟作焉。

阅实三臣出帝京，居然九塞属长城。
秋风笳鼓燕山满，晓色旌旗瀚海清。
国计连年称款虏，边防此日重销兵。
有怀投笔非吾事，愿学龙门策太平。

此首诗主要借明代文学家李梦阳空同集中《七律秋怀》韵，写兵部尚书、左右侍郎边关阅兵之事，讴歌朝廷对北方外族的“款虏”政策，抒发天下国泰民安的愉悦心情，深刻表达投笔从戎不是自己的事情，要学父亲（“龙门”是翰林太史的别称）帮助天子策划太平盛世大业的雄心壮志。此诗一出，年仅15岁的公鼐名震京都。

万历元年岁次癸酉（1573），公鼐16岁。

是年五月，父亲公家臣授编修，祖父公一载受诰封文林郎，祖母受封孺人。旧族谱记载圣旨文曰：

奉天承运，皇帝制曰：

人臣仕不满德，用不尽才，而能以清白之声遗于嗣人，益廓衍而光大之，此朝廷所深嘉也。疏荣锡类，复何靳哉？尔原任直隶河间府兴济县知县公一载，乃翰林院编修家臣之父，起家文学，任职循良。夙抱未酬，荣途蚤谢。爰有嗣哲，克绍家闻，良史之才，充昭燕翼。兹特封尔为“文林郎”翰林院编修明命有赫，康其单厚。

敕曰：

妇道含章，必托其夫。若子而后见，故朝廷褒嘉之典，恒随所就而推及之，惟其称也。尔包氏，乃翰林院编修公家臣之母，明章妇顺，淑慎母仪。相尔夫，以循良著称；训尔子，以清华就列。尔贤淑之行，有足称已。兹特封尔为孺人，象服是宜，燕居攸称。

明万历元年六月初五日

是年九月，公鼐自京城回故里与亲友相会游南溪有诗一首：

癸酉秋日抵舍后，随诸亲识游南溪

九月之中未授衣，步出溪南带雨归。
坠叶无多林落落，旧巢已谢燕飞飞。
忆从负笈归来晚，更觉班荆会晤希。
正是素秋多逸兴，况逢心赏乍相依。

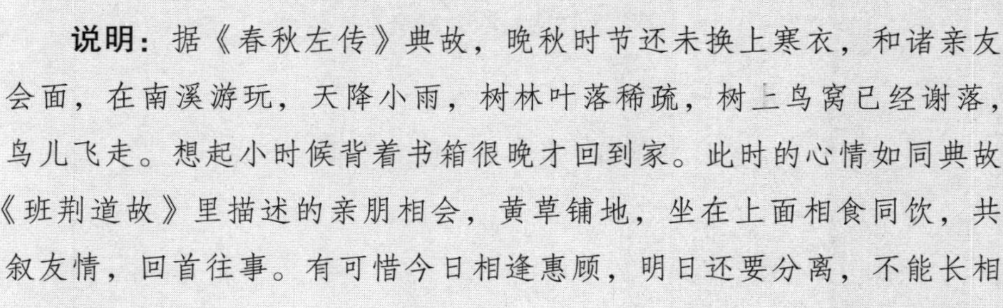

说明：据《春秋左传》典故，晚秋时节还未换上寒衣，和诸亲友会面，在南溪游玩，天降小雨，树林叶落稀疏，树上鸟窝已经谢落，鸟儿飞走。想起小时候背着书箱很晚才回到家。此时的心情如同典故《班荆道故》里描述的亲朋相会，黄草铺地，坐在上面相食同饮，共叙友情，回首往事。有可惜今日相逢惠顾，明日还要分离，不能长相依之意。

万历二年岁次甲戌（1574），公鼐时年17岁。

夏天自京都回故里探亲，随同二叔到崔家峪访友，著诗《甲戌随二叔宿崔家峪分韵》。

同年，金兰好友犁丘邢侗中进士。

万历三年岁次乙亥（1575），公鼐18岁。

是年，父亲公家臣自翰林院回故里探亲，同年冬专程赴济南拜访“后七子”领袖李攀龙。父亲回京，公鼐随同赴京都时，路经兖州观杜甫写诗楼，过济宁登太白楼，一路有诗二首：

乙亥从太史公至兖州

亦是趋庭客，来登杜子楼。山川邹鲁尽，宫殿孔颜留。
万户弦歌满，三冬织作收。深惭怀古迹，握管自夷犹。

注：“趋庭”，典出《论语》，是子承父教的代称。“杜子”，指唐代文学家、诗人杜甫，杜子楼在兖州。“邹鲁”，指邹城、曲阜地域。“弦歌”，指礼乐教化之辞，伴奏而歌唱，朗诵之歌。“握管”，是执笔之意。夷犹，出自屈原的《九歌》《湘君》，意寓犹豫、迟疑，也为从容不迫之意。

还有一首五言律诗：

登任城太白楼

不信任榛地，天仙数往还。词名千古上，逸兴一杯间。
水近江淮接，楼高象纬环。寒涛终夜涌，绝调未能攀。

说明：“任榛”字出北史，即今济宁市。

任城（今济宁）太白楼现状（公延春提供）

万历四年岁次丙子（1576），公鼐19岁。

自京城回故里，路过河间府，住瀛南旅社，有诗并写在旅社墙上：

丙子书瀛南旅社壁

二首（摘其一）

嵴湖寂寞桂轮秋，又听霜鸿卫水流。
远岸归帆通海望，寒城孤角动边愁。
担簦长路羞蔬孱，弹铗中宵雇蒯缑。
莫诧终童犹未冠，几人华发重回头？

是年六月，父亲公家臣44岁充任典纂修官，校阅《世宗皇帝朱厚熜实录》，受明神宗朱翊钧嘉奖。

万历五年岁次丁丑（1577），公鼐20岁。

刚满20岁的公鼐，遭遇多事之秋。是年九月，首辅张居正的父亲去世，张居正本应离职回家守孝（称"丁忧守制"，必须解职回籍守孝27个月，期满复官。），但却恋权拒制，指使大太监冯保等上疏让其在官守制，是谓"夺情"者也。此事引发朝中文官纷纷上疏，请皇帝批准张居正回籍守孝，遵循大明纲常，离职奔丧以全大节。第一批上疏的翰林院编修吴中行、翰林院检讨赵用贤均为张居正之门生，被张首辅廷杖削职赶出京城。有求情者侍讲赵志皋、张位等也被廷杖谪官。当吴、赵出京时，公家臣派公鼐送吴中行、赵用贤至潞河码头，吴、赵二位翰林十分感激，握着公鼐的手说："凭侄子你的才华日后定能秉史笔，到那时你一定为我等直书。"不料此事被张居正侦知，借故将公家臣同赵志皋、张位等人谪官贬外。初为泽州判官，后又移广平司理，将内阁太史降为知府署衙的一介文职。此时，不幸祖母去世，公鼐随父回故里守孝，从此失去在京读书的机会。

回山东蒙阴后，公鼐被选为诸生，有参加乡试的资格，也能享受朝廷对生员的补助。

同年三月，挚友冯琦中二甲二十二名进士；五月，入翰林院选庶

吉士，年满 19 岁成为翰林院精英。（20 虚岁与公鼐同龄）

万历六年岁次戊寅（1578），公鼐 21 岁。

是年，公鼐陪父亲在故乡守孝。九月九日登高归来，写五言长诗《登城南九仙山》，有“猿啼千里月，鹤唳九霄霜。不作齐侯泣，犹馀陶令殇”等句。

《望太白行》序“戊寅，先是丁慧出箕斗，入营室，长数丈。明年太白昼见，经天数月”。作此长篇七言古体诗，文中有“兵甲销成日月光，好教四海乐农桑。关中唯留萧相国，边庭谁识郭汾阳”句。

万历七年岁次己卯（1579），公鼐 22 岁。

公鼐考举未中，心中羞愧不平，写五言律诗二首：

己卯放榜后作

其一

三载貂裘敝，穷途枉自悲。马卿空有赋，汉武不同时。
欲往君难托，归来有所思。紫芝如可问，园绮是吾师。

其二

抱策干明主，蹉跎心事违。谁能收骏骨，空自泣牛衣？
北极诚难望，东山欲早归。到来招隐日，始信昔年非。

此后，公鼐离开京都府地，回到故里蒙阴。临别又写诗：

乙卯京师呈刘思征诸丈时予下第后也

其一

少年自许愧南金，数载驱驰竟陆沉。
已托浮生如大梦，更将世事付高吟。
携书未遂垂纶愿，伏枥谁怜献赋心。

自是刘君知我意，雄文何必荐当今？

其二

北阙先朝有赐书，忍将身世付樵渔。

崆峒未得迎仙杖，堂阜犹堪结敝庐。

倚马才名虚自忝，卧龙成事竟何如。

（原文注：时参藩曹如川先生许以“倚马才”称之。）

喜君相见能相问，为尔愁中赋起予。

公鼐归故里蒙阴后，习读于蒙阴城南圣寿寺，与同生屏居时写《乙卯屏居山寺有述有序》七言古体长诗，诗中有“本非不羁之才，又乏乡曲之誉；岂惟避地之玄门，实乃归心之胜地。……已而因赋诗，纪禅居之胜，更谈向来之感，如此云”等句。

同年九月，挚友冯琦在庶吉士的结业考试中荣列第四名成绩，授翰林院编修。

万历八年岁次庚辰（1580），公鼐年满23岁。

时年父亲丁忧期将满，是年生日写诗《庚辰初度感怀》四首。其一有“秋晚衡门叹索居，况逢初度信踟蹰”。（注：初度指生日。）“登临处处悲风响，极目寒林落叶疏”，其四有“秋来三径榛芜尽，独守玄径卧汶阳”。（注：汶阳，指东汶河之阳，东汶河北蒙阴县城为汶河之阳。公一扬诗，公跻奎诗通称汶阳。）还有《庚辰冬雪后漫兴十首》，其三有“倚仗悠悠时送目，倩谁留舄问仙宗”？其九有“邵公闭户非无意，谩把炎凉逐世情”。

这年父子同登蒙山，当日夜宿半山间，第二天登至山顶，公鼐按照父亲的要求嘱托回家整理平时掌握资料，两天两夜写出宏文名篇《东蒙山赋》。（原文有公家臣语：“……夫有其地而无其名，居是地者之耻也。……”鼐拜稽首：“唯、唯。构思信宿乃成。”注：信宿，意寓连续两夜。）他在赋文篇序中写道：万历八年（1580）随从父亲翰林太史游登

蒙山之下，第二天登上山顶，太史公感慨万分，对他说："我曾南游五岭，北观太华，西登太行，所到之处的山都不如此山秀美。可惜山胜而无其名，作为我们生长在此地者是一大耻辱。"父亲的感言激发了他更加对故乡山水的热爱，并下定决心将东蒙山写出来、推出去。回到家中集中精力凭自身文才，凭着对家乡的热爱，结合平时掌握的蒙山素材和以往考察的资料，用两天两夜时间以赋韵诗意的文采，诗词散文相结合的赋体，写出了空前绝后的颂扬家乡的巨作——《东蒙山赋》。

《东蒙山赋》展现出蒙山横跨江表，串联海岱，横空出世的宏伟气势；详细叙述了东蒙山中泉林溪流、瑶石玉树、奇峰洞天、花木百草、飞禽走兽、鱼虫虾蟹、蔬果药材、人闻趣事及民间传说，面面俱到且重点突出，处处呈现蒙山的雄姿秀色。这是故乡的骄傲，迄今430多年来，没有比《东蒙山赋》更好的写蒙山的文章。在赋篇中发现的深山密林中的景点至今都未能开发。《东蒙山赋》如同司马相如的《上林赋》、扬雄的《羽猎赋》、孟坚的《两都赋》一样，彪炳青史，百世垂弘。《东蒙山赋》的成文是刚成年的公鼐对家乡做出的又一个重大贡献。

同年，公鼐随同父亲游遍家乡山水，还写了《奉从太史公游蒙山海螺寺》等众多诗篇。

第二节　父被谪官　科第不顺

（24岁至41岁）

万历九年岁次辛巳（1581），公鼐24岁。

是年，父亲公家臣守孝期满回京赴外上任，因张居正夺情案被谪官下放泽州。这年三月初三，公鼐陪同父亲到京，正赶上城北校场大阅兵，即兴写诗七律一首：

辛巳入京正逢大阅

圣主亲登大将坛，翠华初驻万人欢。
九关虎豹开仙仗，八阵风云拥汉官。
前队月明弓影落，中军星彩剑光寒。
辽阳新系单于颈，捷奏欣从掌上看。

（原文注：今上初举讲武之典，适辽左大捷，露布闻奏。）

送走父亲泽州赴任，公鼐失去在父亲身边的机会，回到故里蒙阴。这一年，他写下了大量讴歌家乡的诗篇，有《同家叔张、徐二子重至蒙山》《宿蒙山田家》《止龟蒙绝顶》等。这年冬，他与王翰出游，初冬登泰山，写有《辛巳登泰山》《与季祯雪后同过张洞冈子草堂》等诗篇。此外，他主要在家照顾母亲，辅导弟弟、表弟、外甥学习；随后娶妻生子、卜筑迁居等，挑起了家庭重担。盼望父亲能回京复职，能再回到父亲身边。

在多年后的一首《经城北校场忆辛巳瞻今上大阅》其三中，有“歌舞丰享日，宵衣想圣谟”句。这年冬，他还攀登了东岳泰山，《辛巳登泰山》有“方思登眺三年事，欲问前题失旧名”。这是他自己卯年后又一次登泰山，诗意有沉重的思想抱负。

万历十年岁次壬午（1582），公鼐25岁。

时年，父亲被谪官泽州不久又移河北广平，公鼐挂念父亲，坐卧不宁，春日郊游吟诗：

壬午春日郊游试笔

淡冶春山次第开，晚天林野独徘徊。
溪流万折归沂水，海气千重隐越台。

竹素栖迟游已倦，庭闱寂寞怨难裁。

太行云近频回头，不见西飞一雁来。

（原文注：时太史公居泽州。）

写此诗不久，父亲便移河北广平。当年春天神宗封代藩，挚友冯琦奉旨出使，以使节颁册，赶往大同，此地是边关重镇，冯琦父亲曾在此任山西按察佥事兼副使兵备。万历十年（1582），冯琦借出使回朝之机，路过蒙阴专程看望公鼐与老母亲。七年后，公鼐31岁时，有冯琦来书，写诗寄怀《冯用韫侍讲自壬午出使过里一晤，今七年矣音耗邈然，前日有书责望附此寄怀》一诗为证。同年，与好友王翰、徐居之、石伯瞻等人相会于济南。同年六月，首辅张居正病逝。

万历十一年岁次癸未（1583），公鼐26岁。

是年，公鼐已正式定居于前城子村所建成家园。县城乃其曾祖父湖广副使公跻奎家府，他不去住。自上东门迁初居后城子，前城子家园建成有《新谷告成》《初居南谷》等诗为证。

是年正月初八，他与王允谋同访徐子，有诗《癸未谷日与王允谋访徐子称疾未出，题壁而去》。诗中有"白璧暗投应共惜，青灯无伴可论心"等句。

正月，遭首辅张居正"夺情"迫害的吴中行、赵用贤等翰林院编修陆续回京城复官。公鼐闻信欢喜，觉父亲复官有望，遂写七律诗《癸未元日闻吴中、赵定宇、吴复庵二太史先生复官喜之》二首。但看到同被贬者复官，父亲仍滞留广平，他又心急如焚，跋山涉水、星夜兼程，前往河北广平探望父亲。一路有《过东昌府》《宿小滩头》《癸未至泉林寺》等诗。癸未，至泉林寺赶到广平见到父亲布衣勤政，在父亲署衙郡斋壁上挥笔写下五言律诗二首并序：

丁丑星变，吴、赵二太史上书忤时宰，太史公与兰溪赵公、新建张公皆以营救谪。及诸公被召，太史公犹滞广平。癸未省觐，因书郡斋壁上

其一

忆昔长星见，词垣屡抗章。赐环恩赫奕，曲突事微茫。

莫问祁奚老，何妨介子藏。武安斋阁月，寒色映飞霜。

其二

太史周南意，今同滏水阴。寸衷堪对越，一羽任飞沉。

纵比长沙屈，非关圣主心。晨昏千里念，去住几沾襟。

不久，父亲公家臣被授予南京，因故未能官复原职，又不幸病逝于上任路上——安徽滁州。是年冬，公鼐接到父亲重病滁州的报信，便风雪急驰，泪眼结冰；夜宿安徽宿县时，半夜梦见父亲对他示说："汝视葬地，无过如赵氏北墙下。"一梦惊醒知大事不好，立即起身星夜伏马急驰，赶到滁州时，父亲已经过世（核对咽气时辰，正是托梦之时）。在滁州待南北两京官员、父亲生前好友拜别后，公鼐扶护柩棺回故里，第二年葬父于黄山前。公鼐挚友、时任翰林院展书官冯琦在《东塘太史葬黄山记》中写道：

万历癸未，太史东塘先生卒，明年葬黄山。先是太史公谪广平司理，稍迁南京户部过里中，展墓纵辔至黄山下，四顾而叹曰："乐哉斯土，没而葬是，不憾矣！"明日，复偕子孝与往，孝与坠马不能从。太史公束装就道，执孝与手曰："东方地佳，兆也。汝与南陵公谛视之。"南陵公者，公之叔行，精堪舆家者也。孝与俯而应曰："诺。"已而大疑且骇，然竟未既往居无，何而仆以病状来告。孝与弛而南至徐州值大雪，且行且泣，泪被面纵横成冰。止宿村舍中，梦公凭几命之曰："吾不归矣。汝视葬地，无过赵氏北墙下。"孝与瞿然觉股栗发上指。起，冒雪伏马鬣而弛至滁，公已卒矣。见梦之夜，盖卒之日也。孝与持丧归，与南陵公议

葬地，历视太史公所游览处。……（载《蒙阴旧志》《东蒙公氏旧谱》）

万历十二年（1584）岁次甲申，公鼐 27 岁。

时年春，葬父亲公家臣于黄山前赵氏北墙下。当年在公家臣墓侧涌出一山泉（《蒙阴旧志》记）。

葬父后，公鼐得肺病，身体每况愈下，后来每年复发。彭夫人连年操劳，多方寻医，经几年治疗逐渐好转。在守孝期间，他坚持以文交友，诗作不断，频繁约见诸生；不断修建前城子家园；扶老携幼，担起了家庭重任。

万历十三年（1585）岁次乙酉，公鼐 28 岁。

是年，公鼐三叔公家邻中乙西科举人。清明日诗篇《乙酉清明偶效宋人体》六首中有“几年奔走困风尘，欲向迷中一问津”句。

万历十四年（1586）岁次丙戌，公鼐 29 岁。

时年初秋，公鼐去山东博山东南的蒲姑考察，写七律诗一首《到颜神镇泉上》。

游览颜神镇，观赏孝妇泉回故里，有诗《早发青石关，关在颜神镇西南二十里，道险甚，所谓车不得方轨马不得比行者，即此》:“齐道何如蜀道难，千峰万壑不胜看。数鸿应候声哀唳，匹马嘶乡望沙漫。月逼星华避日景，露当天晓作霜寒。一年行役逢秋暮，无计鷦鹩得暂安。”[①] 还有一首五言律诗《青石关》尾句有“谁知

淄博老照片 · 1929 年时的青石关
（公丕刚提供）

① 行役，指公务、劳役。此诗是在参与山东修志期间，长年出外，行踪不定。青石关是车不得方轨，马不得此行之险路。鷦鹩，指飞鸟，无定居，以树林中昆虫为食。

深谷里，轮鞅故粉然”句。

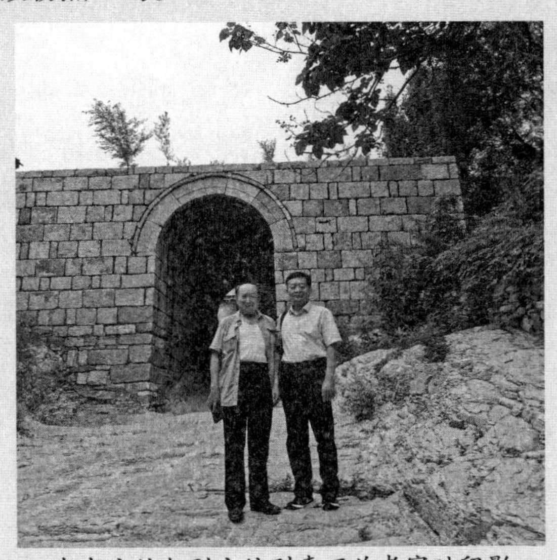

本书主编与副主编到青石关考察时留影

同年冬，送王季桢上任兴山县令有诗《送王季桢之兴山令》。

万历十五年（1587）岁次丁亥，公鼐 30 岁。

时年活动多、诗文多，是年在汶南置地修园，诗写《丁亥汶南田居》等绝句五首；同年舅父李敬庵去世，写绝句十首寄怀；是年正月，得病在家调养有诗《人日书怀》二首。辅导弟弟公鼒、表弟秦士文学业，有七律诗一首：

为表弟秦生、弟鼒读书斋中赋

静掩柴扉对晚晴，池塘春草雨中生。
扬雄敢谓知奇字，张翰何心论后名？
双树看来零露气，九霄听彻步虚声。
凤毛二仲真联璧，问价谁当易几城？

他看到弟弟、表弟认真读书，木柴门外池塘清澈、花草旺盛，想起了汉代文学家扬雄，自己创作的字体为汉代王莽时期的文体之一。

西晋大文学家张翰仅存6首诗而后名。看眼前仲弟能成为并驾双才，诗意凤毛二仲价值连城。

时年，三叔公家邻回故里探亲，游中山寺，公鼐写有《丁亥至中山寺随三叔、徐丈小饮禅房》《汶阳远眺丁亥》等诗。

是年，在汶南置有良田耕种，前城故居有书斋田园，公鼐不断在两地往来。从其诗文大意看，公鼐习惯冬春住前城子，夏秋住汶南，夏种秋收。有诗《息马龙岗寺》。龙岗寺位于常路西南，寺有龙泉，明代蒙阴八景之一的"龙泉淑玉"，就是指这里。

同年，挚友冯琦从翰林院侍讲又充经筵讲官。

万历十六年（1588）岁次戊子，公鼐31岁。

科第不中，仍在家耕耘田园，创作郊游不断。正月初一作诗二首：

戊子元日

其一

三十初过第一辰，恍然疑是梦中身。
殷侯自信宁为我，邓禹如何得笑人。
驹隙岂能留白日，蚁杯莫使负青春。
横行意气他年事，不向迷途忆旧津。

说明：过了年三十又长了一岁，人好像在梦中，满腹经纶壮志未酬。时间过得这么快，美好的青春不能辜负了先辈期望，过去的事就过去了吧，自己还要努力拼搏奔前程。诗中还写学周代殷侯的自信，学东汉邓禹大司徒辅佐刘秀成大业，功居之首封高密侯。要下决心刻苦进取，不能让光阴白白流失。更不能像酒杯里的泡沫，要跳出迷津、创出新意。

其二

伏腊荒凉卧斗城，忽传岁到客心惊。
条风不为衡门罢，旭日先从海国明。
年近潘郎愁白发，名非谢傅误苍生。
如今漫说山东妙，笑煞当时欲请缨。

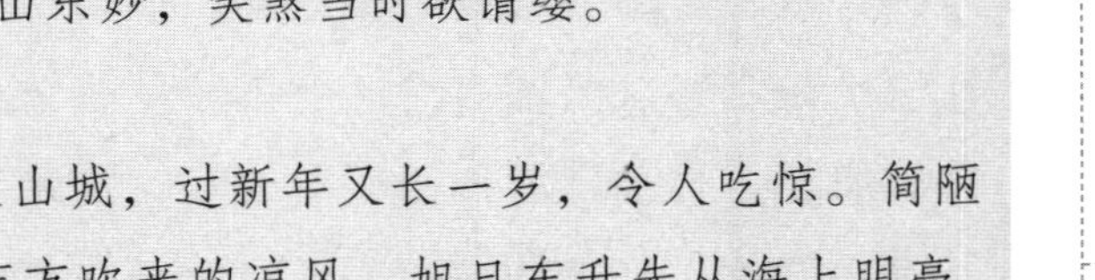

说明：诗写居蒙阴斗大山城，过新年又长一岁，令人吃惊。简陋的茅屋、横木柴门挡不住东方吹来的凉风，旭日东升先从海上明亮，年龄到了潘郎写《秋兴赋》出名的年纪，我不能灰心，谢太傅40岁才出仕，在孝武帝时官至宰相，没有辜负百姓重托。

“请缨”句，出自《汉书·终军传》。这表明他决心要振奋精神，不畏年龄将到潘郎年纪，要学太傅40多岁出仕，愿受长缨效忠君王，为治国兴邦做出一番英雄业绩，以报效国家。这首诗使他大器晚成，44岁中进士、入翰林、治国学、教太子、为皇帝讲经，成为天下“理学名臣”的写照。不久他又赴青州、去临朐，诗篇诸多，有《戊子至青州作简石冯诸子》《过冯宪使仰芹冶湖山亭留题》《题冯海浮先生旧业》《冯将军观海登坛有日》《戊子田居观刈麦》等。

正月十五，蒙阴县令杜洽召集回乡在册的生员集体庆元宵佳节。公鼐写诗一首《元夜杜明府晏集》，诗中有“明月照杯催进酒，轻风入幕送鸣筝”精句。细致描写蒙阴山城元宵夜，星月晴空，到处是火树银花、鼓乐声鸣。月光下诸位生员同杜县令，举杯行令畅饮。抒发官民同乐庆元宵的不夜之景。

同年五月初五，蒙阴县令杜洽召集诸生游南竺寺。公鼐写诗二首，有“南竺天中结胜游，空门长日四山幽”“仙令车前沾麦雨，梵王宫下听松涛”之句。

八月，挚友冯琦典试湖广乡试，有诗《用韫典试自楚返作诗问之》。

是年晚秋，公鼐进京师与冯琦、吕汝成、王衡等人相会，至初冬归来，写诗《戊子别冯吕诸君》，诗中有“握手东门秋正深”“千里应怜命驾心”等句。

是年，家事多、交游多、写的诗文多，一年四季马不停蹄地奔波，上至京城，下至黎民、亲友。二祖父公一鸣南陵告归后不住县城中家府，在蒙山野老峪建草堂，名曰“琴月轩”，诗书画印，修身养性，方圆百里文人墨客每日三两造访，研讨文学，游历山水。蒙阴县知县杜洽也是常客。公鼐有诗《题南陵从祖蒙山草堂》二首，有“山水幽奇雄海岱，林泉佳胜拟濠梁”之句，描绘出蒙山野老峪的位置在东海与泰山之间，山水纵横、跌宕奇景美妙胜出，大有濠梁之气势；“草庐他日垂千古，试与南阳可并踪”二句，说二祖草堂如同杜甫草堂一样名垂千古，二祖公一鸣与南阳卧龙诸葛亮一样形影并踪。

同年，公鼐三祖父公一扬于万历十五年（1587）拂衣辞官暂住任城（今济宁市）岳父家。次年“迎仙楼”落成，公鼐等人同去济宁祝贺。

三祖水部悬其车于任城之市，作楼以居取迎仙之义，题此寄怀

司空报罢两河书，归与青莲对结庐。
大隐不妨来市上，仙人原自好楼居。
风流秀得江山助，灵异中分海岱余。
早晚紫霄闻玉珮，好从仙客驻云车。

说明：三祖父自工部辞官郎中职，治理河漕；拂袖归来，暂住任城岳父家，建楼旅居称“迎仙楼”。因公一扬好法术，智断冤案，好比得仙人帮助。此楼居海岱之间，环绕云霄，早晚来客车马多。

时年初冬，公鼐自京城回故里，一路会友，到家后又病倒了；调养好转后又去舅舅家与表弟李成甫会面。

万历十七年（1589）岁次己丑，公鼐 32 岁。

是年，公鼐又病了，写诗《己丑病后口号》；病愈后有诗《病起

登城南楼》；去青州会冯珣，有诗《己丑青州重晤季韫志咸》；去亡舅故居会表弟，有诗《己丑至亡舅故居与表弟成甫话旧，悲感往事掩泣成篇》。

同年七月，恩师于慎行自礼部左侍郎、詹事府詹事晋礼部尚书。

同年八月，赴青州目睹使君家中灵芝，有诗《题表使郡斋中秋生灵芝》，又写出650字的《灵芝赋》，序语中有：万历己丑八月之望，灵芝产于青州郡斋之东圃。门下士东蒙公鼒快睹其盛，喜见乎辞，乃矢笔而为之赋。

同年，挚友冯琦侍讲奉召内直，加官右谕德兼侍讲，主持武闱。

万历十八年（1590）岁次庚寅，公鼒33岁。

是年，公鼒仍在故里耕作田园。正月十五，沂阳会友，写诗《沂阳会兄杨氏昆季既张、郭、李成诸子心知毕集，正值元夜赋诗志感》。访犁丘，过沂阳一路有诗。时年初秋，游织女洞有七律诗一首《宿织女洞》，有“孤枕梦魂清漏寂，半岩风露晓窗凉”之句。同年，在汶南农田建小亭，有诗《汶上营小亭》。时年晚秋，诸友游济南观泺泉。至初冬，写诗《冬月寄内》寄彭夫人，诗中有“汶上分携秋雨微，惜湖惊见雪花飞”“想思底事从君说，寒到身边未授衣”等句。这次在济南还有《历下访白雪楼》等诗篇。

万历十九年（1591）岁次辛卯，公鼒34岁。

是年，仍在故里务农，辅导弟弟、表弟、外甥学业；不断出游交友。除夕夜写《辛卯除夕有怀旧游》感怀诗，诗中有“交情杯底尽，勋业镜中收。白发凭谁寄，清宵不暂留”等句。

时年春，公鼒陪同弟弟公鼐、姑表弟秦士文、舅表弟成甫及杨家三弟，同赴青州参加考试。众兄弟取得较好成绩，在下榻馆内作诗《辛卯试青州弟鼐，及秦、李二外弟、杨氏三昆仲皆得俊共集馆下口占书怀》，诗中有“携来天论轻邹衍，赋就齐讴拟士衡”之句。后不

断出游交友，写下诸多诗篇。重阳节写《辛卯重阳日作》诗，诗中有立志“莫道归来秋未晚”句。还写诗《辛卯济南会季重》。

万历二十年（1592）岁次壬辰，公鼐35岁。

重阳节后生日诗：

壬辰生日岁来年三十六岁矣

阅岁周三纪，论年数六身。浮名终是幻，儒术老逾屯。
志与松筠契，家安橡栗贫。不知高士传，果纪闭关人。

是年，宁夏哱拜反叛，朝廷派兵平息。公鼐写有《海不扬波行》七言古体长诗。他在诗序中写道：

万历壬辰，宁夏乱卒戕抚臣，勾虏谋据河西；倭奴攻破朝鲜，渐窥辽左，东西骚动。天子震怒。簿责受西事者，赐剑致讨。诸将奉上威灵，大破虏贺兰山下，乱卒授首。旋师东指，倭奴退遁，尽复朝鲜。西境日且振旅关。兵兴凡五月，二寇荡平，海宇清晏。草莽臣鼐不胜雀耀，为《海不扬波行》以颂焉。

由此段序文可表明，公鼐一介务农的才子，未来的国之栋梁，关心边防、立志报国、策划太平的胸怀。

万历二十一年（1593）岁次癸巳，公鼐36岁。

是年，公鼐仍在故里务农，奔波于汶南与前城故居之间，农闲时不断访友、交游；还要辅导弟弟、表弟的学业。有诗一首：

癸巳岁书怀

七十年中强半余，浮沉一意老岩居。
衰容阅岁怀仍健，圣世为儒计已疏。
藜仗簪冠乡祭酒，枳篱竹经旧衡庐。

阿舒懒惰雍端长，客至犹能任扫除。

全诗流露出自己有能力的时光快过半了，却仍滞留故乡。虽年过而立，但仍壮志满怀。

是年，国事、家事、朋友事，好事不断。二月，中朝大军攻克平壤，日本倭寇大败。有长篇七言律诗《战平壤》《再闻东夷报》。

同年，冯琦父亲仰芹先生，自河南移疾归里求致仕，冯琦闻之请归省视。公鼐在临淄（齐国都城）与好友冯琦会面，写诗《癸巳稷下会用韫书怀》等六首。公鼐与冯琦叔父和甫号介轩友谊挚深，有诗《癸巳至稷下客和甫馆数日而和甫时北方游，清夜怀人怅然不寐，赋以志感》。另有《怀季桢》等诸多诗篇。

是年八月，挚友冯琦加官晋升詹事府少詹事。

万历二十二年（1594）岁次甲午，公鼐37岁。

是年，父亲在世时的恩师王相国锡爵公告退。公鼐进京，与在京就读时的好友、同学吕汝成相会，并住在吕汝成家，有《初至都门汝成园亭独宿》《潞河舟次北望蓟城》等诗篇。

年初，挚友冯琦在故里养病期已满，与公鼐在邹平长山相会，写五言律诗《甲午会用韫于长山》一首。年末，得足病，在故居疗养，足不出户，至次年春方痊愈。

万历二十三年（1595）岁次乙未，公鼐38岁。

此时，公鼐仍滞留故里。去岁得足病今年春才痊愈，写诗，序曰："甲午、乙未之间余足病甚，户庭不能窥也。沂阳李君示以秘方，一夕如脱。因感晦翁病足遇医之诗，戏为二绝以寄之。"诗中有"如今不作蹒跚叟，好去沂阳种杏花"二句。是年，因病产生隐居之思。是年四月，挚友冯琦升礼部右侍郎，也给公鼐进国学参加乡试、殿试树立了信心。

万历二十四年（1596）岁次丙申，公鼐39岁。

是年三月，皇城乾清宫、坤宁宫遭大火，朝中有文诏告天下，公鼐写诗《丙申大内火》，诗中有“三空今总萃，念念是苍生”之句。表现了他胸怀国事，挂念火灾中的生灵。《丙申晤子愿别去寄怀》四首，有“十载离愁十日欢，今宵相忆路漫漫”之句。

是年，他为沂水县志作序。

是年八月，挚友冯琦已是皇帝的讲官、礼部右侍郎兼翰林侍读学士，因有病，申请告归故里调养。

万历二十五年（1597）岁次丁酉，公鼐40岁。

是年，他不参考、不赴试，一心辅导弟弟的学业；一直陪弟弟参加青州试、济南试考。弟弟公鼒在乡试中中举，完成了父母的遗愿。弟弟乡试放榜，哥哥却病倒在济南旅舍中，有诗《卧病济南旅舍》《丁酉捧檄遇病作》。回乡后，仍不放松辅导弟弟，准备次年赴京参加殿试。

是年秋，与好友李季重寄书来往，有诗《秋日季重以诗见怀答寄》；九月九日，登徂徕山，有诗《九日徂徕山寺》。同年，恩师王相国与冯琦多有书信往来，责望公鼐进国学报殿试，有诗《用韫屡以书责望，致太仓相国之意，述怀奉答》；赴临朐看望好友冯琦，有诗《与用韫同至林间暂憩山泉》《用韫送到冶湖又至南屯阻雨又至石河乃别》。同期，还有游青州等诸多诗篇。

万历二十六年（1598）岁次戊戌，公鼐41岁。

是年，好友赵秉忠中状元，时年26岁。是年十二月，进行了七年之久的援鲜抗倭战争大捷，日军大败，战争结束。

是年，弟公鼒殿试不中，但三篇文章写得好，字迹工整，书法出奇出色，被吏部选进宫，任中书舍人，专门为皇帝抄录文批、整理奏章及边防文告等。弟弟公鼒未中进士而被选进宫，公鼐高兴之余，想该是奔自己的胸怀大志之路的时候了。

是年，已三载未会邢侗，诗《寄怀子愿》中有“行尽寒山迷岱野，梦回明月共犁邱”之句。

第三节　国之栋梁　大器晚成

（42岁至48岁）

万历二十七年（1599）岁次己亥，公鼐42岁。

在吏部侍郎冯琦的多次催促下，公鼐这年入太学就读，为贡生。据家族旧谱记载：

……公博学多闻，为诸生时，提学蹇理庵深器之。巡按钟化民延修省志，侍以殊礼。曹如川参藩许为“倚马才”。太仓王文肃相国引为门下士。乃淹蹇不遇。四十二岁贡太学，四十三岁领乡荐（中举），四十四岁始捷南宫，入词馆翰林院，出吏部侍郎临朐冯文敏公之门。

是年，选入国学贡生，由挚友冯琦引入门下。有诗二首：

己亥应贡入太学自述

一

一冒尘容去，何时逋客还？桑榆行夜漏，松桂掩云关。

下士赍函愧，长途负笈艰。薄游吾自信，随处野鸥闲。

（原文注：《益部耆旧传》，严辟曰：“上士贡名，下士贡身。”“赍函”“贡身”非高士也。）

说明：40多岁已不年轻了，何时能回到家乡，再过那避世隐居的生活，为耕田却忘了夜间的更点。现在带着衣物长途跋涉，历经求学之艰。深信自己学业有成，胜似闲庭信步。

二

笭箵长安道，章缝鲁国儒。请缨思弱冠，伏枥愧监车。

缑氏门非昔，临淄策更疏。一经惟旧业，韦孟有遗书。

说明：身背箱笼，在进京的道路上，来了一位鲁国的儒生；思忆弱冠年华，一首《拟秋怀》名重京师；现已年过40，再回国学；面对国子监的车，心中有愧；家乡的山门不在，家也今非昔比；齐国都城临淄次湖，也去的少了；进京重操旧业。我也有翰林院父亲的遗书，就好比徐州人韦孟，在移居邹城地有《在邹诗》遗留后世一样，鼓舞自己上进。

在京师会好友傅光宅（字伯俊），有诗《己亥京师会伯俊朝爽楼下，一日别》。年初，至济南会好友茂仁，有诗《己亥历下简茂仁》。

同年四月，挚友冯琦充玉牒副总裁，负责天潢谱牒纂修。五月，冯琦由礼部右侍郎改吏部右侍郎。

万历二十八年（1600）岁次庚子，公鼐43岁。

公鼐在国子监读书，面会少年在京读书的同学蓝子，当年他是父亲的门生，写诗《庚子岁都门逢蓝子》《都门逢蓝子、饮、忆夏为斋先生》。一起回忆恩师夏为斋先生。

时年秋闱，领乡荐中举，取得了明年殿试资格。

万历二十九年（1601）岁次辛丑，公鼐44岁。

是年二月二十日，万历皇帝主殿试，参考贡生300人。公鼐以二甲三十五名中进士，公鼐外甥吕玄韬以二甲三十七名中进士，同榜得中的好友王元翰三甲六十名、王衡一甲二名、刘永澄三甲八十五名、雷恩霈等。殿试御批卷《御试观播州图歌》七言古诗，存记《问次斋稿》卷之九（录存公氏族谱艺文卷），有《序》：

余辛丑得第，年逾强仕，兼久患症结，齿发衰矣。辱知己推毂，滥竽中秘，非其望也。病废之余，馆阁课业十谢其八，间一二黾勉应典，辄已弃置，谨存《欢播卅园图歌》一篇，以识恩遇焉。

赐进士后，被选入翰林院，有感而发，写五言律诗二首，有《序》："辛丑得第，年逾仕矣。次当外除，友人（指父亲家臣公同朝官员于慎行、挚友冯琦）留共京邸，强赴馆选，非其志也。滥竽之后，愿不及此，引事自况云尔。"

释褐明经暮，操觚秘馆严。

因知进士少（唐谚，五十少进士），不遂老夫潜。

惯见苍龙础，(《通典》举人献充庭诗：充庭初识苍龙础。)

仍攀翠羽帘。(《洞冥记》汉武帝招贤以翠羽帘。)

傫然诸俊后，白发几茎添？

说明：考中进士的抒怀。中进士已接近暮年，自己认为已超过了做官的年龄，有且喜且悲之感。开头一句意为：得第太晚了，手握判笔的考官阅卷真够严的。第二句意为：因为知道进士的名额不多，不如意，就潜隐下来。第三句意为：我试考多次碰到凶神，机遇一直不好，屡次落第，是遇到了被称为凶神的苍龙础，这次总算走到皇帝主试的仪仗队的旗帜前。第四句意为：现在终于考中，但还是无精打采地跟在诸位英俊的新科进士后面，自惭形象不如，自己头上已添白发。

吴中行（被首辅张居正廷杖赶出京城，自己奉父命送至潞河码头）的儿子吴亮和公鼐为同榜进士，公鼐在诗的《序》中说："昆陵吴采于名亮，总角同砚席，绝音三十年矣，辛丑联榜，旧欢宛然，诗以志之。"

是年春，公鼐得中进士后回上东门省亲，故里展墓祭祖，写七律诗一首：

展墓东门故里见旧居荒凉有感

松柏千岩锁暮春，先人曾此寄垂纶。

诸溪入汶归东鲁，绝嶂凌霄拱北辰。

彭泽旧居栖鸟雀，嫖姚遗冢卧麒麟。

今逢冠盖蝉联日，故里萧然转怆神。

说明：得赐进士后的暮春时节，回故里上东门，看旧居展仰祖茔，看到故里地处千峰万松，焕发着晚春景色。我的先人们曾在这里接受朝廷的封授文告。家乡的多条溪水汇流汶河归入东海。千峦叠嶂立入云霄，拱仰着北极星辰。先辈们出任朝廷重臣的、仕任州府县令的，忠君报国待终老回到这里，原居住的房屋厅堂已成为旧庄破屋鸟雀栖息之地。长眠在这片故土的那些忠君爱国、持政为民的先辈，折戟沙场、效命家国的英灵们的墓地荒草丛生，墓前皇封的、民立的石雕造像被杂草掩盖。自明弘治至今，自己已是家族中第五代蝉联进士。看到这一幕荒凉而清平、春风杨柳、万千松柏的自然风光而悲喜交加。这是东蒙公氏家族的荣耀，在高兴中又有几分伤感。

省亲故里、展墓祭祖回京后，公鼐被选为翰林院庶吉士。同时还有同榜好友王元翰，外甥吕邦耀、宋焘等。有七律诗一首《辛丑胪唱纪述》。

八月，正式上任，写诗《辛丑八月，开馆入苑，登瀛洲亭简同志》《初步瀛洲亭感述》。

十月，册立皇太子礼成，写七律诗《辛丑册立皇太子礼成》。册立的这位皇太子是明神宗朱翊钧的长子朱常洛，同时成为公鼐的学生，后成为明光宗。另有五言律诗《辛丑十月册立皇太子加上皇太后尊号候驾恭纪》二首，《十月随皇太子封册纪述》一首。

这次封太子大典是同年晋升的礼部尚书冯琦主持。公鼐出席并写诗《辛丑册立太子礼成》，诗中有“十载春宫报礼成，喜随鸳鸯共班迎”之句。

万历三十年（1602）岁次壬寅，公鼐45岁。

是年二月，明神宗朱翊钧病中下旨撤矿监、税监，但病愈后又反悔。在此喜诏罢矿税释系臣期间，公鼐写《壬寅初闻诏罢矿税释系臣口号志喜》诗，有“今宵荧惑频移舍，遥指荣光烛绎河”之句。

是年，挚友冯琦抱病请告休养，不准。

万历三十一年（1603）岁次癸卯，公鼐46岁。

是年三月，挚友冯琦在礼部尚书任上去世，年仅46岁。在冯琦病危时，公鼐自明年元月初二不离病榻一步，直到三月初二冯琦去世。惊天之大恸，无限之悲伤。他含悲忍泪，为冯琦写有《琢庵冯公行状》，呈予皇帝。在行状中细述冯琦病重到病危，仍挂念国事。三月初二临终前嘱托公鼐为其上书行状，关注其老母。行状写得真切动人。冯琦的英年早逝，使公鼐振衰救弊、学龙门策太平的一腔心血也付之东流。他写五言古体诗《礼部尚书翰林院学士临朐冯琦》《怀用韫》《大宗伯冯公挽章》等寄托哀思。冯琦在位时，处事公平，在皇帝面前对国之大事不妥协、不畏权势，折服文武大臣。这些诗中表达了对冯琦的敬佩，也感恩自己一生有他的帮助才有今日之成就，体现了国失栋梁、自失挚友的万分悲痛之情。

九月，公鼐授任翰林院编修，参与《春秋》典校，后写诗一首：

癸卯余滥竽馆职以非才不敢与春秋典校之役，壬子冬偶闻时事因忆王元诗意，衍而书之

承明三人缀班行，桃李春秋几度芳。
颠倒鳌头愁质赑，摧残鱼额苦彷徨。
年来年去看英座，门下门生兢美庄。
莫羡从前衣钵好，如今此路变羊肠。

万历三十二年（1604）岁次甲辰，公鼐47岁。

是年，好友李若纳中进士，不久授任夏邑县令，写诗《送季重之夏邑令》。

同年，好友付光宅卒于任上，享年58岁。

万历三十三年（1605）岁次乙巳，公鼐48岁。

是年十一月，明神宗朱翊钧的长孙出生，乃皇太子朱长洛之子。皇太子朱长洛是公鼐的学生，其子朱由校幼年由魏忠贤为大伴抱养，10岁时也成为公鼐的学生，所以公鼐教了两个皇帝。朱长洛继位后为光宗，朱由校继位后为熹宗。公鼐世称“两代帝师”。

时年春，他奉旨皇陵祭扫，写七言律诗《乙巳祇役皇陵，因丁丑从太史公奉祀亦同昭陵，今已三纪赋以志感》。三十年前，丁丑年从父亲曾奉祀同来昭陵；因张居正“夺情”被谪官，临行前来昭陵与亲点父亲公家臣赐进士授翰林的隆庆皇帝拜别。回忆当时而写此诗，怀念父亲，有“君来千古意，泪尽万松寒”之句。

同年十二月，好友宋焘授监察御史，好友王元翰为给事中。（《国榷》记）

第四节　奉旨观风　巡视江楚

（49岁）

万历三十四年（1606）岁次丙午，公鼐49岁。

是年春，公鼐奉旨持节观风，以“观风使”的身份出使江楚，巡游大好河山，体察民情。此时出京都奔潞河码头，写五言诗《丙午奉召江楚，出都门述怀》《潞河岸行》。首站是直隶河北兴济县（乃祖父公一载在隆庆元年自南京留都调任兴济县令，父亲随祖父在兴济县读书的地方），重来兴济，写感怀诗：

再过兴济县先大父曾为令处

卫水东湄吏隐亭，手攀棠荫几回青？
弦歌四纪留凫舄，图史三冬忆鲤庭。
（原文注：时隆庆庚午岁，太史公读书县斋，鼒始授学焉。）
归客辽阳身是幻，逢人觋首泪先零。
扶筇故老能相识，着膝今看绿鬓星。

［注］卫水，出河北省灵寿县，东流入滹沱河。东湄，指帝王之后。吏隐寺，大文豪苏东坡任杭州太守时写诗《吏隐寺》。凫舄，神话，东汉县令王乔进京的故事，后因用地方官留名。“图史三冬忆鲤庭”句，是怀念父亲随祖父在兴济县读书三年，于隆庆五年（1571）中进士。时公鼒13岁在家乡入学。

公鼒过兴济县顺运河坐船经聊城时，写吊付光宅诗《过聊城迂道不及吊伯俊赋此寄挽》。四月十日，过泰安至曲阜瞻阙里，写七律诗：

自丙子从太史公瞻阙里三十年矣，丙午重过赋以志哀

禹穴沅湘半八州，先从洙泗问源流。
居当近圣怀宗国，泪尽趋庭感旧游。
阙里宫墙终不改，故园陵谷自深愁。
观风更是维桑切，转愧輶轩意未酬。

说明：这次奉旨观风，计划顺运河绕河南、湖南、山东周游半个中国。从洙水、泗水之间孔圣人讲学之处，来到我祖宗源头阙里。心中黯然，想起了父亲的教诲，来到随同父亲游历过的地方，看到祖上的宫墙依旧。国事、家事多变迁自然引发愁绪。本次观风，倍感父亲当年壮志未酬遭迫害贬官在外心情，心潮起伏，久久不能平静。巡游

曲阜走泗水入蒙山道，顺路故里省亲。一路有诗《泗水道中》《泗源入蒙山道》《丙午过里晤诸亲旧有感》。这次以朝廷观风使身份，路过故里把自己的家乡比作江南名胜故里，旧貌依然。旧友想见、儿童相迎，好比汉高祖为照料父亲迁居靠近自己的新丰。体现了亲人家属旧友相见的喜悦心情，深感自己确实快成为老翁了。

几日后，公鼐由此南下路经定陶，观名胜佳园，瞻仰汉梁孝王台遇雨天，谒春秋越国大夫、陶朱公范蠡墓等，有诗《定陶道上值佳园春尽，花事尚盛，入观良久，不见主人而去》《梁台遇雨》，其中《梁台遇雨》写道："来到梁台天色已晚，不见月光，暮雨昏暗。"因怀古来此地，见梁王所建的兔园、苑竹龙钟、宫槐兔目等古迹犹存。

自定陶至开封有诗《汴都行》《朱仙镇岳祠歌》。偶然遇见好友李季重一同南行，经许昌过襄城抵南阳分别，有诗《汴上偶逢季重遂偕行至襄城，抵南阳始别》；到信阳有诗《顺阳山下止宿》，序中说："古浙、郦之地，近武关入秦道也，所谓南阳菊水亦在境内"，《自余干抵信州，山水奇峭，如灵山、龟峰、怀玉其最胜者也，迫不及游遥望记之》；过顺阳州经三峡泉进入湖北，至江夏、武昌，有诗一首：

登黄鹤楼

武昌城西黄鹤楼，黄鹤楼下鹦鹉洲。
祢衡作赋洲边水，崔颢题诗楼上头。
黄祖气夺谪仙恚，辞名接踵悬千秋。
南来楚天正炎热，三上高楼昼飞雪。
晴川芳草自依然，我思古人心欲绝。
冯栏不尽江风长，白波连山月如霜。
遥望片帆天际去，乘桴直欲登扶桑。

说明：这是一首怀古之作。前段写到祢衡、崔颢、黄祖、李白四位古人：祢衡，东汉人，祖籍山东临邑，文才超群，黄鹤楼的鹦鹉洲是因其著名的《鹦鹉赋》而得名。崔颢，河南开封人，唐代著名诗人，其《黄鹤楼》诗悬在黄鹤楼头。黄祖，东汉将领、江夏太守，因妒忌祢衡的才气而将其杀害。“三上高楼”，是李白写黄鹤楼的诗句。怀念先人名辞，诗赋在黄鹤楼悬在千秋，心狠手辣的黄祖恶名，千古罪人。后三句抒情，晴川芳草历历在目，与崔颢诗写的一样依然壮丽。

黄鹤楼

还有《楚藩诸大夫邀游黄鹤楼》《江夏城南僧舍旧有李北海宅后为寺，疑即此是》；走襄樊游樊山写《过樊山退谷不及游去而怅然书志愧》等诗；历经大冶山遇雨住农家，此时已进入五月初夏。巡视进湖北过丹江口，自襄阳至荆州一路有诗多篇，仅五言诗发襄城至锡山纪行有十几首，其中有《宿箕山雨止田家》中一句“南征值炎景，五月犹清凉”，说明出都门已出巡两个多月。一题七绝《过兰溪望金华山水》二首，其一：“新安水色括苍烟，煜煜金华婺女连。灵异果应仙路近，始知此是蔚蓝天。”注：金华属浙江省地级市，古时因地处金星与婺女两星争华之处，得名金华。兰溪属金华，地处钱塘江中游。其中：

自襄阳至习池

二首（选一首）

其一

岘首岧尧汉水长，习池烟树野亭荒。

羊公流涕山公醉，并枕残碑卧夕阳。

说明：襄阳岘首山高峻秀美，地处汉水以东，习家池古迹古树烟云，野外亭阁草丛生。高阳酒在此，习氏家族荆土豪族唯酒是耽，唐杜甫有《从驿次草堂俊》写习家池。清末进士庄陔兰在为公鼐家族民国十三年（1924）族谱写序开篇引用鼐公此首诗。习家池，又名高阳池，位于湖北襄阳城南5千米的凤凰山南麓，是东汉初年襄阳侯习郁的私家园林，延存至今已有2000年的历史，是全国少有的汉代名园，为“中国郊野园林第一家”。

自湖北进江西至庐山写《至庐山东林怀袁虎溪给》，行南昌府有诗《题庐山磴道亭上》《登庐山宿上方寺》《宿上方寺作庐山谣》《开光寺观瀑布马尾泉》等。

住南昌，府尹使君邀游金沙寺，登滕王阁，写诗《南昌庐尹使邀游金沙寺遇雨》《滕王阁作简豫辛诸公》二首。时令已是盛夏，自江西向浙江行，一路经兰溪走金华至杭州巡游十天，有诗《自江楚取道浙江留杭州西湖旬日乃行》《西湖》(一题二首，其一：“清波如镜照娥眉，高庙嬉游二帝悲。共道西湖比西子，一般倾国果相宜。”)，游杭州，有诗《孤山访林和靖故居》。

巡游西湖十天后，行进江苏，经湖州向吴江，有诗《舟发武林，取吴兴道，次湖州作》《王伯相送吴门舟中共啜虎丘新茗戏笔》；至无锡惠山，有诗《惠山泉别冏伯》，还有《过太湖望见吴门》等诸多诗篇；无锡游经过丹阳直抵长江下游镇江，旧时称为京口，侍御陈景玄、曹使君等人已先到数日等候，有诗《陈景玄侍御以漕使先数日出都约会京口不值书此寄怀》；即访镇江，观鹤林寺等处，有诗《泊舟京口访鹤林寺，四望有怀》(“峯岭匡庐万里还，金焦双阙枕奂关。行来江上仙花寺，坐看淮南桂树山。禾黍楸梧苍莽外，楼台烟雨有无间。一帆风软扬州路，明月吹箫待玉鬟。”)；巡京口后，舟发扬州，自扬州至淮安，有《淮上逢道甫中丞话旧别去欲寄》等诗。至此已是深秋，奉旨观风巡视江楚，自丙午春出都到秋历时半载，顺路走故里，行至临沂，遥望家乡，有诗《自江南归次临沂望蒙山短歌》，诗文中有“去时杨柳正依依，看山历遍江东西。我来自南秋已暮，蒹葭苍苍横古渡”等共16句七言古诗。

从初春到晚秋，巡游祖国半壁江山。一路风雨马不停蹄，舟车劳顿；体察民情，走访老臣；览胜景、会诗友，作赋、写诗百余篇。行程归来，满怀深情顺路故里，再见亲友；游故地，吟诗对酒，畅谈观风情景，述说归来相会之情，有诗《九日偕季桢、平甫南楼夜坐》《丙午秋自楚返初抵家园山行书意》等。冯珣来会写《秋尽季韫过山城同游南溪》诗。由于巡游劳累引起旧病复发，养病期间面对自身病体，回忆眼见朝中党派争斗，官场险恶，心中渐渐萌发了归隐田园之念。有一首《丙午怀田言志》七言古体长诗，诗文中有“陶令迷途应未远，卢生梦境事全违。深思有意思图报，多病何堪愿息机”之句。十月，仍在家养病，得到外甥吕邦耀在兵科给事中位上，受贵州总兵王象乾、巡抚郭子章被劾事的牵连而被贬官的信息，心潮起伏，提笔上章，乞求皇帝恩准离职休养，一直未得到批准。写诗《乞休不得以示甥辈》教导外甥及儿辈：“不违庭训，谨遵父辈教诲，心胸要宽阔，为人要宽厚诚朴。穷富进退显晦不渝，勉励上进。”自己在故里仍上章请休，等待恩准。

第五节　肺病缠身　乞休恩准

（50岁至57岁）

万历三十五年（1607）岁次丁未，公鼐50岁。

自奉旨观风巡游江楚归来，旧病复发在家调养一年多来，三次上章，终于在这一年晚秋得到明神宗朱翊钧恩准，高兴之余写《闻予告下》七言律诗一首，诗中有“闻知已遂投闲命，一壑朝来觉顿宽”。此诗以家乡的秀景入情在小河边行走吟诗，看秋色霜晚，蓝天白云呈现万里碧玉之光，恩准乞休的喜讯传来，自己清闲养生的心愿已达。

远离朝廷决然归隐，顿觉心胸宽敞。

是年，在故里过着无官一身轻的日子，心情舒畅地游故乡山水、泉林，看周边古迹胜景，写下了诸多诗篇。《丁未人日》中有“百年将半后，十载乞闲身”之句。《丁未除夕》中有“古城悲风响，空庭独鸟飞”之句。生日写《丁未初度山居作》，在《南归夜泊》中有“退谷连宵梦，清源几日归”之句。在《落花叹》中写“去年走马长安东，幸园春暮花始红。今年山中见花早，二月落花积芳草”之句。字里行间流露出清净闲适之感。在《归田杂咏》诗中有“东方仕易农，吾将农易仕。俯仰百亩间，人伦具条理。此志不可迁，皓首亦云己”之句。大意是说西汉东方朔是由高官去为农，我是一个农夫考了官。现在又置身于百亩田间，自己已是满头白发但志气没有更改。还有“去年行万里，骁骁畏简书。今兹守一壑，偲偲循菑畬”之句。意为是去年奉旨行程万里，观山景仰古迹察民情访官吏，所到之处有热情迎送，照应周到，饮酒品茶写下诗文诸多；今年却只守一壑田野，做着除草施肥耕作的体力活，落差够大。

是年，青州好友、同朝重臣赵秉忠省亲路过蒙阴与公鼐相会，并祭拜其父、翰林编修公家臣墓陵，鼐公写诗拜谢，《序》中写道：

先阡当汶水之交，有古城焉，不知其代也。鼐从太史公治命，已符三生之兆矣。（具黄山纪事）丁未岁赵峨阳状元过蒙亲诣临视，不胜荣衰之感。赋诗为谢。

这一年，父亲在翰林院时的同任编修，又是公鼐的老师好友，同朝为官的重臣于慎行，带病参朝理政时卒于任上。公鼐心怀悲痛地写《哭于相国谷城先生》一诗，诗中回忆同于慎行、冯琦聚集泰山的情景。

万历三十六年（1608）岁次戊申，公鼐 51 岁。

是年大旱，自二月至五月三个月滴雨未下。公鼐在诗《忧旱》中写“望岁唯河甚，嗷嗷万里愁”之句，表明其参与组织乡民祈雨活动。六月普降大雨写诗《自二月不雨至于五月不雨，上方露祷，戊申大雨千里沾足喜而志感》，意为泰山石头上都飘云彩，天上银河的水都是滚烫地下到地上。人们能听到千里喜雨的欢歌，如同有万乘车马把忧愁与劳困带走。这一年有诸多田园诗歌记录下了农事、民间、天地之事，描述了不少隐退务农、文学郊游之情景。

万历三十七年（1609）岁次己酉，公鼐已52岁。

是年，公鼐仍然隐居故乡。正月初一写《己酉元日》诗，抒发自己的归隐之感，有“呈心更诧周旋久，引满长生一醉传”之句。该年又遭大旱加蝗虫之灾。在他的《龙宫操》诗中，《序》云：“己酉岁，自正月至六月不雨，夏木尽焦，千里赤地。拟顾况作龙宫操，彼以水，此以旱也。”诗中有“竭泽绝流尚未已，龙王高卧何时起”之句。是年春，公鼐肺病复发，在病中伏枕写诗《己酉病卧四逾月伏枕自述》六首，诗文中表露出归休故里后遇到困境，对百姓苦难无能为力，只是忍痛地写出一些呻吟惆怅之辞。肺病渐好后，写《己酉卧病感怀五百字》长篇古体诗，诗中回忆自己50岁之前经历遭逢具见。写家事、讲在官、述自身成人艰险，记故里养病事宜。表露出今后的进退盈缩，将油灯膏火继续点燃，直到冰消雪融。

病愈后，不断有来访看望的亲友、学友、诗友，一起郊游。有诗《病起与客散步南溪》，还有《病后成悗诗以解之》（南溪是他的故居前城子村前的一条河，由蒙山北麓汇流而成。据老人传闻，旧时称公鼐的故居是风水宝地，后有凤凰山前有玉带河，现在改名为金水河，此河就是公鼐诗中经常提到的南溪。）是年秋冬，郊游甚多，登峄山，过华县，会友泗水，有诗《己酉登峄山》，《序》中写道：“山形似华不注，而累丸嵌空，异焉。近在邦城，叹来游之晚云。”《峄山歌》《华县在卞费之间，汉有此邑，晋以后无之矣》并序中有“己酉暮过泗北，乡有华名或即其地。而敉墟悉夷，但村坞依山环水，极幽邃之致，因留题识之”。诗意为：登峄山自蒙阴来路过费县之西与下庄之间，古时此处有华县，晋朝以后就没有了。路过此处去峄山还有泗北华乡名，村坞依山环水很有古华县之风情。

同年二月，好友、工科给事中王元翰被弹劾，三月辞官而去，秋有约会泗水诗《会伯举泗上，因谋卜邻》。

好友王衡，字辰玉，乃恩师王相国之子，京师同学，与公鼐同榜进士。授编修，奉使江南。得病休养去世，享年49岁。公鼐有诗《挽王辰玉》。

万历三十八年（1610）岁次庚戌，公鼐53岁。

是年早春，遇干旱，至三月，农夫百姓盼雨望天不能下种，心急如焚。他以自己的经历，写出了反映百姓疾苦的长诗《庚戌旱饥自述》，共六韵24句168字。诗中有“南山种田半沙卤，携俪呼儿力作苦”之句。还有“三春旱枯二麦死，中原赤地连千里。蝗飞密如垂天云，卷土甑甀无粒米”之句。全诗笼罩着百姓疾苦的哀婉气氛。

是年冬，去临朐冶湖与冯琦之弟冯珣（字季韫）相会，看望挚友冯琦的家人。途中路过沂北（今沂源县）荆山寺，这是齐鲁交界之处，写《庚戌至冶湖晤季韫昆仲有感》《夜宿齐门感旧》《庚戌游荆山寺》等诗，诗文表达了对好友冯琦的怀念，每到与冯琦同游过的地方，公鼐就伤心落泪。

万历三十九年（1611）岁次辛亥，公鼐54岁。

是年，仍在故里休养隐居。正月初一，感怀对自己的归隐生活较为欣慰，有喜也有愁，对今后的发展仍有信心。写诗一首：

辛亥初元叙述一首

槐安回首事茫茫，愁鬓新年长旧霜。
三仕郎潜虚遘武，一为传置远浮湘。
力田未见汙邪满，避地常为替戾冈。
近六且欣吾入手，屠苏最后饮何妨。

说明：写人生像槐安国南柯一梦，往事茫茫无边，因发愁又添白发。如同久居郎潜府官职不升，又如同浮萍漂泊不定。快60岁的人了，今后大年初一的酒在哪里饮用无所为之。流露出休期将满，久不接旨，已有着急的情绪。“替戾冈”，出自晋书《佛图澄传》。在《不必吟》七言古诗中有“辛亥年来五十四，黾勉拮据婚嫁毕”之句。

同年七月，礼部左侍郎翁正春上疏言状，皇帝召集朝议诰赠已故礼部尚书冯琦谥号“文敏”。

万历四十年（1612）岁次壬子，公鼐55岁。

休告期已满，仍滞留故里。大年初一有诗《壬子岁元日》（原文注：余生戊午年，在前壬子元中。有“虎溪从此休轻过，南圃东畲即远游”句。）此时的心情比较轻松，人快60岁了，功名已就，景仰休止，儿女婚嫁完成，轻松自如无远虑，静心田园不图虚名，再也不用出使远巡了。在故里，过江西庐山下陶渊明的生活吧！到南园开垦耕种，到东园田野即是远游。正月十五有诗《壬子元夕》，写有“非关多病眈岑寂，老去闲情总不溓”之句。是年，还有诸多携儿带孙同诸友出游的诗篇《壬子岁携儿端孙典重过，寺址倾，遗迹没不可寻，感而有作》（原文注：从太史公游已四十年，寺院荒废有感而发。）《重阳后集诸亲故携儿辈同游蒙山以南诸山》（原文注：山多名迹见地志。）

是年，金兰之交李若讷为父守孝期满，奉命晋归德府上任，有诗《季重起守归德，道出鲁西，迟之不遇》。在《闻季重自县得郡寄赠》诗中，有“侍从辞荣久，功名治郡新”之句。

是年，同榜进士、好友刘永澄去世，英年37岁。

是年，有金兰之交的好友、山左诗友、同学，临邑邢侗去世，享年61岁。在《八哀诗》中有《太仆寺少卿前监察御史临邑邢公侗》一文。

万历四十一年（1613）岁次癸丑，公鼐56岁。

休告期满一年，未接到诏书；再次上疏请休，不准。随着年龄增长、时光流逝，回忆老友健在的已不多了，写诗一首：

弱冠结客至癸丑岁垂四十载，朝野升沉存者无几，追思志感，以诗寄意

结客年来岁四周，高深何处不寻求。
每从燕喜趋京洛，偏访鸿冥历葛稠。
（原文注：葛璜、稠粳，出道书《仙山》。诸葛璜亦见《韦皋》事迹。）
寂寞雕弓沉败壁，凋零玉树委荒丘。
怜予伏枥心仍在，拂拭犹能附骥游。

说明：这首七律写四十年前结下的学友、朋友多以寻求高深，每每从宴饮喜乐趋向京城，又偏偏来访植物昌密之地，山静鸟鸣；持雕有花纹的弓箭，沉睡于旧壁残垣；有才高八斗、玉树临风者却英年早逝，委寄荒丘；可怜我还老骥伏枥安居不闲，研经耕读文学郊游。诗句流露出些许忧伤悲凉和自勉。并告诫自己人虽渐老，但精神不败。

回首往事，回忆当年，公鼐又写出《辛丑同榜入馆者止薛、钱、郑三丈在都下复各以事求归寄问》，诗中有“聚星回首时无几，计日伤心事尽非”之句。

万历四十二年（1614）岁次甲寅，公鼐 57 岁。

是年初，仍滞留故里，第三次上疏请休不准，写七律诗一首：

癸丑甲寅之间三疏乞休为主者所阻，诗以述怀

三致为臣疏未通，白头出处尚憧憧。
自缘分量甘枯槁，转使班行讶异同。
藏拙隐身羞刻鹜，倦游绝迹羡冥鸿。
悬旌进退真成笑，沧海何曾碍钓翁。

说明：开头三句点出为臣受命于主有三条原则，即人老、头白、残灯无焰形影憧憧，心意不定，感到自己的分量不甘祜萎，职官、讲学授业不具异同。中间又指出，藏拙不以示人其拙见，隐其身不仕，刻天鹅不成像鸭子，感到羞愧，绝妙胜迹已游遍，只羡慕汉代扬雄"治则见，乱则隐"、唐代李太白"高歌羡鸿冥"的生活。后两句诗意又流露出情绪，点明原来如悬旌停任的心怀平静下来，退谷真成美意。东海这么大为何阻挡限制一位老翁垂钓呢？吾已年老笨拙，心有余而力不足矣，想刻鹄而成鹜，心安理得，就是羡慕冥鸿（隐居）生活，怎么就批不准呢？诗中流露出倦官场、居深山、不出仕，过平静生活的消沉情绪。

是年，公鼐身体状况较好，请休报告未批，心内着急。有诗一首：

上章后待报作

归章未报逾三时，世弃君平故自知。

但使白沙龙种在，宁论沧海鹤书迟。

（原文注：庞德公归乡居白沙里，乡人曰："吾家龙种来。"）

倦游甚矣吾衰也，从政于今久殆而。

林涧依然松桂老，不愁人诵北山移。

说明：奏章还未批准，大约需到秋季农时。前两句是说抛弃世家进士世业，吾要学汉代的严君平闭门不仕做老师讲学。第三、第四句是说前人隐居地叫白沙，帝王子孙还在不论诏书晚来。第五、第六句借司马相如句官场不如意而只想退休，何况从政时还当过帝师。第七、第八句写松树已老，不愁有人诵扬，被召出而留传的《北山移文》。此诗很有特点，句句引经据典，蕴含着深长寓意。以请求退休的上章未准，深情表明自己形象明朗，曾经辉煌过。又赞叹前人隐居者的高尚品格和隐居生活的情趣，也暗中表达如不准退休，晚来诏书，尽管松桂已老，也不怕人诵《北山移文》。北山移文：南朝梁孔

稚珪（447—501），字德璋，会稽山阴人。《北山移文》是他揭露和讽刺那些伪装隐居，以求功名利禄人的一篇散文。

在这次请告休养期间，建成前城问次斋书楼；同时建成汶南别业。两地二楼为同样的规格，三层石墙的砖木结构。汶南别业早在明末崇祯十五年（1642）匪患时被毁坏，前城书斋楼毁于20世纪60年代。

是年，他还计划改隐居地，去蒙山以南腾沛之间。有诗一首：

甲寅计求避地，卜居腾沛之间

滕薛弦歌邹鲁同，况邻萧沛汉王宫。
十年空谷称嘉客，一日他山作寓公。
皂下长鸣看展骥，笼中剪羽羡翔鸿。
居然信美如吾土，镇日开襟向北风。

说明：滕县与薛邑之间，民间习俗与鲁国曲阜相同。做了十年山谷中的贵宾，有朝一日，到他山建屋做高堂公。在这偏僻山乡志愿做舒展的良马，奋力驰骋；做飞翔于蓝天的鸿鹄，飞向北方的长空京城。皂下：江西省万载县的一处深山名景古迹。

第六节　奉命复任　兼职国学

（58岁至59岁）

万历四十三年（1615）岁次乙卯，公鼐58岁。

是年春，公鼐接旨授命官复原职，兼任国子监司业。时年，慈庆宫发生了“梃击案”。皇太子朱常洛为公鼐的学生，被一陌生男子手持木棍杖击。明知是西宫郑贵妃所为，因受明神宗朱翊钧的宠爱不了了之。这是明代万历、泰昌两朝三大疑案的第一案。“梃击案”后，郑贵妃为讨好太子朱常洛，似乎收敛了许多，但也麻痹了朱常洛。所以，又出了万历四十八年（1620）发生的“红丸案”，置明光宗朱常洛于死地。

是年初夏，正逢山东大旱，百姓大饥。他进京赴任，行至泰山以南，亲眼见到赤地千里，遍野哀鸿，百姓卖儿贴妇，背井离乡；而官府横征暴敛，叫嚣欺凌之势毫无少减。他看在眼里，痛在心上，奋笔疾书，写下了一首七言古体长诗，全篇振撼人心，声泪俱下。

夏日行岱野书所见

夏日之日一何长，辰经岱南午汶阳。
欲息嘉树不可得，枳棘刺眼弥路傍。
徕松甫柏半秃缺，流沙覆地白如霜。
比年抗旱民居尽，剔屋伐木绝村庄。
今春多雨禾始起，斛麦钱百农反伤。
卖儿贴妇苦不售，时当盛夏家无粮。
敲朴疮痍几欲死，朝求纵舍暮逃亡。
前限未完后限急，吏卒叫嚣人走藏。
我行安车犹畏热，观彼负戴行踉跄。
四顾嗷嗷皆沸鼎，吾独何意求清凉。
我欲使泰山化阳迈，犹恐镵凿销精芒。
我欲使东海输宝藏，犹恐漏卮枯沧桑。
何能一借康回力，尽卷滔滔入混茫。

说明：夏日天长，行至泰山以南、汶河的北岸。天气炎热，想找一缕树荫休息。路旁是耐旱的矮酸枣树丛，满眼景物荒凉。徂徕山一带只生长幼小的松柏，已有一半干枯秃顶，田野里的流沙如同白霜覆盖在地面上。连年干旱，老百姓拆屋卖了门窗、木料，刨树伐木，村庄里都没有人了。官吏不顾老百姓卖儿卖女无粮之苦，反而严刑逼征，百姓四处逃荒。前次的限期交粮未收上来，又一次催征任务下达。差役威吓吼骂，百姓乱跑乱藏。他坐在车里还怕热，看看逃荒的百姓，肩上背着沉重的行李跌跌撞撞，心里很难受。四下而望，到处都是逃难的人群，好似开了锅一样，我怎么能忍心去找乘凉的地方呢？恨不得把泰山凿开变为阳关大道，又恐怕这铲凿工具失去锋芒。我想把东海之水输送到大地上，又恐怕大地成为渗漏的酒壶，把沧海漏干成桑田。最后写借一神话人物"康回"之力，让滔滔不绝的海水流入这一望无际的大地吧！

到京城后，他立即上疏为山东请赈，得以恩准。《明史》有"乙卯大饥，鼐疏请发赈，一路赖此全活"之句。

同年，公鼐加授国子监司业。

万历四十四年（1616）岁次丙辰，公鼐59岁。

是年，公鼐又升为左春坊左谕德，成为辅佐皇帝、教管太子的讲官。是年八月，太子朱常洛出阁讲学，震撼朝野。

是年九月，公鼐与薛三省主持全国武科状元考试。

时万历一朝，已到了崩溃的边缘，自朝廷至地方，多数处于半瘫痪状态。正如后人评说："明代之灭亡是从此时开始的。"《明史》对明神宗朱翊钧皇帝盖棺论定，表述为"论者谓：明之亡，实亡于神宗"。

第七节　持节西巡　请告回籍

（60岁至63岁）

万历四十五年（1617）岁次丁巳，公鼐60岁。

明神宗朱翊钧基本不理朝政，百官争斗门户之争，党系之争愈演愈烈。这时的公鼐虽身为明神宗朱翊钧的讲官，但根本接近不了皇帝，皇帝也不听讲。公鼐的主要精力用在教导朱常洛身上，另外还要兼职国学及宫廷事务。他既要维护皇帝，而又置身于左是忠臣右是奸阉的争斗旋涡之中，处事惶恐，如坐针毡。因此，又萌发了请休归隐故里的想法。

是年，国难频发，多地告灾。公鼐请休不准，皇帝又让他奉旨西巡。出京都顺运河走家乡，观大事察民情，《丁巳归里时值荒后》记载：作为皇帝的使臣，乘着使者的车，驰骋在泰山以东的故乡热土，在桑梓故里，看到的是田园四野杂草干枯、禾苗不出的荒凉景象，见乡邻有家不能归漂泊不定，官府置驿不问百姓死活，形同虚设。自己无可奈何，学旧使星陆贾，将自己的财务行装分送乡亲，因生计无望，乡亲们含泪接受。临行乡邻送到河边，泪眼无语，盼望何时再归来。

这次西巡历时半载，行程万里。自春日接旨从通州码头上船，逆水行舟，到聊城下船。拜东阿于文定公祠，父辈老友、自己的老师于慎行祠有《东阿遇于文定公祠》二首五言律诗，诗中有“通家称父执，相士仰人伦。弦绝恩知己，无闻转怆神”之句。行舟至济宁府下船，又乘车行走路过蒙阴省亲。回路济宁，走河南长垣奔荥阳（周代京城），写诗《长垣逢浦明府定交寄》。此时与挚友冯琦叔弟冯用鸣见面，与儿子公端（时任朝廷光禄寺署丞）同登成皋古台望楚汉战争遗址。行新安三日遇蝗灾写诗有“禾苗虽半偃，飞蝗犹蔽空。催税密羽檄，胥吏江夷戎。鸡犬不宁路，经行人杀踪”等句。亲眼所见蝗虫灾重，官府催征要税不停。过新安入山西境，看三门峡景。进河西走廊，游历当年侍奉父亲太史公到过的地方。有诗一首：

河西务阮计部邀游北亭

趋亭曾纵目，俯仰不胜愁。献赋余三纪，乘槎复两游。
偶来荀令坐，同上庾公楼。无限平原意，聊为信宿留。

（原文注：幼侍太史公游此。）

此地位于山西、陕西两省之间，临黄河一段称河西走廊，在吕梁山以西。其曾祖公跻奎任工部郎中分司在此治水。幼年公鼐曾随父亲到此游过。

说明：父亲领儿子曾游览此地，因时间太短，回想为父亲献《东蒙山赋》已有36年余，盼望父亲能乘着天上的木排再来，与儿同上那露天的谷仓楼顶，感怀中原无限情意，在此河西多住两天。

游河西进河南出阌乡，过应天府有《宋州》五言古体诗，42句（自注：见宋王南都赋）。登当年长子光国领兵驻守的雄关重塞——陕西潼关，有《登潼关城北楼》七律诗一首。登华山有《登华山至青柯坪阻雾而止》《憩玉泉院》等诗。

登华山后，看渭水奔咸阳，写《奉使秦藩已过仲秋，八月十七日行册礼正值圣节》诗，写去年供奉太子出阁讲学，自己晋升为翰林侍讲之职，那山呼万岁的声音，仍响接耳旁。还有《沉香亭》诗，写杨贵妃倾国名花寂寞遗恨未销，华清池现已被青草潇掩平台，沉香岁月的景象已远去无迹。还有《希夷峡》等诗。游临潼后进西安，再进华山有《秦中归后重过华阴，补登岳诗》《华山》等诗。经洛南重返河南，亲游洛宁有《宿永宁县》诗。看洛阳龙门，写下《伊关龙门视石象五十二歆》五言排律长诗。

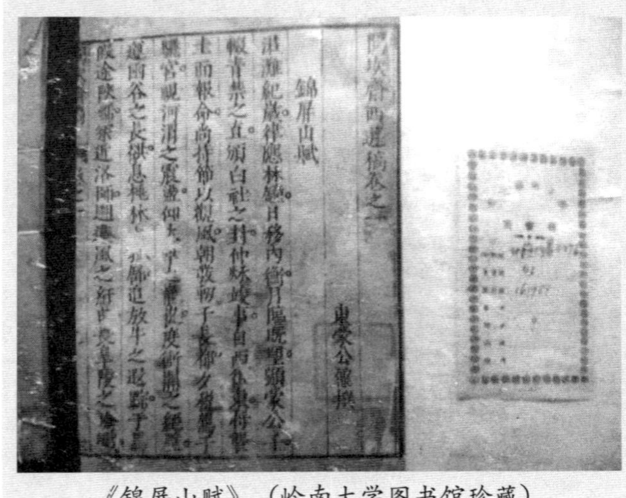
錦屏山賦

東蒙公鼐撰

《锦屏山赋》（岭南大学图书馆珍藏）

自龙门进宜阳时，已进九月。同纪明府同登锦屏山，应纪明府之托后写《锦屏山赋》；从宜阳马不停蹄登嵩山访少林，住在登封；走新密看郑州进入尉氏县境。此时，外甥吕玄韬在河南任督学，来尉氏县迎接舅父。游啸台阮籍吹啸声闻百步的台上，写七言古体长诗《啸台吟拟李赠吕甥》，有“我往秦关下伊洛，驱车遍游梁豫间。凄风凉雨日相送，刻期援止啸台边”等句。也有对“竹林七贤”阮籍的敬仰句：“放达无如阮嗣宗，昔人追慕称犹龙。今日荣名安所在，顾瞻空企景山松。”（原文注：丁巳九日，会吕甥学宪于尉氏，登啸台作，诗文多用嗣宗语。）此首七言古体诗，共33行。被知县李鹏南刻石立碑纪念，现河南尉氏县志有详记。石碑在清末流落民间，21世纪初被热心人士发现收藏，现在又矗立在尉氏县县城原东门外啸台景点上。

公鼐与外甥话别后，过商丘奔虞城，看当年三叔任知县的地方；又登砀山；出河南境进徐州，看长子光国任彭门元帅协理地方。写七言律诗一首：

儿光国移师彭门，九月持节过之

谁信金门有凤毛，亲持玉节试龙韬。
将材自许干城器，公望堪传别驾刀。
蜚挽波澄天共远，旌竿霜冷月同高。
重阳为尔添诗兴，好对黄花劝浊醪。

还有《黄楼歌》《登徐州龙山》等诗。随即，过滕州宿滕阳，归故里。在故里请告休养，隐居田园。

这些西巡纪写成的《问次斋西游稿》诗文近百篇。大多是体察民情、吊古、缅怀、看望朋友，受地方官员接待，陪同交友。写诗73首，赋1篇。这部西游稿，明末刻本广东中山大学图书馆有收藏。

60岁西游半载，请休故里恩准，这是他第二次“引疾归”养病。自此年写成《西游稿》后，又写《问次斋续稿》。续稿的第一篇是《问次斋成书意》，也就是《问次斋稿》。万历年间，外甥吕玄韬操作的刻本行世。公鼐后代现存手抄本八本三十一卷，共载录赋4篇、诗2015首、序4篇。

《问次斋续稿》现存广东中山大学图书馆，共五卷，诗200首。

60岁至63岁，公鼐隐居故里，游齐鲁山水、家乡泉林；回忆护葬山陵，同老朋友、同朝官员书信来往；教儿孙，写家训，治理田园。

万历四十六年（1618）岁次戊午，公鼐61岁。

是年，主要耕作于田间，写诗寄友人。亲力农耕，有“四望两田新绿野，一竿春水涨清漪”之句。

万历四十七年（1619）岁次己未，公鼐62岁。

是年，“问次斋稿”刻本出版。写《年六十二矣，人日愁中感事诗以纪岁》《春日试笔》《挽茂仁》《寄重姑孰》等诗篇。是年，三子公甸在南园修池蓄水建亭，有诗。去费县游，受县令接待宴饮，有诗。

万历四十八年（1620）岁次庚申，公鼐63岁。

是年上半年，游家乡周边：看费县、去沂水，过沂北、访临朐，马不停蹄。写《庚申春日过蒙南》《庚申沂上归过织女洞》等诸多诗篇。是年，万历一朝大势已去，这位被历史评为“荒唐、好色、懒散”的明神宗朱翊钧病重，准备后事。

七月二十一日，明神宗朱翊钧驾崩，朝中乱如麻团，公鼐又奉命回京。

第八节　掌国子监　晋詹事府

（63岁至65岁）

万历四十八年（1620）八月为泰昌元年岁次庚申，公鼐63岁。

明神宗朱翊钧驾崩后，公鼐的学生朱常洛筹备登基。召公鼐回朝，晋升为国子监祭酒（国学校长），充任皇帝经筵讲官，并钦赐“理学名臣”匾额挂于府门。明光宗朱常洛当着朝中文武大臣指出，“国有大事，公卿咸就裁”。此时，公鼐在朝廷的威望达到高峰。由此，更增加了奸党、宦臣的妒忌。公鼐看到自己精心培育的学生38岁当皇帝，心情有所振奋，有《署中晚归》《纪恩二首》《庚申冬至奉命教官》等诗。诗中表达出他任重道远的压力和承恩报国的心情。同时，朝中大夫本来视朱常洛为国家根本，自同年七月主政朝廷至继位登基又是一个多月的政绩，令士大夫、忠臣、良将看到了明代的希望。

朱常洛即位本想做一个有为之君，在筹备登基的七月，连续用明神宗朱翊钧大行敛来的金银财宝，发内帑160多万两，赏赐在辽东及北方边陲前线的军队。公鼐写《惜内帑行》一首古体长诗，赞扬朱常洛。同时，朱常洛命令撤回万历末年引起朝廷至地方官员、民愤的矿监、税监。召回因对父亲不满，上疏谏言而遭处罚免职的大臣复任。使朝廷上下看到，朱常洛要开辟新的政治局面。但因朱常洛缺乏胆量，忧于朱翊钧遗言，始终不敢追查朱翊钧当年遗留的悬案，没有摆脱宫中宦官奸党与西宫图谋控制朝权的阴影。

好景不长，据《明史纪事本末》记：光宗登基后，接受了西宫郑贵妃送上的美女，夜夜放纵行乐。因朝事繁重而逐渐虚弱的身体，基本要垮了。一心想当好皇帝的朱常洛，几乎每天是拖着病体接见大臣商定国家大事。大臣们见皇帝一月之内变得“圣容顿减”，都心急如焚。

后来，发生了近臣把关不严，郑贵妃派人二次送进药丸，服用后开始腹泻，后又补服两粒红丸，至九月一日夜半暴毙身亡，致使复兴明王朝成为泡影。此时的公鼐参与料理朱常洛的后事。因朱常洛突然暴毙，没有陵寝。因父皇明神宗朱翊钧还未下葬，众臣商定，将当初明景帝朱祁钰为自己修好的陵墓（因被明英宗朱祁镇夺回皇位，死后未能占用），简单修缮后改葬明光宗（朱常洛），称为庆陵。公鼐拖着病体在桥山先组织修陵，接着为光宗守陵护葬半载。写诗《护葬庆陵宿冷河作》《护葬庆陵简同诸大夫请教》，以桥山松柏、惨淡的秋月，诉说皇帝的悲惨。有“孤臣洒泪沾秋草，愁向千官说庆陵”之句，说不明白朱常洛的死因。

天启元年（1621）岁次辛酉，公鼐64岁。

朱常洛的长子朱由校即位，称熹宗，公鼐也曾教过他，教了两年便奉旨西游，然后请休。63岁回朝后，又教了两年。尚未立太子就当了皇帝。当时朱由校的文化修养很低，从小是被太监魏忠贤抱大的，所以提升魏忠贤为司礼监秉笔兼管东厂太监之职，控制朝廷庞大的阉党队伍。朱由校从庆陵召回老师公鼐晋升为詹事府詹事，执掌宫廷政务，并诰封朝议大夫，加封通议大夫。朱由校对老师公鼐非常器重，这也是公鼐到了最难尽职之时期。他上疏要亲笔写《明光宗实录》，被恩准担任神宗与光宗两朝实录副总裁。魏忠贤与西宫最怕澄清光宗死因之事，所以魏忠贤阉党处处设阻，写《实录》之事屡屡受挫，宫廷詹事府事处处设防，加之魏忠贤与熹宗的乳母客氏联手控制了明熹宗朱由校，控制了朝廷。此时，因朝臣联名推荐李三才未决，污蔑公鼐推荐姻亲为矫旨，被移职礼部右侍郎，协理詹事府事。从此，公鼐就不能直接陪伴在皇帝身边了，这个不争气的“学生”，彻底地不理朝政；整日在宫中做他喜爱的木工手艺和油漆工艺。有史料记载：“熹宗朱由校在房屋建造与木工油漆工艺方面，水平极高。”《明史》记载：“民间巧匠不能及。”这时的公鼐眼看就要断送大明江山，好多忠臣、良将有的已被魏忠贤害死，有的被削职，有的被外放。天启一朝，已被大太监魏忠贤彻底控制。在动乱的政局之下，任何人也是无能为力的。为持廉保节，公鼐上疏辞官告退，当时的奏折朱由校不管，由魏忠贤批，上疏很快得以批准。这次不是请休，而是辞职告退。

第九节　抗疏辞归　奉旨闲住

（65岁至68岁）

天启二年（1622）岁次壬戌，公鼐 65 岁。

公鼐在庆陵护葬，受风雪雨侵旧病复发；加上奸阉当道，《明光宗实录》难写；官员追论“红丸案”不占上风；秉笔实写《明光宗实录》遭刁难、反对，阉党西宫亲派绝命不允，命悬一线；受阉党暴政制约也是一事无成；此时的公鼐归隐心切，就上疏告退，一经恩准即刻出京。写《壬戌得请出都入里》《壬戌抗疏归里》等诗。诗意表述：齐东一野人为国事忙碌，入承明、教太子、为皇帝讲经、掌国学、理詹事，正义受害；面对奸佞五次抗章他，毫无抉择地辞官回乡，做了一介布衣。诗中流露出无官一身轻的舒畅生活。

是年，在故里仍不断交游，身体状况稍好转。写出诸多登山览胜诗稿。再爬蒙山、游山南烂柯庵、上太平顶、过黑石山庄，赴济南、去邹城，邀友相会，赋诗联篇。65 岁至 66 岁间，又生病，友人来往、诗寄、病中感怀，就连年老掉牙也有诗。从这些山水寄情往事回忆、田间耕作等诗文中可品出他身体恢复得不错，诗体风格也从原来的暗示表露纤柔转为明快直新。

天启二年（1623）岁次癸亥，公鼐66岁。

时年归里后正逢山东白莲教作乱，邹城、滕州一带最乱，为防贼匪来犯，他带领乡党、族长登蒙山西峰勘察地形，修建山寨，有诗《蒙山西峰绝高处曰太平顶，昔人避乱之处也。壬戌归后闻邹滕变，偕里人登之，以为先计。赋诗识之》，另滕州夏镇有祖业店铺被匪乱破坏，有诗一首：

闻邹滕乱，问夏镇故业，已失之矣有感

近闻邹滕境，处处弄潢池。至道为难矣，斯文不在兹。
一厘烟火尽，千里羽书驰。犹幸余空谷，垂纶可待时。

说明：弄潢池，出成语“弄兵潢池”意寓蔑视乱匪在积水塘里弄兵，成不了气候。羽书，古代插着鸟羽的紧急军事文书，即羽檄。典出《日书》卷一。犹幸，为幸运幸亏之意。垂纶，即垂钓，相传姜太公在渭水垂钓遇见周文王，被召进官。

天启四年（1624）岁次甲子，公鼐67岁。

有《甲子初度》，是年生日写诗：“黄菊潇疏又过秋，希年岁月足优游。”点明了他的生日是秋天。《重阳后值初度，诸亲旧游南溪湨作》有“重阳节前喜招寻，又值悬弧竞寸阴”。点明其生日在重阳节后两天。悬弧是指生男孩，门左边挂张弓。还有一首《初度既过追忆数十年来是非通塞不胜其感，作杂语释之》诗。由此可知公鼐生日为九月十一。初春邀请亲友结伴同游，登高望远。这年不幸的事发生了，外甥吕邦耀病逝任上，年仅45岁。这对公鼐的打击很大。他的外甥自幼就勤奋好学，公鼐也非常喜欢他，从小就着手培养他。父亲公家臣去世后，公鼐就放弃了自己的科考路，主要心血用在表弟秦士祯、弟弟公鼒、外甥吕邦耀身上，辅导出一位进士、一位举人，均成

为报国良臣。所以吕邦耀的早逝如同长子光国一样给公鼐带来又一次致命的打击。

吕玄韬与舅父公鼐同榜进士，时年公鼐44岁、外甥23岁，成为科考历史上的佳话。外甥吕邦耀历官河南督学至“逭政大夫”。甥舅二人合著《宋辅编年录》《国语髓析》行世。在《哭吕玄韬》一诗中有：“尔才堪用世，世乃弃君平。献替留遗草，驱驰负请缨。百年身未半，三巳宦难成。婚嫁吾当任，君宁愧复生。”还有一首《吕甥亡后问其二子索翰墨遗文藏之》曰：“自从怀抱相识无，十岁能文动帝都。”用诗来怀念他的外甥，并向其子寻取吕邦耀的墨迹、遗文收藏纪念。同年，还有《游沂水访颜翁》《铜井别端钟》《见杨二弟》《自肥乡辞任归里》《重阳节登山》等诗篇。

同年三月，魏忠贤控制下的皇帝熹宗突然想起老师，便降旨召他回朝上任礼部左侍郎兼翰林院侍读学士，再任两朝皇帝实录副总裁。当时还是魏忠贤把持朝廷，公鼐不忍再受奸阉乱政之欺，上任也是无力回天。便上疏陈：年事已高身体欠佳，请求辞职不再赴任。熹宗念记师恩，御批不免，奉旨闲住。有诗二首：

甲子奉召恳辞，故人勉之赋此答

二首（选一首）

其二

安阳魏处士，汉末独辞征。君有所不召，民无得而称。
保身已可则，识远是难能。李杜何需滞，悲哉党祸兴。

说明：魏处士，指东汉末年因被宦官诬告罢职归里，后有召复官，他请辞不出，多有好友奉劝也不听从，结果保得性命。李杜，指东汉末年李膺、杜密，被宦官专权罢职归里，灵帝时又奉召复出，仍与宦官斗争，被下狱害死，牵连百多人受害。党祸，出自《后汉书》卷五十二。

是年，奉召回朝的同朝重臣、好友杨大洪等人于第二年被逮捕下狱害死。

诗的其一是说谢绝好友奉劝和不出请辞的理由；其二举东汉党锢之祸，预言东林党报国忠良必遭宦官迫害成事实。

天启五年（1625）岁次乙丑，公鼐 68 岁。

入岁乙丑年，有诗《岁入乙丑，怜于七袠，寝车之志决矣。万事不闻，惟有耽游，未能满意，聊以识之》。

此时，魏忠贤专权到达顶点，朝中死党已发展到 30 多人，宫廷内外已有“五虎”“五彪”，还有“十狗”“十孩”等，占据了朝廷与地方官府重要位置，全面控制了朝政，熹宗连自己的身边重臣、亲属也保不住了。这一年魏兴大狱，害死尚书杨涟、都御史魏大中、侍郎顾大章、大学士左光斗等国之栋梁、正人忠臣。冤死一批东林党贤杰，公鼐早退故里幸免一死。

是年，也是公鼐最痛苦的一年，相伴五十多年的诰命彭淑人病逝；自己的身体也每况愈下。在怀念诗中说：“彭淑人有才气，胆识过人，教子女方正。这年已六十八岁，怜于七旬，决无侵车之志了，万事不闻，惟有身游还不满足。”但长时间听不到政事，见不到邸报。在《累月不传边事，或云东西已尽平矣。疑信未果，因而赋此》诗中，流露出他一向关心国事，心系边陲。九月，因怀念彭淑人使病体渐衰，写《乙丑彭淑人亡后，九月遇病自伤》诗，表述自己不生不死、乍哭乍笑，出入扶杖，东园篱边都去不了，有孤雁失所之感。从此他的诗文少见，定格在《问次斋续稿》第五卷。

同年十二月，魏忠贤奸阉派系又寻找一项过时罪名，带头廷议举荐李三才出任封疆未准，追论公鼐与李三才为亲戚关系，污为徇私妄荐罪名被罢职。

第十节　谕祭全葬　赠封谥号

（69岁）

天启六年（1626）岁次丙寅，公鼐69岁。

是年春节刚过，公鼐在故里收到京都来的因“徇私妄荐”罪名被罢职文书。这晚来的冤谕成了压倒骆驼的最后一根稻草。病体衰弱的公鼐收到罢职文书，似雪上加霜，重病不起。是年五月，公鼐在蒙阴故里病逝。

天启六年（1626）是明代历史上最黑暗的时期。熹宗朱由校被奸阉所害。据史料记载：天启五年（1625）八月，魏忠贤与客氏陪熹宗西苑游乐，在大船上饮酒作乐，又上小船荡漾到深水处，小船就突然翻了，熹宗差点儿被淹死。经过此场惊吓，熹宗回朝便一病不起，到天启七年（1627）八月便驾崩了。在熹宗溺水得重病期间，对公鼐的葬事无人敢问，无奈暂将灵柩丘于故居前城子，等待朝廷布置安葬。

崇祯元年（1628）岁次丁卯，思宗朱由检接替哥哥朱由校登基。不久，他不动声色地铲除魏忠贤，削除其死党。接下来亲自过问改正逆案，理顺朝政。这时礼部尚书孟绍虞、吏部左侍郎王祚远、工部左侍郎张维枢等大臣同公鼐三子、户部郎中公甸上奏，为公鼐请恤赠谥。思宗朱由检于当年六月初二下旨，赠封公鼐礼部尚书之职，谥号“文介”。十一月十七下旨谕祭全葬，并谕准彭淑人同墓合葬。随即又下旨由礼部、工部、吏部、山东布政司等重臣来蒙阴选址造坟，修神道、树华表、建世荣坊，国葬公鼐于蒙阴县城东曹庄。

公鼐出生于东蒙公氏发源地——蒙阴县野店镇上东门村，万历初年迁居蒙阴县桃曲镇前城子村。故居旧址还有问次斋书楼一层石墙、后花园紫藤树等遗迹。汶南镇（现属新泰市）有一别墅遗址，当地人

称翰林府，晚年安排其次子公端住守，旧址毁于明末崇祯十五年（1642）匪患。后裔明末清初陆续有迁出蒙阴前城。遍布山东，如蒙阴、新泰、平邑、费县、沂水、桓台、临沂、河东等地；河北，如宽城、黑马石沟；江苏邳县；辽宁大连；吉林柳河等地。

附一：《明史·公鼐本传》

公鼐，字孝与，蒙阴人。曾祖跻奎湖广副使，父家臣翰林编修。鼐举万历二十九年进士，改庶吉士，授编修，屡迁左谕德，为东宫讲官，进左庶子，引疾归。

光宗立，召拜祭酒。熹宗进鼐詹事，鼐上疏曰："近闻南北臣僚论先帝升遐一事，迹涉怪异，语多隐藏，恐因委巷之讹传，流为湘山之稗说，臣窃痛焉。皇祖在昔原无立爱之心。只因大典迟回，于是缴还册立之后，有三王并封之事；《忧危竑议》之后，有国本攸关之事。迨庞刘之邪谋、张差之梃击，而逆乱极矣。臣尝备员宫僚，目睹狂谋孔炽，以归向东宫者为小人，不向东宫者为君子。尽除朝士之清流，阴翦元良之羽翼。批根引蔓干纪乱常。至今追想，犹为寒心。夫臣子爱君存其真，不存其伪。今《实录》纂修在即，请将光宗事迹，别为一录。凡一月间明纶善政，固大书特书；其有见闻异词及宫闱委曲之妙用，亦皆直笔指陈，勒成信史。臣虽不肖，窃敢任之。"疏入不许。

天启元年，鼐以纪元甫及半载，言官获谴者至十余人上疏切谏，并规讽辅臣。忤旨，谯责。寻迁礼部右侍郎，协理詹事府，充《实录》副总裁。鼐好学博闻，磊落有器。识见魏忠贤乱政，引疾归。

初，廷议李三才起用不决，鼐扬言曰："今封疆倚重者，多远道未至，三才猷略素优，家近辇毂，可朝发夕至也。"侍郎邹元标趣使尽言，以言路相持而止。后，御史叶有声追论鼐与三才为姻，徇私妄荐，遂落职闲住。未几，卒。崇祯初，复官赐恤，谥"文介"。

附二：公鼐三子公甸上疏请恤赠

原任礼部左侍郎兼翰林院侍读学士、协理詹事府詹事，已故臣公鼐男、廪膳生员臣甸，谨奏为比例陈请恳乞天恩俯赐恤赠，以普皇仁，以光泉壤事。臣父公鼐，中万历二十九年进士，改庶吉士。三十一年，授翰林院编修。三十三年，请告回籍。四十二年，起又复原官。四十三年，升国子监司业。四十四年，转左春坊左谕德，充东宫讲官。四十五年，请告归里。四十八年，光宗嗣登大宝，念系经筵旧臣，升国子监祭酒，历詹事府詹事、教习庶吉士，充先帝经筵讲官；蒙钦命护葬光宗灵寝，差回，充修两朝实录副总裁。天启二年，升礼部右侍郎、协理詹事府事。向以时在山陵为风寒雨湿所侵疾作请告，回籍调理。天启四年，蒙起升礼部左侍郎兼翰林院侍读学士。臣父负性愚憨，见逆党煽乱，疏辞远避后竟不免奉旨闲住。天启六年五月内病故。痛念臣父登籍二十余年，茹蘖饮冰，清修自矢，廿年扬历，四壁萧条。存既不能治其生，死尚无以瘗其骨，魂消浅土，魄委荒榛。臣乃天地间罪人也。兹者，恭遇圣主龙飞，普天同庆。削夺者复官，闲住者起用，已殁者恤赠。海宇臣庶莫不仰沾圣泽。况臣父向充皇考日讲，复侍先帝经筵，其开陈启沃，勤劳最著。今诸臣概蒙优叙，臣父两朝旧恩若甘与草木同腐朽，岂圣明之代无幽不阐之盛事乎？此臣所以欷歔掩泣而哀吁于君父之前也。伏睹《大明会典》一款，凡两京三品官病故者祭一坛；其以侍郎兼学士赠礼部尚书者，祭二坛。臣父历官三品，正与例合。又查得吏部侍郎陶大临、礼部侍郎郭正域病故，伊男陈乞，俱蒙准赠礼部尚书，照例与祭、造坟、安葬、与谥、荫子入监。今臣父官品又与二臣相同。近，该科臣题荐，复徼明旨：公鼐学行著闻，并与恤典。是臣父一生砥砺，业已为圣明洞鉴矣。伏乞皇上俯念臣父两侍讲筵，效有微劳，敕下该部查照会典及陶大临等事例，一体优恤。则皇仁所被，岂惟。使臣父得安慰地下之魂？而益以作诸臣效忠之志于无极矣。臣疏贱草茅，语无论次，惟冀圣慈俯垂怜宥，曷胜悲鸣？恳祈待命之至。疏上。

附三：节录

一、《吏部左侍郎王祚远题奏》

原任侍郎已故公鼐赠荫一节，除葬谥典听礼部具覆外，为照本官。矩矱直仿先民，文章力追大雅。身依讲幄，敷陈启沃宸衷；晋贰春曹，模范敦维道脉。迨返初服，于权党用事之日；尤征完品，于端人易退之时。讲筵具有成例，录后用示优崇。所据赠谥恩荫，既经伊男具奏，查与陶大临事例相同，相应照例题请，伏候圣裁。

二、《礼部尚书孟绍虞题奏》

原任礼部侍郎已故公鼐，恤典并妻祔葬一节，除赠荫已经吏部议覆外，为照本官。器重琳琅，清逾沆瀣。扬历廿年，学者宗为山斗；官阶三品，朝仪俨作羽仪。想青宫丹扆之开陈，音徽如在；更赤文绿字之晖映，手泽犹新。在累朝不以偶有箧书而弛侍幄之宠，今圣明复以盖棺定论而切遗簪之思。学行宜崇，恩例吻合，宜请优恤，以励臣忠。相应照张广、朱之蕃事例与祭一坛，给与全葬。伊妻彭氏准列名并祭祔葬，再照本官。夙有学行，久侍讲帏。又经奉旨，晋赠尚书。即与加祭，易名似非溢美。恭候命下，遵奉施行。

三、《工部左侍郎张维枢题奏》

看得原任侍郎已故公鼐，道先民觉，忠结主知。虔共三朝，扬历廿载。烁离光于苍震，善翊前星；陪台曜于紫微，猷摅讲幄。骏业埒夔龙之选，鸿裁陋班马之俦。乃更身退急流，清贞堪砥世宙；迄今论定属纩，学行早鉴宸衷。恩例允协，恤典宜渥。既经礼部题奏，钦依备咨；前来相应覆请，恭候命下。本部行移山东布政司，将本官合用造坟工价银两，行属派办，征给丧家自行造葬。该司仍委堂上官一员前去造坟处所，依式督理造葬。谨题请旨。

附四：明崇祯皇帝赠封谥谕

奉天承运，皇帝制曰：

文章经国，夔龙集池上之英；礼乐垂模，簪履景先朝之范。盖精彩虽归于鹤表，而典型争重于鸡林。厥有追崇，用酬耆硕。尔原任礼部左侍郎兼翰林院侍读学士、协理詹事府詹事公鼐，璠玙粹品，冰雪清标。垂髫早擅时名，群书久推腹笥。胸含文石，云缃飞五色之华；梦叶彩毫，蕊榜腾九霄之质。鲤庭济美，凤沼承休。燃刘向之藜，光分太乙；秉董狐之笔，疑剖千秋。披香而启沃青宫，直筵而开陈紫禁。辟雍振铎，菁菁育泮水之莪；玉局持衡，蔼蔼造王家之彦。挥牡骓于周道，拔熊虎于武闱。留心多攘安之宏谟，立身合卷舒之大道。晋司殷礼，待卜商霖。忽奄化而骑箕，追遗忠于封鬛。兹特从尔子所请，加赠礼部尚书，谥"文介"，锡之诰命。呜呼！埋英重壤，虚猷念之全酬；尽瘁三朝，见仪型之不坠。易名无愧，加豆宜优。庶鼓劝忠之怀，以答致身之谊。光昭明綍，贲赫夜台。

明崇祯元年六月初二日

明崇祯皇帝谕：

皇帝谕祭于原任礼部左侍郎兼翰林院侍读学士、协理詹事府事、赠礼部尚书、赐谥号"文介"。公鼐并妻封淑人彭氏曰：维尔真修卓品，博学宏词。承太史之家风，作述继美；掌先朝之典故，今古为昭。侍从讲帷，冰兢纳牖。震索收切磋之益，离明多献替之功。桃李盈门，编摩垂信。发粟赈饥，仁殚乡间。方隆典礼，遽赋归田。朝露溘先，遗风堪悼！尔妻性兼慈孝，德懋俭勤，偕老佐清，考终并逝。用示加笾之渥，以酬举案之贤。窀穸均荣，灵其歆服。

谕葬曰：

惟尔性结忠贞，功昭启沃。三朝扬历，廿稔拮据。方需舟楫之勋，忽贾奎躔之曜。荣隧加渥，伉俪并沾。谕祭载颁，灵爽勿替。

明崇祯元年十一月十七日

附五：发掘墓志铭额、石碑碑文

1999 年初冬，蒙阴县文化局在蒙阴县城东曹庄村发掘出公鼐墓志铭额、石碑。

碑体：1.10 米 ×1.3 米 ×0.23 米。

碑文：篆书。阴刻。竖写。13 行。

碑文：

明诰赠礼部尚书、兼翰林院学士、赐谥文介公，暨配彭淑人同墓，墓志铭。

赐同进士出身、奉政大夫、礼部尚书兼翰林院学士、协理詹事府事，前太子宾客、礼部右侍郎、詹事府詹事、掌翰林院事、经筵日讲官、两朝实录副总裁，山阴钱象坤撰文。

赐同进士出身，通议大夫、吏部左侍郎、前礼部右侍郎詹事府詹事，句容王祚远书丹篆额。

注：墓志铭额，即墓志铭碑头的题字，盖在墓志铭碑上边的碑为额。山阴，地名，为公鼐撰写铭文的礼部尚书钱象坤的故里，在浙江省绍兴。句容，地名，书写公鼐墓志铭文的吏部左侍郎王祚远的故里，即江苏省句容县。墓志铭，是一种文体，包括志和铭两部分。志，用散文写死者姓氏、籍贯、生平等。铭，用韵文统括全篇，是对死者的赞扬、悼念或安慰之词。刻与石碑，一般埋在墓前地下。

公鼐墓志铭发掘详情，载《名门望族东蒙公氏》第 197 页。

公鼐墓志铭碑仍在墓址，未出土。

1999 年初冬，抢救性保护发掘出的墓志铭额碑，现存于蒙阴县文物所。

附六：蒙阴县政协在1997年影印出版《问次斋稿》清代手抄本，载《公鼐传略》

薛庆德　朱明秀

公鼐（1558—1626），字孝与，号周庭，山东省蒙阴人；明万历二十九年（1601）进士，曾任翰林院编修、礼部左侍郎等职；死后追赠礼部尚书，谥“文介”。

公鼐出生于明代后期一个声势显赫的“馆阁世家”。自叔高祖公勉仁始，代代蝉联进士，至公鼐已是第五代进士。他们或以文治著称，或以武获誉，并且代代擅长文学，均有诗文专集传世，成为明代江北不可多见的文学世家。公鼐是这个世家的集大成者。

公鼐自幼即以“异敏”著称。清康熙《蒙阴县志》载：公鼐“生有异才，龆龄能诗，读书一目即记，载籍靡不腹笥之”。

公鼐14岁时随父亲（其父公家臣，隆庆五年进士，授翰林院编修）入京读书。从此，他在词林名宿翰苑文英们的指点和熏陶下成长起来，并在诗坛崭露头角，文名“炳著海内”。

公鼐年轻时就耿直持正，无所畏惧。在他20岁时其父因触怒首辅张居正获罪，被贬为泽州判官。公鼐因此离京返回故乡蒙阴。在回故乡之前，他曾冒着极大的风险为与其父一同获罪而遭到“梃杖”削职为民被逐出京的吴中行（翰林院编修）、赵用贤（翰林院侍讲）送行，并且一直送到潞河（京杭大运河码头），看着他们上船起程后才回去。

公鼐经历曲折，仕途坎坷。从20岁至40岁的二十年中，他经受了父遭迫害，继而去世的打击。他的个人生活也因家庭的变故而发生了逆转，由在京读书到回乡为民，因而他对人事沧桑、世态炎凉有着较深的体验，曾一度产生抑郁不平消极沉沦情绪。

万历二十九年（1601），公鼐考中进士，时年44岁。在同科进士

面前，他自惭自责，对仕途失去兴趣。在《辛丑得第年愈仕矣》一诗中，充分表达了他当时的这种心情。

公鼐考中进士后，“改庶吉士，授编修。屡迁左谕德，为东宫讲官，进左庶子……”（见《明史》卷216《本传》）因当时发生了“立太子之争”“三王并封之争”“福王就国之争”，宫廷争权夺利的矛盾错综复杂，斗争异常激烈。处在这种政治斗争旋涡中，性格耿直的公鼐既不甘趋炎附势，又无回天之力，便于万历三十六年（1608）年愤然“引疾归”。

万历三十七年（1609），神宗皇帝驾崩，太子朱常洛继位，是为光宗。公鼐被召回京师，拜为国子监祭酒。光宗非常倚重公鼐，亲书“理学名臣”匾额悬挂于公鼐府门。每有国家大事，臣僚都要请公鼐裁决（国有大事，公卿咸就裁）。公鼐为官清正，体恤民情，办了一些好事。万历三十三年（1605）山东大饥，泰安、蒙阴一带尤烈，人民卖儿贴妇，流离失所。公鼐慨然上疏请求赈济。得到允许而“全省通活”。不仅志书上称颂备至，就连崇祯皇帝在祭文中也褒扬他“仁殚乡间”。

熹宗皇帝继位后，加封公鼐为礼部右侍郎、詹事府詹事。在帝党、后党、宦官、朝廷的派系斗争中，公鼐处境艰难。由于太监魏忠贤专权乱政，天启元年（1621）公鼐不得不再次“引疾归”。后来又遭罢职，从此赋闲故里。天启六年（1626），公鼐卒于蒙阴，终年69岁。

思宗皇帝继位后，扳到魏忠贤，追赠公鼐为礼部尚书，谥“文介”。思宗皇帝在《谕祭公鼐》文中对公鼐作了极高的评价：“惟尔真修卓品，博学宏词。承太史之家风，作述继美；掌先朝之典故，今古为昭……”

清初，著名文士安致远之子安箕写诗赞公鼐：

明季光熹间，国事日纷迫。侃侃公陈疏，补牍弹冠客。

运极枭啄凤，言忠水投石。嚣然弃组归，见几不终夕。

高枕东蒙间，寝食研图籍。撰书卷帙繁，与身同寸尺。

殁后有余荣，恩纶逮窀穸。

公鼒有《问次斋稿》行世。《辞海》(1989年版，第280页）对其文学思想和主张作了如下的评价："论诗主张一时代有一时代之声情，反对复古模拟。其纪行诗与晚年山居诸诗善于写景，也流露了抑郁之感和退隐后的消极情绪。"

第三章　文学交游

文才超拔笃友情，金兰挚交手足同。

恩师旧臣诗中记，村老墨客座上朋。

广结遗逸写天下，唱合鲁韵主齐风。

胸怀华夏随笔走，持节巡游万里行。

公鼐一生以诗会友，以文会友，以诗交友，以诗访友，朋友来往以诗为书信，自弱冠成名，科第不顺留故乡，到入国学考进士入翰林，因疾告归，游遍故乡山水，结交文人墨客。在京读书和在朝为官后，结交高层翰苑精英，恩师、老臣、联榜、同榜进士，同朝为官交往密切者，奉旨巡游看望老友等诗友，交游甚多。乃至晚年奉旨闲住，交游面广量大。至大江南北遍布天下，友人从朝臣到黎民，均有诗记，在他的《问次斋稿》《问次斋续稿》《问次斋西游稿》诗集中交游诗460余篇，涉及友人有名、有姓、有诗文者200余人，其中选重要诗友32人、恩师7人。亲友中有诗者诸多，因生平难考，这里选6人。

第一节　恩　师

公鼐有老师多位，启蒙老师无考。其弱冠成人后，除礼部尚书于慎行外，还有京都恩师夏为斋，教授生徒；山东提学塞理庵、山东巡抚钟化民、参藩曹如川、太仓相国王锡爵等。

一、礼部尚书于慎行

于慎行（1545—1608），字可远，又字无垢，号谷山，又号谷峰，东阿古县城（今平阴县）人，祖籍原登州府文登县赤山盘龙村（今归文登市）。少年英才，17 岁山东乡试中举，隆庆二年（1568）进士，翰林编修，官至东阁大学士礼部尚书；明代文学家、诗人，著有《读史漫录》《谷城山馆诗集》。

于慎行为人坦荡，因屡次上疏为立储国本遭明神宗朱翊钧责骂，加之时山东乡试泄题事件引咎辞职归里；十年后又被召出，官复原职，时已重病在身，劳累过度卒于官邸，赠太子太保，谥号“文定”。

于慎行与公鼐父亲公家臣同为翰林编修，既是公鼐的恩师，也是诗友，一老一少交往密切。公鼐少年入京随父读书时，就受到于慎行的教育熏陶；同时与冯琦、邢侗等人拜于慎行为师。于慎行辞官回乡期间，与冯琦、公鼐等人多次登临泰山。在万历晚期，师徒的诗风、文学主张相同，积极倡导标举齐风大雅，有力地推动了山东乃至全国的诗坛发展，于慎行被称为山左诗坛领袖人物，与公鼐、冯琦并称“山左三家”。

于慎行在万历十九年（1591）隐退故乡，公鼐时为诸生，多次亲临看望。有诗十二首：

和于宗伯夏日田居

（十二首）

其一

修竹临池五亩，垂杨夹岸千行。
松叶浓于绿发，桃花娇比红妆。

其二

招隐屡空自乐，为农作苦犹闲。
倚杖田塍听水，披襟草阁看山。

其三

寂寂黄鹂远树，依依白鸟平田。
启户云生栋里，搴篱水响林边。

其四

云度前峰来往，波连远树参差。
看尽前山归晚，东林纤月横时。

其五

人语空山响切，客来林叶声闻。
樵牧坐谈归去，杖头一壑松云。

其六

曲经玲珑通水，横桥迤逦来风。
隔岸遥开蔬圃，时时策杖溪东。

其七

深巷幽槐远引，塞塘烟柳重围。
入耳蝉声不断，傍人鸥鸟群飞。

其八

辞禄未嫌薄宦，卧疴宜近幽居。
散诞都忘礼法，衰迟久谢琴书。

其九

畎亩自安食力，污邪自祝逢年。
经纪四时晴雨，周旋百亩山川。

其十

携俪终朝馌亩，呼儿阅日躬耕。
瓶粟三冬恒足，壶觞一枕无营。

其十一

为官六百石后，学易五十年余。
无事隐几而卧，有时带经而锄。

其十二

未能脱颖而去，且宜韫椟而藏。
踪迹不隐不见，人品非狷非狂。

这是由十二首绝句构成的组诗。主要展现出作者与恩师于慎行在隐退故里的一个夏天，过着悠闲自得的田园生活，也体现了师徒情深、相交融洽、亲密无间。

诗其一点明茂林修竹边有五亩田园、千行杨柳、松叶绿发、桃花红妆，环境幽雅壮观，又说隐居自愉、苦乐悠闲、听水看山。还写鸟语花香水流林边，远望峰峦大河波连。游山玩水，戴月归晚。与庄农樵牧谈心。曲径连桥横，心情爽朗，暖风炊晚。再看故居深巷幽槐塞塘，家家吹烟，蝉声入耳，鸥鸟群飞，一派浓郁的夏日景象。

从第八首之后写恩师辞官并不是嫌官小，只因故里的环境幽居静心，忘礼法，谢琴书，贴近农家生活。邪斗不见，自食其力。中午老伴送饭到田间，帮儿耕作，自己种的粮食三冬吃不完。酒壶酒杯不闲，一枕即眠。官做到六百石俸禄，已学《周易》五十多年。无事时躯卧赏景观天。下地锄禾，歇息纳凉，经书展卷。

最后写恩师的为人处事，本是一位高才人物，但从未彰显自己；知识渊博，经纶满腹，稳重大方，大是大非不性急、不狂躁，表现出

雄才大略的精神面貌。

全诗特点绘形绘色。诗中有画，画中有诗。有大的构图，而且更有具体的细节描叙，夏日景物色彩浓厚。另外，前七首诗几乎是一句一景，彼此却又连接呼应，构思完美，对仗工整，格律精严。

从公鼐的《问次斋稿》《问次斋西游稿》《问次斋续稿》中，2315首诗歌中，六言绝句只有16首，可算得上凤毛麟角了。

另有诸诗如《东阿于大宗伯相待奉高邀临朐冯少宰同登岱山正值九日》《于冯二先生同游三阳庵，庵在泰山西神霄峰下》《岱宗盘道与用韫陵谷变迁古今不废，不胜叔子岘山之感，诗以述怀》《灵岩寺晚到，将与于、冯二先生为别》《于宗伯席上赠江右程生》《登泰和大宗伯于公韵》八首，以及《哭于相国谷城先生》四首。

其一

三星聚岳是何年，忽折中台欲问天。
祇有文章留世上，徒虚钟鼎列生前。
采芝尚待商颜老，辟谷俄从圯上仙。
殄瘁邦家应陨涕，况堪长断伯牙弦。

［注］三星聚岳：指恩师于慎行，同学冯琦与己聚会泰山。中台：秦汉时期称尚书为“中台”，于慎行累病逝于礼部尚书任上。钟鼎：指荣华富贵，也指高官在位而当钟鼎之重任。俄从：是樵夫进山砍柴的险路，成仙之路。圯上仙：汉代刘邦时期一代妖姬，舞文弄墨手摇一个幡杖上书“圯上仙”。殄瘁邦家：家国困穷，枯萎限于绝境。伯牙弦：典故“伯牙绝弦”。相传春秋战国时期的楚国琴师伯牙（今湖北省荆州人）任上大夫，精通琴艺。遇锺子期知音兴趣相投，二人至交。子期死伯牙无知音，“破琴绝弦”，终生不再弹琴了。

于慎行墓现状

墓碑被毁，百米神道，石雕完整，大门、华表在遗址尚存。63岁在任上去世，万历皇帝御赐63棵白皮松，现还有43棵生长茂盛。

公鼐父亲公家臣被张居正谪外，万历初年迁户部南京，在去上任路上去世。于慎行时任翰林院编修，是他为原翰林编修太史公家臣书写的墓志铭。他还向时任礼部尚书的叶向高陈述公家臣正义被贬和公鼐的文学才能，叶向高书诗追挽公家臣诗曰：

词场当代扼名流，涉世宁能曲似钩。
谪宦非关明主意，修文还与故人游。
水中云雨今何在？眼底沧桑变未休。
仰止高山情不尽，传经今喜有箕裘。

二、京都第一恩师夏为斋

夏为斋，湖南益阳人。公鼐15岁跟父亲公家臣进京读书，与钱汝晦、何公子同拜夏为斋为师，有诗记有序。

壬申与冠氏钱文学汝晦、汝南何公子从楚夏先生之门，初试为诗作七言绝句得支字

袒褐乘秋寒不支，御街人静夜深时。
万家砧韵乘风远，几处槐阴逐月移。

［注］袒褐：是汉族人为劳作方便所穿着的便服。砧韵：洗衣服的敲打声。

这是首拜恩师时写的四言绝句，得到老师夸奖，得到夏为斋老师的墨宝。

是年有恩师教导，加之在父亲身边，公鼐的诗文水平大有长进。经读了李梦阳先生的《空同集》后，按照秋怀韵格，写出七言律诗，以抒发“有怀投笔非吾事，愿学龙门策太平”的雄心壮志。

后来出仕入朝，在京会少时同学时，有诗一首：

都门逢蓝子饮忆夏为斋先生，先生楚人

恒南秋色近何如，蓟北逢君问隐居。
取醉不辞燕市酒，论交却忆武昌鱼。
梦回湘渚青螺小，望断衡阳白雁疏。
十载旧游欣暂会，河梁明日更踌躇。

［注］湘渚：湖南湘江之滨的黄陵庙址。衡阳：衡山所在地。踌躇：拿不定主意。

多年后，公鼐怀念恩师夏为斋，凭记忆写成当年初拜师时一首《春兴》诗并序：

余幼在京邸初试，为春兴诗数首，为夏先生诃止，存其首篇，其余忘之矣，姑识以见志

旧交浑去尽，多病帐离居。药裹常随客，诗囊不负予。

（原文注：余与冠氏钱汝晦、骈邑冯用韫及稷下士之寓燕邸者同砚席时皆不及门。）

挑前欣得酒，弹铗愧无鱼。惆怅都门柳，春来似旧舒。

［注］“弹铗愧无鱼”句，典出战国孟尝君门下客冯谖故事，指处境困难有求于人的意思。

三、山东提学蹇理庵

蹇理庵（1542—1608），本名蹇达，字汝上，更字汝循，号理庵。四川巴县人，历官山东提学、兵部大司马督理边防、都察院右副都御史、兵部尚书、太子太保。

万历七年（1579），公鼐的父亲公家臣授翰林院编修，因张居正“夺情案”被谪官，又逢祖父去世，公鼐与父亲回籍守孝，失去在京都学习的机会。补为山东青州郡诸生，参加了济南乡试，未中，有《己卯放榜后作》诗为证。

这次虽未考中举人，但公鼐的才华文墨仍被山东提学蹇理庵所器重。因为有少年参加山东“毛公试”考出奇迹，为蒙阴小县升为中等县，增加乡试的名额事迹。公鼐原号为九游，蹇公为其改为周庭。蹇公将公鼐推荐给山东巡托钟化民，要培养他登第。面临蹇公山东任期届满，蹇公面对钟公拉着公鼐手曰：“子何迟至，今后我心事了却矣。”

后来蹇公晋升为兵部大司马，奉命驻守京都蓟门，公鼐写诗一首：

大司马蹇理庵先生再镇蓟门

紫气临关幕府开，重瞻衮绣锦江回。
龙廷虏靖三梨后，鲸海波恬九译来。
鲁国诸生犹问字，燕门多士旧登台。
戴崇自诧传经早，便坐余欢待举杯。

又有诗赠蹇公：

大司马蹇理庵先生再督蓟门有赠

八首（选三首）

其一

中令重来镇朔方，万军争识旧汾阳。
旌旗已变山川色，衮绣还依日月光。

其七

辞名弱冠起江津，邺下论才总后尘。
今日筹边无一事，不妨余兴寄诗人。

其八

天回北斗俯西清，东阁虚当国士名。
谁信平津门下客，依然绛帐鲁诸生。

多年后，大司马蹇公过世。噩耗传来，公鼐遣次子公端往返万里吊唁。

公鼐在他的八哀诗中第一篇写蹇公，五言古体长诗54行27句，总结了蹇公一生功绩卓著、报国文坛、效命沙场、转战各地、留名四方，怀念对自己的培养之恩。诗中有“颍川屡褒美，渤海勤畴咨。三命持宪节，模范登皋比。齐邦兴至道，邹鲁来取斯”等句。

四、巡抚钟化民

钟化民（约1545—1596），字维新，杭州仁和县人。万历八年（1580）进士，授任福建惠安知县，多有政绩，迁山西乐平知县。征授御史，出视陕西茶马、宁夏，巡抚山东、河南，治荒救民，持廉治政并举。万历二十四年（1596）又以右佥都御史官，奉命巡抚河南，评定南阳矿盗，大破爽河反贼数千人。

钟化民多智计，居官勤历，所到之处惠政有声。卒后御赐建祠纪念，谥“忠惠”。

钟公在任山东巡按期间接受提学蹇公举荐，特别注重对公鼐的培育。在延修《山东通志》期间，给予公鼐特别的关照、特殊待遇。

公鼐《八哀诗》中的第三篇《都察院右佥都御史巡抚河南钟公化民》写钟化民，五言古体46行长诗倾诉衷肠。诗的最后有：

脱履随委顺，飘然若陨箨。庙貌肃清高，九原如可作。

说明：无所顾忌，一切顺其自然。浮云见低但形象高大。九原：指卿大夫的墓地。

五、中丞曹如川

曹如川，陕西旬阳县人，官至御史中丞。万历七年，在山东参藩上任时看中诸生公鼐出众才华，由于此前毛公试公鼐考出奇迹，并为蒙阴小县增加乡试名额事迹，他对公鼐的希望不减，尽管本次乡试未中举，但仍不放弃对此诸生的器重，许公鼐“倚马才”名，并引荐为相国王锡爵的门下士。

说明：“倚马才”是形容文采秀敏，将文人学士比作“倚马雕龙”。实为“倚马之才”之简称，是指索文者倚马稍待，作文者文章即成，以赞文者之文思敏捷的意思，典出“桓宣武北征”。

万历十二年（1584），公鼐父亲公家臣入葬黄山，时曹如川中丞题写的墓碑文字，公鼐一生不忘。在曹中丞去世后，写五言律诗四首：

挽曹如川中丞

四首（选二首）

其三

客岁洵阳道，彭宣一入堂。方云悲契阔，谁料即存亡？

麟阁遗容肃，龙门世业长。寒陵碑在目，字字泪沾裳。

（原文注：公昔为太史公题墓碑。）

［注］麟阁、龙门：麟阁乃将相称呼，龙门乃翰林之称，这里是指曹中丞与父亲翰林编修的交情。寒陵碑：指父亲公家臣墓碑乃曹中丞写文。

其四

自被连城赏，常怀国士羞。涂穷交始见，身在报何由。

痛哭明星陨，真成长夜愁。羊昙空有意，无处问西州。

［注］连城赏：指曹中丞赐赏得“倚马才”之名，价值连城。羊昙：东晋名士，山东新泰人，“江左十贤”之一，太傅谢安之外甥。典出“谢安去逝，羊昙恸哭而去”。西州：唐代时设在新疆境内的三州之一。“羊昙哭舅”发生在此。

六、相国王锡爵

王锡爵（1534—1611），字元驭，号荆石，文渊阁大学士；万历二十一年至二十二年（1593—1594）出任首辅，世出太原王氏籍；原籍苏州太仓人；望族名门，声势显赫；家住弇山园。《明史记》评曰：“锡爵在阁时，疏请罢江南织造，停江西陶器，减云南贡金，出内帑振河南饥，帝皆无忤。眷礼谕前，后诸辅臣。其救李沂，力争不宜用廷杖，尤为世所称。”

王锡爵13岁考中秀才；嘉靖三十七年（1558）中举；嘉靖四十一年（1562）殿试榜眼；同年三月授翰林院编修；九月长子王衡出生；万历二十一年晋首辅相国。著有《奏草》《牍草》《文草》《王文肃文集》，分别收入《四库全书存目丛书》。

万历己卯年（1579），御史中丞曹汝川在山东任参藩时，推荐公鼐为王锡爵门生。

七、“后七子”之首李攀龙

李攀龙（1514—1570），字于鳞，号沧溟，济南历城人；嘉靖年进士，明代著名文学家、诗人，为诗坛“后七子”首领人物，官至河南按察使。嘉靖年间，辞官归故里济南历城，在鲍山下建楼，取名“白雪楼”，结交文人墨客，诗友饮唱诗和，潜心著书。晚年他在大明湖边又建一座白雪楼。绝意不再被召为官，倘有官员来访，一律不见，只交会文学诗友。著述《沧溟集》三十卷行世。

李攀龙塑像

公鼐少年时习诗文。在隆庆三年（1569）夏季，自直隶兴济回籍参加济南诗社结盟，随父专门拜访李攀龙，受到热情接待，并对公鼐诗稿加以指点，且精心指导。那时公鼐才12岁，李攀龙56岁。这位诗宗匠师爱才若渴，看中了公鼐才华，给予较高的礼遇。从此，公鼐非常注重研习“前七子”李梦阳、“后七子”李攀龙的诗集，15岁初入京都读书，便写出七律《拟秋怀》，名重京师。万历十九年（1591），30岁的公鼐还为诸生时，参加济南诗社活动时写下七律诗《历下访白雪楼》四首（载本书第四章）。同年进京后登宣武门有诗一首：

登宣武门眺望答于鳞先生一首

城上寒生百尺楼，天階影落晚风收。
西山黛色飞千嶂，北阙晴晖散九州。
明月捣衣深塞怨，清宵伏枕异乡愁。
何时采菊东篱约，更向金台忆旧游。

多年后，世人为纪念李攀龙先生，在济南泺泉新建一座白雪楼。公鼐来往京都路过济南，有诗《济南泺泉新建白雪楼》《济南赵、刘二孝廉招同社诸友携余同游泺泉》。

万历二十一年（1593），公鼐赴京路过河北真定大悲阁，见李沧

溟诗，拜读后写：

真定大悲阁读李沧溟先生作

桓南都会拱燕台，福地千年大像开。
空里诸天疑化立，望中三岛欲飞来。
穷途忽溅花前泪，绝调难酬历下才。
极目晋云看不断，太行西去几低徊。

第二节　重要诗友

一、挚友冯琦

冯琦（1558—1603），文学家、诗人，字用韫，号琢庵，又号朐南，山东临朐人；出生于青州府著名的文学世家，是晚明历史上的重要人物，46 岁卒于礼部尚书任上。他自弱冠成名就活动于万历一朝：万历五年（1577），19 岁中举；20 岁为中丁丑科第二甲第 22 名进士，为同榜中最年轻的进士，被选入翰林改庶吉士；万历七年（1579）九月，授翰林院编修；万历十一年（1583），充经筵侍讲展书官；万历二十二年（1594），晋詹事府詹事；万历二十七年（1599），授任吏部右侍郎；万历二十九年（1601）十月晋升为礼部尚书；万历三十一年（1603），卒于任上，予葬全祭，赠太子少保；天启二年（1622）谥号“文敏”。著有《宗伯集》。

公鼐与冯琦少时同砚席，一生相交非常密切，是生死挚友。公鼐父亲公家臣在翰林编修任上被谪官外放，万历十一年迁南京户部，省亲故里后，去南京赴任途中病逝滁州。公鼐护灵柩回故里，第二年春葬父于黄山。冯琦亲笔写铭文《东塘太史葬黄山记》以悼念。父亲病逝后，公鼐科第不顺，为侍奉母亲辅导弟弟、表弟、外甥学业，一直到42岁才在冯琦的帮助下进国学，43岁中举，44岁中进士。论年龄他本该任地方官，还是冯琦将其留京选入翰林院。《东蒙公氏族谱》记："始捷南宫入词馆，出吏部侍郎冯公之门，文敏少与公同砚席者也。"公鼐中进士后有诗写序："辛丑得第，年逾士矣。次岁外除，友人留其京邸，强赴馆选，非其志也。滥竽之后，顾不及此，引事自况云尔。"

冯琦英年早逝于礼部尚书任上。国之栋梁陨星坠落，满朝悲伤，当时公鼐写《行状》上疏明神宗朱翊钧。在他的《问次斋稿》《问次斋续稿》中载写忆冯琦、怀念冯琦的诗篇，有50余题60多首。分别为《癸巳稷下会用韫书怀》六首、《读冯侍讲诗》《答用韫》《与冯用韫、王辰玉登朝爽楼同赋》《答用韫夜话作》《冯用韫侍讲自壬午出使过里一晤，今七年矣，音耗邈然，前日有书责望，附此寄怀》《冯用韫典试自楚返作诗问之》《用韫赋诗为别次韵，即答》《将别又成联句》《古庄新貌示用韫》《用韫屡以书责望，兼致太仓相国之意述怀奉答》《与用韫同室赤涧暂息山泉》《用韫相送至冶湖又至南屯，明日又至石河乃别》《答和用韫、寄邢司马经略朝鲜》五首、《送冯用韫》《旅夜听雨书怀》《赠冯用韫》《崮山送用韫赴召北上》《早起用韫过话》《旅夜书怀》《与用韫同至冶湖，冯将军邀游池亭遇雪》《甲午会用韫于长山》《于、冯先生同游三阳庵，庵在泰山西神霄峰下》《岱宗盘道与用韫论陵谷变迁》《送少宰冯公赴召》《灵岩寺晚到将与于、冯二先生为别》怀念诗、《礼部尚书翰林学士临朐冯公琦》《大宗伯冯公挽章》《忆用韫》《过冯宗伯赤涧池亭》《次朐南忆用韫时在云中》《畿南道中忆用韫太史兼怀内兄参军》《送彭崇萝中翰视青州冯大宗伯葬事，联道泰山东海》《重至前宗伯冯公第》等。

在冯琦与公鼐诸多往来诗词中，其中一首载于《宗伯集》卷中：

送孝与东归

南浦春波照西卮，漫行离恨话前期。

如何命驾能千里，不为临岐任少时。

此诗深刻表达出冯、公二人之间的真挚感情。这是一首离别送行诗。第一句写春天的碧波在送别地举杯饯行而诉衷肠，离恨伤感有因。挂念命驾千里，浮想联翩少时居同里、同砚席，再次有分手的遗憾之情。诗写在公鼐因父被贬外，自己失去在京都读书的机会，明万历十年（1579）22岁乡举未中离京返回故里。此时，公鼐在他的《己卯放榜后作》一诗中有“北极诚难忘，东山欲早归”之句。

《琢庵冯公行状》出自公鼐手笔，将冯琦的一生概略、品行事迹表述得淋漓尽致。那是上疏皇帝廷议祭葬谥号，重臣撰写墓志铭等重要依据。此行状存录在冶源车沟《冯氏世录》中。

公鼐在行状中，写冯琦为青州诸生时，山东督学于司马对冯琦文章才华的称赞道：“余司马督学山东，试为山东第一。”考进士后，冯琦被选拔庶吉士二十八人最后一名，受到首辅张居正的厚爱。行状中载：“改翰林院庶吉士时同选者二十八人，公齿最后。江陵张公严峻，少所许，可公每进揖目，河中张公曰：‘幼而硕者，国器也’。”冯琦在参与纂修《大明会典》时，被年轻的神宗朱翊钧留意到，很青睐他的文才。公鼐在行状中写：“上方加意文翰，内出词臣撰次韫语诗余，日以千数，公取急立就无一不旨称。”《大明会典》修成，冯琦升任经筵讲官，受到皇帝金帛奖赏。

万历十年（1582），冯琦奉旨代藩大同，重返当年随父亲在任山西按察佥事之地，故地重游，讲示动人，引起轰动。公鼐在行状中述：“代直云中地，参藩公备兵云中，公甫甘，未数岁以金马近臣持节为王国上介，观者塞途，呼曰：‘天使吾郎君也。’代王及文武大僚雅重公，享有加礼。”冯琦两次主乡试、一次主会试，公鼐在行状中有力叙述了他为国选拔人才的功德。

冯琦执掌礼部前几个月内，连续四次举行宫廷大典礼，关注边事；为神宗出谋，为国家选拔人才，繁文缛节，制定朝礼，事无巨细，无不过问，终行积劳成疾；万历三十一年（1603）病情加重，临终前还是为皇帝上奏章《为病危恋主恭进微言，恳乞圣明省览大修德政，以慰誉情，以补未报深恩疏》，终前呈上。公鼐在《琢庵公行状》最后详陈冯琦病逝前后自万历三十一年（1603）元旦至四月十三日凌晨安然而冥的详细节录。并记载冯琦病榻后有诗一首：

冯琦故里老龙湾。冯氏后裔冯益寿（左一），冶源企业经理韩发军（右一），作者（中）。

> 浩渺天风驾海涛，
> 三千度索问仙桃。
> 翩翩一鹤青冥去，
> 已隔红尘万仞高。
>
> （原文注：盖绝笔也。）

在行状的最后一段，公鼐写道："鼐与公居同里，生同庚，阀阅相比，世好相及，而又与公少同笔砚，晚年通籍，又出公门下。公谓鼐颇为知己，故属纩之际，以状见托。"这一段文字表明公鼐与冯琦同龄同居故里。两家都是官宦世家、功勋世家，两人世好相同，少年时是同学，同砚席，一生知己。冯琦临终前托付公鼐上疏行状。

上疏《琢庵公行状》写得十分真实动人，感动朝阁，为冯琦这位国家栋梁星陨留名千古的重要纪实。但冯琦的英年早逝，严重打击了公鼐的情绪，使之感觉到明帝国的国运急速崩溃之时临矣。从而也使他"愿学龙门策太平"的一腔热血将付之东流。《琢庵公行状》明代刻本在临朐冶源镇车沟村冯氏后裔有收藏，已移交临朐县档案馆馆藏。

万历十五年（1587），冯琦升任经筵侍讲，公鼐写《读冯侍讲诗》，有“弱冠登瀛洲，濡毫代衮铖。执经待宸旒。与余髫龄好，摎漆相绸缪”等句。以此回忆二人少时即情同手足，如胶似漆。写诗时，公鼐已30岁，还为诸生滞留故里。冯琦已中进士入翰林十年。

万历初年，公鼐的父亲公家臣在朝时故里已在后城子建“来青楼”书斋，购置的当时仙洞乡城子庄冯家堂楼，安置次子公鼒。公鼒入仕后，逐步投资百万修建成“小东园”。公家臣还在桃墟镇前城子村安置长子公鼐。阖家住“小东园”。建设成形后公鼐写诗寄冯琦：

古庄新筑示用韫

蒙山垂尽得涂裘，竹岭椒园处处幽。

烟水一村多茂树，桑麻千陇带芳州。

前峰似与香炉对，近寺真成莲社游。

除却冶湖惟有此，依然杭越好相酬。

说明：古庄，指公家城子前身，为冯氏庄园。新筑，指修复新城的“小东园”。有幸得到蒙山下一块宝地，建成了除冯氏冶源外唯有此处的胜地，山水田林一体，地处东汶河南岸，前有山峰似香炉相对，邻近南竺寿圣寺。曲径通幽，修竹椒园湖湾相连。可与苏杭相媲美。

万历二十一年（1593）冬，公鼐36岁，冯琦晋升詹事府少詹事正逢省亲，二人游齐国都城临淄，有诗一首：

癸巳稷下会用韫书怀

六首（选一首）

其一

老夫身何拙，揶揄性是真。可怜青鬓短，犹恐白头新。

良会时难再，离忧暂易亲。挑灯对夜雪，话久独伤神。

[注]身何拙：出自文天祥诗，为官之道。揶揄：自嘲之意，戏弄用语。青鬓短：青壮时期短暂。易亲：疏远之意。

次年春，二人游淄博长山。时为万历二十二年（1594），冯琦已晋詹事府少詹事，国史副总裁，37岁有了公辅之望。是年回籍省亲，与公鼐相会在齐都长山。有诗一首：

甲午会用韫于长山

殷勤适子馆，见我缊袍心。话别情堪把，忧时泪不禁。
持觞听夜雨，缓驾惜春阴。当日夷陵棹，留连未似今。

[注]缊袍心：以乱麻为絮的袍子，用为咏清高，贪寒之意。持觞：手端酒杯。缓驾：轻车缓步。夷陵：在湖北宜昌，三国时期著名的"火烧夷陵"之战发生地。棹：划船的工具或划船的人。

在冯琦陪父亲归故里时期，正值东阿城于慎行大宗伯归隐故里聊城。他特邀冯琦、公鼐相会于奉高（泰安）。三人在万历二十一（1593）九月九日，同登泰岳。有诗一首：

东阿于大宗伯相待奉高，邀临朐冯少宰同登岱山，正值九日

宇内登高第一山，帝师相待共追攀。
黄公欲结圯桥会，平子宁辞梁父艰。
香案亲随三观上，履声遥听五云间。
胜游况是逢佳节，酩酊连朝且未还。

[注]帝师：指聊城于慎行。黄公：指秦汉道家黄石公，别称"圯上老人"。圯桥：在江苏下坯，张良与黄石公相会在此。梁父：泰山下的一座小山，在山东新泰市境内，诸葛亮有"梁父吟"。酩酊：指饮酒醉的迷迷糊糊之意。

同时，还有七律诗三首。

冯琦此次省亲期满，临别时公鼐送别二人，写诗话别成联：

将别又成联句

（琦）相逢不信结交难，岂数平原十日欢。
万事浮云非我意，千秋流水为君弹。
（鼐）赠言未悉论心事，忍泪谁能对面看？
今夜客愁何处寄，运河柳色不胜寒。

此等口对乃千古才子成佳话者也！

万历三十一年（1603），冯琦去世后，公鼐十分怀念好友，作《送彭嵩萝中翰视青州冯大宗伯葬事取道泰山东海》一诗，其中有“琴音流水弦犹在，书带经年草尚青。惜别不堪东望处，雁行声咽雨中听”之句。

还有诗四首：

大宗伯冯公挽章

四首（选二首）

其一

里居仍世好，声子过庭先。奔逸惊从后，齐名耻在前。
垂髫接席日，启手扫门年。有道君何愧，临文负昔贤。
（原文注：公属纩以遗行见托。）

说明：冯公临终前嘱托公鼐为其写《上疏万历皇帝行状》。过庭：孔子教育儿子的故事，父教子意。奔逸：奔向安闲。齐名：名望相等。垂髫：指儿童垂下的头发。临文：撰写研读抄录文辞。

其二

平生忧国意，死谏事尤真。片语关宗社，千言泣鬼神。
星精仍入昂，岁序忽逢辰。哀痛思新诏，孤臣志竟申。

在后来的《八哀诗》中，其第二篇《礼部尚书翰林院学士临朐冯公琦》中有“他人穷该步，在公犹半途。平生谓知我，谆谆嘱在余”之句。

冯琦卒后三年，万历三十四年（1606）丙午岁，公鼐49岁奉旨巡游江楚，返回故里专程去临朐探望冯琦的亲属，走到朐南就写下怀念诗一首：

次朐南忆用韫时在云中

马头今向汶阳西，此日思君意转迷。

去雁三春留紫塞，神驹千里见青齐。

（原文注：齐鲁仲连年十二，号千里驹，用韫幼时以奇童闻。）

冶湖一水牵愁远，大岘诸峰入望低。

早晚石渠虚左待，青灯先己兆燃藜。

［注］神驹：春秋时齐国人鲁仲连12岁号为“千里驹”，此处代指冯琦。虚左待：古人以左座为尊，是待客的礼节。虚左待指为尊客留位而等待的意思。“青灯”句：是指书楼上孤灯下夜读之意。

此首七言律诗回忆冯琦奇童的少年，“六七岁读书日诵千言。一经目终生不忘。十岁能属文”。冯琦少年时原号“朐南”，后由叔父改号为“琢庵”。公鼐为他写的上疏行状中有“余司马之督学山东，试为山东第一”之句，与《次朐南忆用韫》一诗相对应。

在晚年的《问次斋续稿》中，也有回忆、怀念冯琦的诗文二十余篇。

公鼐与冯琦同年出生，同窗好友，相交最为莫逆；同拜谷城于慎行为师，晚明期间师徒三人诗风著世，成为“山左三家”。与冯氏家族三代世交情意深长，他与冯琦的父亲冯子履，叔父冯子夏、冯子节，其弟冯珣、冯缓、冯珂等均为好友，交往密切。

二、冯琦父亲冯子履

冯子履（1539—1596），字礼甫，号仰芹，13岁为诸生。隆庆元年（1576）28岁中举，次年29岁中进士，授直隶固安县令。上任经年百废俱兴。隆庆五年（1571），擢兵部主事，历职云司员外郎。万历二年（1574），出任山西按察司佥事（正五品），治兵大同，屡建军功。万历三年（1575），晋山西布政司（四品），次年迁山西按察司副使（正四品）。万历五年（1577），逢大计受陷降级，愤然辞职归故里临朐冶源，时年39岁。时长子冯琦考中进士。万历十三年（1585），奉召复职上任安徽和州知府。万历十六年（1588），迁升山西参议。万历十七年（1589），移河南副使（正四品）治开封。同年改易州兵备副使驻扎长城下，守护京师，扩军、训练，士气大振，成众军之冠。万历二十一年（1593），授任河南参政（从三品），时长子冯琦已掌詹事府，也成为太子的老师，官为正四品。此时子履与儿子提出归隐回籍，上疏获准，加封通议大夫正三品，回籍休养。

此时公鼐写七言古体诗《恒岳篇寄寿冯仰芹》一首，全诗46行句，总结了仰芹公半生风尘，为国为民功勋卓著。诗中有“昔日云中对雪峰，今来易水看朝爽”之句。原文有注：恒山在大同南，易州西先生先后为节镇云。在七言律诗《过冯宪使仰芹先生冶湖山亭留题兼简用韫翰讲时先生晋参过里》中有“原是东方称大隐，金门到此寄沉冥”之句。赞扬冯仰芹先生为当世英豪，后隐居山里。

还有《冯宪使谪归青州》七言绝句八首，选二首如下：

其三

当年汗血战榆关，不斩楼兰誓不还。
今日已无飞将在，却教胡马度阴山。

其五

奉世当年持汉旌，曾经破掳老长城。
一朝解甲归田里，四子传书耀帝京。

三、冯琦叔父冯子复

冯子复（1545—1605），号观海，官至广宁左卫佥事。致仕后隐

归临朐冶湖泉山亭。

在公鼐《冯观海先生邀游沂山百丈崖歌》七言古体长诗序中有“冯观海先生爱名山，携余同瞰沂山百丈之飞泉”之句。全诗215字，30行15句一韵到底，把沂山比作第二泰山，雄巍壮丽．绝顶有飞泉，如似置身登到江西庐山之巅。有诗二首并序：

冯将军观海登坛有日归隐居冶泉山亭之上，林壑幽胜，绝代无俦，偶一观之，应接不给，聊赋二章以纾心赏

其一

冯家池馆胜何家，夏木风潭冶水涯。
紫塞威名悬日月，青山真兴在烟霞。
系来锦缆依深竹，取得银刃醉落花。
不是将军不好武，雕龙世业擅中华。

其二

丛篁高阁昼阴阴，泉出千蹊柳十寻。
不系玉壶留剑气，惟将碧水照琴心。
携来满袖瑶台月，共聪当窗嶰谷音。
取醉凉宵过夜半，梦回清露涤烦襟。

四、冯琦弟弟冯珣

冯珣（1563—1640），字季韫，号璞庵。万历三十四年（1613）国学选贡，谒选陕西长武县令，迁咸阳升兴安知州，累迁汉中同知，赠光禄寺大夫、文华殿大学士兼刑部尚书加一级，夫人张氏诰赠一品。著有《韫璞斋稿》，与益都官至工部尚书的钟羽正、公鼐的弟弟公鼒共同成为青州诗坛的代表人物。公鼐的弟弟公鼒与冯珣诗文往来不断，可见蒙阴公氏和临朐冯氏是世交之家，也是文坛山左屈指可数之世家。

冯珣因是冯琦的弟弟，与公鼐为一生好友，交往十分密切，诗文往来频繁，相遇会面颇多。有诗记：《赠季韫》、《慰季韫》、《冯季韫至得长君一年丈书》二首，《秋季季韫过山城同游南溪》、《己丑青州重晤季韫志感》、《季韫以诗见怀答赠》二首，《季韫关中寄音答赠》、《历下送季韫东归》四首，《庚戌至冶湖晤季韫昆仲有感》《归后邀季韫有寄》。

万历三十八年（1610），公鼐 53 岁，是年冯琦已去世七年，公鼐告病在故里调养期间赴临朐探望冯琦的亲属，会晤冯珣与弟，写诗一首：

庚戌至冶湖晤季韫昆仲有感

数载冥心付槁梧，朱弦绝响莫邪孤。
谁驱剡上分风棹，又醉冯家明月湖。
（原文注：冯家湖见苏诗注。）
乘兴几回迷雪夜，默存犹识是清都。
南池竹色虚堂静，欲问前题墨已枯。

万历四十一年（1613）正是公鼐在故里养病期间，挚友冯琦的弟弟冯珣授命陕西长武县令，公鼐为他在济南白雪楼送行。有诗四首：

历下送季韫东归

其一

握手华泉一送君，东来不断岘山云。
冶湖亭上黄花满，无奈秋容两地分。

其二

珠斗绳河捧玉盘，浮空桂魄掌中看。
如何故放仙郎去，不管嫦娥八月寒。

其三

凄然分袂峿湖秋，客散白雪楼上游。

今夜细听窗外雨，明朝应忆雨中愁。

其四

论文湖上夜深时，从此逢人说项斯。

咫尺济南遗响在，谁言白雪少人知。

此诗写于万历四十一年（1613）秋月，冯珣一直在哥哥身边工作，哥哥冯琦在任上去世后被送到国学为贡生，授命长武令。公鼐自冯琦故里冶湖送到济南峼湖白雪楼分手。其一，写在冶源故里，岘山：临朐的名山；其二，珠斗绳河：指天上的银河；其三，湖：指济南山湖，在历城，李攀龙，白雪楼旧址。公鼐为诸生时去济南结社室友和入朝后来往京都故里，必经峼湖在此邀朋会友并写下诸多诗篇；其四，写谈论诗学，冯珣在哥哥冯琦去世后加入诗社，热衷诗坛，著书《韫璞斋稿》成名，在贡生位上授任的经历和唐代诗人项斯的身世相同。遗响在：说前人的著作气韵风格仍然存在，也表明二人情同手足的白雪情怀。冯珣也是山左齐风最强的支持追随者之一。

在《问次斋续稿》中，65岁的公鼐告归故里后，邀请季韫来蒙阴会面，有诗一首：

归后邀季韫有寄

忆昨趋朝日，驱车入岘关。思君过稷下，遭我于猺间。

文洒征求急，棋灯坐隐闲。今来邀命驾，置驿莫空还。

［注］猺：指猺山，在临朐境内。

五、冯琦叔弟冯缓

冯缓（1572—1624），字德韫，号栗庵，万历二十二年（1594）中举，万历二十三年（1595），考进士，授湖广茶陵知州。茶陵地势竹密林深，盗贼盛行。他到任后设计擒捉匪首，除暴安民，得百姓拥

护；迁泽州抑皇族，恤贫民更正矿税，地方豪强不敢恣意妄为，百姓遂得安宁。万历二十五年（1597），升户部贵州司员外郎兼两浙漕运；万历四十二年（1614），任开原道兵备，功建边陲。告归故里后，居祖父冯惟敏隐居的冶水湖畔，几年后去世。有《晋楚从政录》《使越录》《开原图说》《黄龙纪事》等作品行世。

公鼐与冯缓同是好友，交游来往多，诗文有记。冯缓任户部郎共同祭祀黄帝陵时有诗：

同冯栗庵计部祇役山陵登昌平西楼

居庸天设限匈奴，西北浮云楼上孤。
绝幕尚闻姑衍禅，款关尽走蹛林胡。
飞觞月影侵繁弱，解袂霜花转辘轳。
耕稼百年歌帝力，雁行栖亩满平芜。

（原文注：雁行：事出《外纪》）

公鼐 65 岁告辞归故里后，邀约在青州的赵秉忠同赴冶源，因病未到，有诗并序：

重午后将访冯栗庵丈于冶湖，因邀祺阳宫庶同会，遇疾而返，寄谢失约

重午初过命驾来，梅疏槿放晓晴开。
齐门旅雁频相寄，冶水闲鸥久见猜。
高阁涝劳花外望，扁舟未到竹边回。
修途自厌相如渴，长夏徒虚河朔杯。

六、冯琦叔父冯子节

冯子节（1560—1603），字和甫，号介轩。他一直对公鼐、冯琦关爱有加，不幸的是，他和侄子冯琦在同一年去世。有诗五首：

哭介轩冯丈

五首（选二首）

其三

方思竹林会，邻笛已伤心。流水迎风咽，寒岩背日阴。

伯伦终荷锸，叔夜罢鸣琴。莫问遗孤事，山涛痛转深。

（原文注：公铙酒德吾党推之，尤善琴。）

其四

自是君咸籍，平生若郑苏。云亡千古恨，况是一年俱。

（原文注：公与任宗伯一年卒。）

已罢高山仰，俄闻白日徂。知音垂老尽，何意问穷途。

（原文注：杜诗郑苏凶问一年俱。）

七、冯琦异母弟冯用鸣

冯珂（1579—1644），字用鸣，号范吾。万历二十六年（1598），随兄冯琦入京留身边襄助处理各项事务。在此期间，交文友结诗社。兄冯琦去世后，同公鼐料理丧事，护扶灵柩归故里。著书藏于冶湖家中，毁于明末兵燹。公鼐有诗二首：

送冯用鸣西行

（二首）

其一

河上悲歌挽不留，水深浪阔是吾忧。

郊卿北海思同载，到氏西华愧未酬。

射斗干将仍紫气，谈天邹衍自神州。

若逢子琰君家事，为尔蒙西卜菟裘。

（原文注：黄琬字子琰，释冯雍者。）

［注］郄卿：指东汉作书绘画的陕西长陵县人。北海：古时称渤海为北海。西华：在河南周口。菟裘：指士大夫告老后的住所。

其二

穷交生别泪同滋，况忆张帷把臂时。

（原文注：昔余与用鸣同经纪其兄宗伯之丧。）

使死复生应不愧，维余与汝忍相遗。

虎贲尚想当年貌，鸡祝宁忘后日期。

黾勉赠言惟一语，高山独立是吾师。

［注］虎贲：汉代有军职虎贲中郎将，历代沿用。黾勉：指勉力、努力、勉励。

公鼐60岁奉旨西巡时，携儿公端与用鸣同登河南荥阳周代京都成皋楚汉战场遗址，有七言律诗一首，载《问次斋西游稿》第五卷：

同冯用鸣登成皋古台，携儿端辈望楚汉战处阻雨

成皋汜水古关存，深谷盘纡昼雾昏。

山向洛中趋二室，河从天上出三门。

为霖未惬随车愿，度险犹警叱驭魂。

楚汉战场那在眼，吾曹堪共嗣宗论。

［注］成皋、汜水为河南境内古县名，在今荥阳汜水镇西。又为古代战场，春秋时属韩。秦汉时期，为刘邦、项羽相持之地。

北海世家

公鼐与冯氏家族还有诸多诗文记载：《与冯氏诸后泛舟治源》《京邸作示冯吕诸子》《寄冯子京师归》《题冯海浮先生旧业》《戊子别冯吕诸君》《夏日重过冶湖泉山

亭》《黑山观冯珰别墅时已属永年戚畹矣》等。

自公鼐的父亲翰林太史公家臣在世时就已与冯家结下不解之缘。冯琦的父亲冯子履万历四年（1576）官阶正四品，与公家臣同朝为臣，同受张居正手下人迫害而辞官归里，至万历十三年（1585）守孝服满起任和州知府升山西佥事，至三品致士归乡。公鼐之弟公鼒也同样与冯氏兄弟交往深厚。与冯珣交情及来往诗书，不亚于兄长。公鼒与冯珣、王象春并称“山左三家”，使蒙阴公氏与临朐冯家成为山左诗坛世家。

八、状元赵秉忠

赵秉忠（1573—1626），字季卿，号峨阳，山东青州府益都县人。15 岁补府学，24 岁中举人；万历二十六年（1598），25 岁殿试中头名状元，授翰林院修撰；万历三十三年（1605）担任礼部会试考官，后升任侍读学士，充经筵日讲官。他开导皇帝治国谋略甚多，说服明神宗朱翊钧恢复建文惠帝庙号，累升礼部侍郎，掌管詹事府；天启年晋升礼部尚书；因受魏忠贤陷害，上疏请辞致士归乡，不久被魏忠贤专制的朝政削官夺俸；天启六年（1626）与公鼐先后在故里去世，状元卷现存于青州市博物馆。

崇祯三年（1630）恢复原职，加赠太子太保，赐祭葬。撰有《江西舆地图说》一卷，诗文集《琪阳山集》十二卷行世。

公鼐与赵秉忠是青州府学同学又是同乡，又同朝为官，交往不断。万历四十七（1619）暮春，为公鼐《问次斋稿》写序千言，文中一段话：“先生诗具在法，不隐才，质无吝采，隽永藏于爽亮，纤秾寓之澹雅。其庄严钜丽之章，更复震锽舄奕。盖其原本山川极命草木者，既与李、何相雁行。”

万历三十五年（1607）岁次丁未，公鼐因疾请告在故里。赵秉忠在朝任翰林侍讲，回故里省亲时专程到蒙阴，亲临公鼐父亲翰林院编修公家臣的墓地参谒。公鼐十分感动，写诗有并序。

先阡当汶水之交有古城焉，不知其代也。鼐从太史公治命，已符三生之兆矣。丁未岁赵崱阳状元过蒙亲诣临视，不胜荣哀之感，赋诗为谢

汶水双流近古台，三生原兆若堂开。
冢成尚积杨云慕，碑在频兴叔子哀。
麟趾未能成父志，（原文注：太史公作《史记》，成于麟趾。）
龙头今果应君来。（原文注：葬书有龙头之说。）
九京欲托千秋重，试取寒陵片语裁。

［注］杨云：西汉文学家，四川人。麟趾：古代的一种钱币。公家臣整理皇录曾受皇帝金币奖。龙头：指状元的别称。寒陵：指父亲公家臣的墓陵。

公鼐在朝为重臣时，有诗《游苑北水关小寺，同赵殿撰、苗、吕二孝廉赋》一首。

天启年赵琪阳辞归有诗并序：

赵崱赵阳殿撰疏乞归养，未报投劾而去，追送南郊诗以纪别

归章未报待除书，投劾飘然奉倚庐。
冠挂尚思栖鸟日，绣行仍返跃鱼居。
帝思大对虚台鼎，人貌荣名拥传车。
自是君家饶异数，慈恩庆会胜潘舆。
（原文注：曾子以孝有三足鸟共冠。）

［注］倚庐：古人为父母守丧时所住的棚屋。潘舆：为“养亲”之典。

公鼐65岁辞归故里时，正值赵秉忠丁忧乞归故里，曾写给赵秉忠诗《寄赵崱阳宫谕》：

抗疏偕君卧海东，崎岖心事两难同。
任教投杼来三至，且共焚车迸五穷。

历尽孟门思注泊，東来高阁脱樊龙。

弹冠一语欣相报，闻道杨园路已通。

公鼐 65 岁辞归故里后，在《问次斋续稿》中有一首回复赵秉忠的诗：

答赵嵋阳宫谕见问

日日京尘叹式微，归迟犹胜不能归。

依然三经陶元亮，何似千年丁令威。

拜赐未酬青玉案，出疆仍恋绿蓑衣。

惭君话我时名在，更向深山更息机。

［注］陶元亮：指陶渊明，字元亮。丁令威：西汉辽东人，学道成仙后化为仙鹤飞回故里。以此为警喻后世人的典故。青玉案：词牌名。绿蓑衣：形容江南水乡。息机：唐代杜甫诗句，指放弃国事，息机心归老故居。

明代蒙阴县归青州府管辖，赵秉忠与公鼐除为同乡、同学外，还同为朝廷重臣，为两颗文曲星；同时，也是支持“山左三家”，推动“齐风”的大家人物，并与公鼐的弟弟公鼒诗文交往不断，友情厚重；同样被奸宦迫害，不幸在同年先后勋落于各自故里。

九、进士邢侗

邢侗（1551—1612），字子愿，号知吾，晚号来禽，济源山主。明代著名的文学家、书法家、方志家，山东临邑县临邑镇人；嘉靖三十年（1551）出生于临邑万柳一个书香门第；18 岁考国学贡生；隆庆四年应召进京，万历二年（1574）23 岁中进士，殿试主考官聊城于慎行批示：“徐淮以北固此。”此后与冯琦、公鼐拜于慎行为师。师徒四人成为晚明诗坛上的代表人物，也是公鼐倡导齐风的支持、带头、追随者，也是当时复兴齐风大雅的领导人物。

邢侗中进士后，授南宫县令，除湖广参议，升陕西太仆少卿，监察御史，官至四品，持政公正廉洁，政声卓著，36岁因亲老乞休，三次上疏获恩准致仕归里。一生著作颇丰。有《南宫县志》《南宫州志》《定武州志》《临邑县志》，另有《来禽馆集》二十九卷行世；在他的著作《来禽馆集》存尺牍一篇《报公孝与》长篇700多字，开篇有“有客自东来，拥褦襶负笭箵，风仪落落，神仙中人也。弟和心谓：东方无此士，有则为东蒙公先生”之句。

［注］褦襶，指衣着粗重宽大。骑驴风雪行路吟诵诗篇。

公鼒与邢侗是通过好友、进士李季重相会在犁邱结识成好友，有诗一首：

访季重于犁邱、邢子愿持诗来会并赠

匹马衔风济水来，入门千里岳云开。
高轩已得随长吉，北地犹怜遇子才。
握手今宵如昨梦，论交倾盖见新裁。
客愁总与秋同去，好对黄花共酒杯。

第一次见面，酒后登犁邱，邢侗赠诗一首：

与公孝与登犁邱

一片陌尘近，吾兄驱马来。
露寒花破闰，醅发酒盈盃。
对坐警残鬓，牵衣上古台。
生平吾与尔，肝胆莫教灰。

山东省临邑县“邢侗纪念馆”

后来还有诗二十余题。

万历七年（1579），公鼒科考失利，邢子愿时任南宫县令，公鼒专程赶往河北南宫会面。邢子愿写四首诗安慰鼓励公鼐：

喑公孝与下弟兼送北游四首

四首（选一首）

其二

冻合溪流野烧分，马蹄衔雪冒寒云。
黑貂裘有风霜色，凿落银花好劝君。

公鼐由此进京见冯琦后有诗：

迟子愿书，人不至此问讯，首三句仍用子愿诗意

匹马重来京洛尘，入门握手倍情亲。
草堂就我犹生色，黍谷须君始见春。
范式虚劳称信士，虞卿休问是何人。
幽兰延伫时西首，雁足空悬转仓神。

说明：只身匹马又来到北京密云，黍谷指相会的地方，邢侗直立挺拔，清雅高洁，引用“出兰延伫”之典故。只能“雁是空悬”指书信往来。接下来又有诗《次用韫前韵赠子愿即和子愿诗意》中有“北游莫问寒山语，名下茫茫总未真”之句。说明这次北游将归，写此诗留赠子愿和子愿写给自己的诗意。

另有诸诗，如《梦子愿》《得子愿书》《子愿新作半舟方斋成以图见示率尔寄》四首、《赠邢子兆》（子愿之弟）、《寄怀子愿》《过临邑宿邢太仆旧馆》、《寄子愿》、《丙申晤子愿，别去寄怀》、《历下雪后子愿以诗讯问即答》、《赠邢子兆》、《别邢子兆》（邢子愿之弟）、《长歌赠邢子愿席上》；邢侗集载写给公鼐的诗：《与公孝与等犁邱》、《喜公孝与重过有作》、《冬日喜孝与丈返驾见访》、《孝与赴举齐州示疾诗以向之》、《公一丈孝与书订晤期因寄次丈敬与》、《喜公孝与见访山居作》、

《秋日寄公孝与时各其先太史勒碑》、《冬日孝与应钟直指辟侨寓济南奉礼二首》、《喧孝与下第兼送北游四首》。尺牍文《报公孝与》一篇。

另写公鼐长子诗《秋日送公武子之京》二首

万历十九年（1591），公鼐33岁，仍在故里为诸生。邢侗已经入仕为官十七年。这年桃花盛开之季，访邢子愿于犁邱，同时会见聊城付光宅。当时付光宅任河南道御史，有诗并序：

辛卯访子愿于犁邱，传傅御伯俊来会，遂与定交，饮犁邱园桃花下，醉中作

邂逅同君汗漫游，一时星聚古犁邱。
座中锦瑟清宵永，杯底桃花素月流。
未老生平惟意气，何妨踪迹叹沉浮。
狂歌子夜凉风起，转觉燕姬翠黛愁。

万历二十四年（1596）岁次丙申，公鼐38岁，在邢侗故里与邢侗相会时，相送到大运河清河渡口，有诗四首：

丙申晤子愿别去寄怀

四首（选一首）

其三

雁满沙汀柳拂堤，阳丘回望万山迷。
清河渡口人南去，惆怅孤帆日又西。

公鼐在济南与邢侗外甥郭子卫相会，有诗一首：

济上赠郭子卫，子愿之甥，美秀多文，称其宅相者也

武子甥何似，齐西两玉人。片心清济水，一醉峼湖春。
远望沧州歇，薄游白发新。逢君课名理，忘却素居贫。

说明：宅相，风水之相，亦为外甥的代称。武子，公鼐长子光国字。

万历四十年（1612）邢侗卒，享年62岁，公鼐在后来的诗文中记写哀思，如晚年在故里写《有所思》，全诗忆念犁邱、桃花源、临川、钓盘等，均为年轻时与邢侗会面、诗酒的地方，最后一句“钓盘河下相思泪，为记南楼月半沉”中的南楼，指蒙阴“小东园”南楼。

公鼐在他的八哀诗《太仆寺少卿前监察御史临邑邢公侗》一篇五言古体诗，共218个字，最后三句为“榆沈尚宴敞，寝有泪盈眶。素车及种树，挂创意彷徨。恒巩匣书坠，陈根空自伤”。

十、进士李若讷

李若讷（1572—1640），字季重，又字渤海，明隆庆六年（1572）出生于山东临邑贾家村，文学家、诗人；万历十六年（1588）中举人；万历三十二年（1604）22岁考中进士，授河南夏邑知县；在官文名籍甚，政尚严断，吏民畏威，一境肃如；后又调河南知内乡，清惠精明，民爱而畏之；又升迁河南归德府同知，晋湖广荆南道副使。此时因病告归故里休养，万历四十七年（1619）再召赴任安徽太平府尹。他为官廉洁自持，不俯仰权贵，官至户部郎中。万历四十七年（1619）为《问次斋稿》写序。魏忠贤专权时超然于进退，杜绝与其通融，终谢政归里，隐居其花园中。他工于文、赋，无体不能。著有《四品稿》《五品稿》《犁邱赋》《二清堂诗集》《杨花诗》等。与新城王象春进士、公鼐弟公鼒并称“山东三才子”。

临邑考察邢侗、李若讷故里，与临邑县文化局长修广利（右）、广电局长李保第（左）合影

万历十六年（1588），正值公鼐与季重同时准备考举人时相互认识。季重考中举人，公鼐落榜。此时并定交金兰兄弟关系，有诗一首：

历下逢季重定交

齐门羔雁日纷纷，季子风流天下闻。
潘岳行来人似玉，马卿赋就气凌云。
今朝得御应怜我，何地逃声始见君。
咫尺盘墩湖上月，座中秋水照龙文。

二人从此一生关系密切，来往诗文较多，意味深长。

李季重在请告故里休养后，决意不再出任官职，很少与外界往来，终日以书为伴，奉世养家。万历四十七年（1619）在大年初一接旨太平府守郡之命，无奈遵命上任，时年48岁。临行与公鼐书信，公鼐写诗寄李季重：

寄季重姑孰

牛渚西来吴楚分，澄江如练卷波纹。
天门雾隐精灵秘，慈老含烟鼓吹闻。
微服倘逢袁彦伯，升舟堪对谢将军。
一堂绝世思悬榻，犹待秋风送雁群。

说明：写此诗时公鼐62岁，在故里休养，正在“日时谈笑得同人”“看花不减当年春，享受家乡生活时”。也接到诏书奉旨回朝。姑孰，乃今安徽省马鞍山市当涂县姑孰镇古城，明代设太平府治姑孰。公鼐与李季重自万历十六年（1588）在济南乡试间相交金兰至公鼐去世，有着38年的兄弟之情，诗书往来频繁，相互看望不断，还有诸诗。

例如，《庚寅至梨邱，季重时在晋阳，过旧斋怆然有述》《闻季重自县得郡寄赠》《访季重于犁邱，邢子愿持诗来会并赠》《秋月季重以诗见怀，答寄》《汴上偶逢季重，遂偕行至襄许，抵南阳始别》《维夏季重夺事密云，留宿近关以诗见告追之不及，步韵寄问》《次韵答季重以除目后见赠》、《赠季重诗》八首、《忆季重诗》二十首、《辛卯济南重会季重》《寄季重》八首、《送季重之夏邑令》六首、《怀季重》二首、《季重自太平有书问近事即答》《癸亥病中寄季重时已迁楚臬》《季重起守归德道出鲁西，迟之不遇》《季重迁户部郎过里迟之汶上不至》《季重将自姑孰还里寄书取道蒙山，久持不至，闻已入楚矣作此讶之》，等等，不下20余题60余首，季重《四品稿》写公鼒。万历末年，外甥吕玄韬为公鼒刻印《问次斋稿》，友弟李若讷（季重）写序言2400多字。文中末端有“余愿先生称忘年交，时时从函丈窥风雅一斑，而因以其意引之”之句，高度评价“《诗》自三百篇以后，浸假而骚而赋，皆诗之流也”。说明李季重把公鼒视为兄长、老师，学到了不少风雅诗学知识。

为深度研讨公鼒与李若讷二位先贤人物的金兰之情、友好关系及诗文雅风，临邑县学者、李若讷后裔李培勇撰文《一代名吏李若讷》如下：

一代名吏李若讷

李培勇

李若讷（1572—1640），字季重，又字渤海。临邑县临邑镇（今邢侗衡道办事处）贾家村人。明末著名山左诗人，文学家。明永乐年间，始祖景仁公自莱阳车道李迁临邑北街定居。世为农业，到六世祖李访时家境富裕，开始注重读书，但没考得功名，直到八世祖李汝相（1538—1610），在万历八年（1580）考中进士。初授陇西知县，官至河南布政使左参议。一生为官清廉，刚直峻介，冰蘖有声。

李若讷自幼聪慧，酷爱读书。不到10岁就能博通经籍，能言明理。深

受父亲影响，少年时就有志怀天下为己任之夙愿。万历十六年（1588），年仅17岁的李若讷参加山东省举行的乡试，并考中举人，名噪一时。与新城王象春（王季木）、蒙阴公鼐（公浮来）齐名，被誉为“明末山东三才子”。此后，他四次参加朝廷举行的全国大考，都名落孙山。直到万历三十二年（1604），第五次参加考试终如愿以偿，考中三甲四十九名，赐进士。

在此期间，屡试不第的李若讷，诗文多寄情于山水。他立志读万卷书，行万里路。万历十六年（1588），他在济南以诗会友，结识了正在济南读书的公鼐（1558—1626，字孝与，号周庭，明末文学家，“山左三大诗人”之一），公鼐15岁作《拟秋怀》，被称为“弱冠文名，炳著海内”。二人初识，都被对方才情所吸引。连续几日，二人荡舟镜湖，饮酒赋诗，公鼐称赞李若讷“季子风流天下闻”，说“今朝得御应怜我，何地逃声始见君”。意思是说，为什么现在我才看到你啊。相见恨晚之情字字可见。就这样，二人便在镜湖定交。自定交到天启六年（1626）公鼐去世，这38年里二人交往甚密，尺牍不断，李若讷曾用“交情至穷而见，至穷死而益见”来形容二人的交情。

明万历朝前期，当时诗坛“楚风”劲吹，公鼐、冯琦、于慎行和邢侗等山左诗人植根于齐鲁文化，倡言革新，倡导雄厚大雅的“齐风”，他们鄙弃公安竟陵派的柔靡诗风，同时主张“一时代有一时代之声情”。李若讷在与公鼐的交往中，他的诗风深受其影响，在万历朝后期，他和王象春、公浮来等人主张重开诗界、不袭陈言，诗风纵横放驰，“齐风”奔宕，独立一方。在其《杨花诗》中，有“春光深映影胧胧，远色仍宜借雨蒙。空迹误怜风散玉，天涯真认水飞蓬。千枝官道犹参绿，一片芳邻不妒红，纷寄升沉闲寄思，陇头试与觅邮筒”之句，艳丽庄穆，益显风骚。

李若讷一生著述颇多，有大量的诗和文章。他的诗有描山摹水触景生情的，也有和友人往来相互答谢的，还有记事抒怀的。尤其在万历四十三年（1615）后，任户部郎中分司易州，整日奔波在外，颠沛流离，生活艰辛和仕途淹留不前，深感抑郁不平，便纵情山水，写下了大量山水诗。如《古易水》有“从来巨浸属幽州，南北分波复合流。千载若无荆侠事，潇潇只作等闲秋”

之句；《古长城》有“绵亘长城万里回，远依紫塞近金台。书生解说秦皇虐，今古边疆未作灰”之句；《独穷山》有“僻地烟岚刺眼长，迤南梓槚旧平章。只缘胜国题残碣，破雾穿云觅几行”之句，同时又在《岁尽》里写有“浮生四十三，荏苒岁将晏。通籍久为郎，画饼十年宦。慵作能言鸟，恐烹不鸣雁”之句，反映出他对仕途不前、生活艰辛的感受。

万历三十二年（1604），李若讷如愿以偿考中进士，被授息县（今夏邑县）知县，后调任内乡知县。他很珍惜这来之不易的工作，遵记父训，为官清正，亲民爱民。《内乡县志》载：“清惠精明，民爱而畏之。”又论曰：“清，则民不忍欺；明，则民不敢欺。李若讷为民所爱，又为民所畏，非真能清切明者乎。”

万历三十八年（1610）三月八日，李若讷的父亲李汝相（河南布政使左参议）去世，回家守孝。万历四十年（1612），守孝期满迁归德府同知，分管地方盐、粮、治安、水利等事务，一年内，因政绩突出，他被破格提拔为户部郎中，分司易州。李若讷为官清廉，又整日奔波在外，颠沛流离，生活极其艰辛。在冬天，李若讷几乎连取暖的炭也买不起，他在给好友公鼐的尺牍《答公孝与司成》中写道：“昨专一力薄贡，易酿刍薪想，已达几下忽使来，輸注殷殷，切姑绒之赐，比于授衣，即绨袍未足道耳。其别发酿薪之值，不敢存。乃更贸酿薪若干，付使者去。吾兄札示，风会波流，且谓一出非本怀，旋图去。就夫仕官如棋枰，亦在人置之也。弟淹蹇仓曹，困于牙筹，呼庚之喧，寂无常已之，毁誉未定，况中年绪纷，儿女稚弱，加之脾病，乃仕官真嚼蜡耳。惟保岁寒，庶几不谖，临楮曷胜绻仰。”反映了当时仕途和生活状况，又时处魏忠贤阉党掌权的恶劣政治环境中，李若讷刚直不阿，两袖清风，躁进者多染其党，阉败，至终身废锢，若讷独杜绝不与通，以是超然于进退。

由于脾病严重，李若讷告假回家休养。他打算不再外出做官。在此期间，很少与外界往来，应酬稀简，终日以书为伴。在给好友公鼐的尺牍《与孝与先生》中写道：“居闲则感慨益多，岁晚则悲凉转迫，别久则绪缕倍乱，老至则抚念顿增。”因自幼羡慕邺侯李长源藏书万卷，于是李若讷利用这段时间在家中建造一座藏书楼，藏书万卷，并在《小万卷楼记》文中写道：“济北之古犁邱，李子家焉。少读书颇慕李长源之万卷，将以万卷颜其楼。居未果已，而仕于中外，宰邑佐郡，入次郎署数年，值部曹多滞淹且垂老游倦，而素病脾，加之母老儿稚，乃求奉使还里中。将以丘壑殿浮生。”

万历四十七年（1619）大年初一，李若讷忽接太平守郡之命。其《姑孰元旦元宵记》有“守姑孰值己未元旦”之句。极不愿去，念以俸禄养家只好赴任，在给公鼐的尺牍中写道：“弟五载有奇之计郎，仅一麾江左，仕进淹留，几如嚼蜡，便欲捐弃。而既惟禄养之义。”李若讷在任太平府知府期间，率依经术廉洁自持，所至泽常下究，以爱民抚民为本，体贴民众疾苦冷暖，深受民众爱戴。据《济南府志》记载：“若讷事亲至孝。守太平，郡以大治，橐中止二十四金。”在届满考核中，因绩优迁为浙江右参议。在之后的仕途还算顺利，右参议届满后升为湖广荆南道副使、四川右参政。

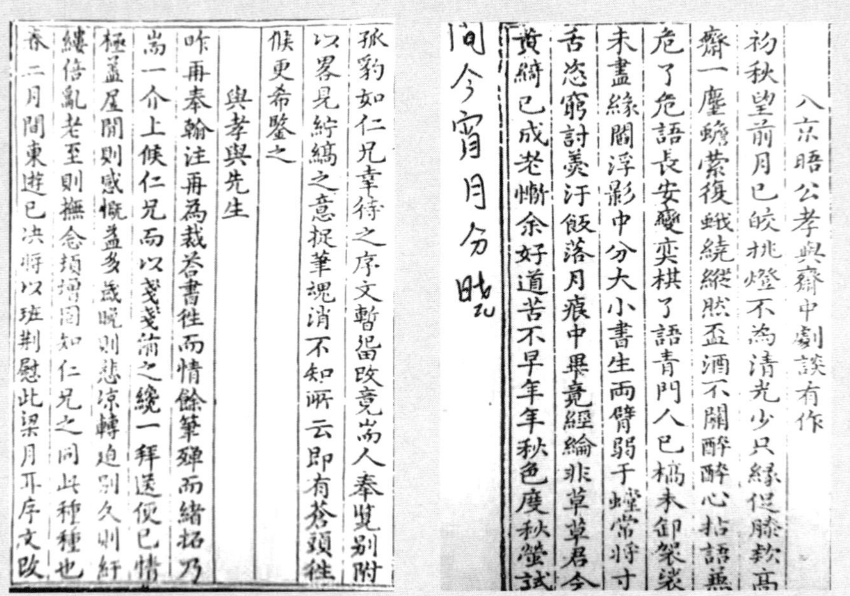

孫豹如仁兄韋待之序文暫留改竟尚人奉覽別附
以累見紵縞之意捉筆愧消不知所云即有荅頭往
候更希鑒之

與孝與先生
昨再奉翰注再為裁荅書往而情餘筆殫而緒拓乃
尚一介上候仁兄而以戔戔之繞一拜送便已情
極蓋屋間則感慨盖多歲晚則悲涼轉迫別久則紆
縷倍亂老至則撫念頻增因知仁兄之同此種種也
春二月間東遊已決將以班荆慰此渠月耳序文改

八京晤公孝與齋中劇談有作
初秋望前月已皎挑燈不為清光少只緣促膝欵高
齋一塵蟾萦復蛾繞縱然盃酒不關醉醉心拈語燕
危了危語長安變奕棋了語青門人巳槁未卸袈裟
未盡緣闍浮影中分大小書生兩臂弱于螳常將寸
舌恣窮討羨汗飯落月痕中畢竟經綸非草草君今
黃綺已成老懶余好道苦不早年年秋色度秋螢試

李若讷《四品稿》中写公鼐诗文，选二篇

时值明末，政治环境日益恶劣，加之年高体弱有病，便辞官回家。回家后，关门谢客，以书为伴，在这段时间里写下了大量的诗歌和文章。据《临邑县志》记载："李若讷工于文、表、疏、策、论、序、记、说、诔、赞、诗、赋等，无体不能。一生著有《五品稿》九卷,《四品稿》十卷、《四品续稿》十卷、《训儿义》二卷、《杨花诗二百首》二卷、《二清堂诗集》一卷。"

崇祯十一年（1637），皇太极派多尔衮率十万大军从沈阳出发，一直打到济南。经过60天的厮杀，清军攻克一府、三州、五十五县，临邑县城也遭到了涂炭般烧杀抢掠。邢王称率家族人员奋起抵抗，死伤多人，家财散尽。李若讷气愤至极，病倒在床，于崇祯十三年（1639）十一月十八日含恨去世。(《济南府志》《临邑县志》均未见李若讷去世的时间，近读张明福《南七里铺陈氏家族旧事》一文，发现在南七里铺《陈氏族谱》中有着明确记载，其为研究李若讷填补了一项空白。)逝后葬于邢侗街道办事处贾家村后，现其墓碑仍保存完整。

十一、同榜进士王衡

王衡（1561—1609），字辰玉，号缑山，是万历初就为首辅的王锡爵之子，苏州太仓人；少有文名，万历十六年（1588），顺天乡试为举第一名；父亲王锡爵相国告归后，万历二十九年（1601），正逢冯琦入翰林，授编修，主持会试，王衡殿试榜眼，与公鼐同科进士。是年，王衡奉使江南时得病，请假告归故里终养。于万历三十七年（1609）病逝，英年49岁，有《缑山先生集》《郁轮袍》《真傀儡》等著作行世。

公鼐弱冠时期，拜王衡之父、相国王锡爵为师，经常出入王锡爵之门，因此与王衡成为好朋友、好学友。在王衡的《缑山先生集》二十二卷、二十六卷中，有《赠孝与》《公孝与》《寄公孝与》《公周廷同年》等文章，详细地记录了二人的相遇相交情感与友谊。

王衡英年早逝，公鼐写诗挽《翰林院编修太仓王公衡》，为五言古体长诗。全诗回忆二人交情，写王衡的才学、能力、威望。诗中有“公望并济美，词坛狎主盟。后起惟太史，独步蜚英声”之句，深切地表达了失去同朝为官的朋友的悲痛。

与冯琦、王衡同朝为官时，有五言古体长诗《与冯用韫、王辰玉登朝爽楼同赋》一首，共44句。诗中有“去年双鲤来，辛苦问迟暮。翻然为刻期，千里欣相赴。……片语意气合，一朝德星聚”等句。

另外，有五言古体诗《答王辰玉》一首，共34句，340余字，其一中有“我生齐东野，取盈在斗杓。长镵芟葵菅，块然守一壑。逢君缑岭前，振衣聊挥霍。怀中受鸿宝，始开混沌凿”之句，意为：我本是东山农人，有幸拜寄在世人敬仰的相国门下，与王衡结为学友，原本是身背农具割草农耕，身居深山。现与君一起处在修道成仙的地方，精神振奋，并已得到了世上珍贵的修道之书，从此开始享受文学艺术上的升华。混沌凿窍，出自《庄子·应帝王》。

其二内有“丈夫重义气，一诺轻千秋。杯酒遇燕市，慷慨结筹缪”之句。

公鼐20岁失去在京读书的机会，离开相国府至40多岁再次进京读书。国学期间往来京城，会友看望恩师，多次寓住在王衡家，有诗一首：

侨寓京邸王辰玉从感而有赠

燕市初闻子晋笙，道余悬圃旧齐盟。
行来天地无全目，气合风云在两生。
金粟前身如梦觉，玉皇看案喜逢迎。
相携好伴浮丘往，莫问年来世上名。

说明：此首七律写于万历十六年（1588）相国告退辰玉中举时。全诗8句，引佛道经典6个。子晋笙：神话人物王子晋吹笙升仙。意寓来到京都就听到凤凰鸣笙。悬圃：指传说中的昆仑仙山。无全目：

典出《帝王史记》，形容射箭技术高超。金粟前身：指如来佛的前化身叫维摩居士身在俗尘，精通教义。玉皇看案：神话传说，玉皇大帝到民间看断案入迷，竟帮县令一起断案。浮丘：引王子晋升仙的道人浮丘公。

是年，公鼐还有一首在京城告别冯、吕诸君诗，有“握手都门秋正深，携来白雪为谁吟。十年未改移山志，千里应怜命驾心”之句，这时离父公家臣被谪官贬外，自己离京都回故乡再读，已十年。

万历三十七年（1609）秋，时值公鼐第一次因病告归故里修养，忽闻王辰玉去世的噩耗，仰天长叹。写一首七言古体诗《闻秋来声作》发泄出悲切沉痛之感。诗中有“万窍怒号林叶战，倏如洪涛涌天堑。巧云漫空白乱飞，并驱烛龙收炎曦”之句，内有注：“李长吉有《积来诗》云，时友人王辰玉、赵惟志相继物故。”

挽王辰玉

七言律诗二首（选一首）

其一

东阁趋庭旧业存，又从载笔步西昆。

（原文注：余旧以业从游尊相国之门。）

忽闻缑岭归仙子，不遣扶阳继相门。

望里追风悲过隙，愁来飞雪忆招魂。

西河幸有遗编在，一纸书成付孟岭。

说明：东阁趋庭：指王辰玉父亲王相国，相府门第。西昆：宋代诗坛声势最盛的诗歌流派。缑岭：指修道成仙之处。西河：唐宋词的一种格律。孟岭：“王羲之与人论书”的典故。

十二、进士王之翰

王之翰（1552—1636），字宪宇，号季桢，与公鼐同为蒙阴人。

25岁中举，34岁中进士。少年时二人就是好朋友，一生交往密切；万历十四年（1586）考中进士，先出湖北兴山县令，又任江苏常熟县令；在任一地兴利除害，爱士恤民，循良之颂，丕著四境；以讼事护民触犯权贵，得罪当道上司，遂拂袖而归里；五年后又起复兵部主事，三次诏书拒不出任；处事为人屏绝人事，遇亲友仅谈经史名山，一语不及人事。他于84岁卒于故里蒙阴，《蒙阳县志》记："至今忧思之。"有《金丹秘诀》二卷、《别墅集》三卷行世。

《蒙阴县志》有万历二十一年（1593）《蒙阴县重修城垣记》明丙戌进士第，常熟县知县王之翰撰。他在辞官故里期间有诗三首载于《蒙阴县志》中。选一首《致政归蒙山别墅》，有"小筑茅庵近水开，沙边鸥鸟共徘徊。投闲莫怪时人弃，傲骨原非作吏才"之句，诗中表达了他对仕途的失望之情，想做个为国为民的好官的志向未能如愿，故心灰意冷。万历初年，公鼐与季桢、徐居之经常来蒙阴城南竺大寺，有诗并序：

徐居之、王季桢过从南竺无日不至也，书以记一时，同志之意

其一

南竺东邻兴总同，依然人在虎溪中。
高贤已得随元亮，开土何如对远公。
松度潮音深院入，花随定水曲池通。
相从杖履常来往，莫使清樽一夕空。

其二

早岁风云付等闲，超然招隐具敖间。
便从邹衍求裨海，不作刘安赋小山。
同调总由方外得，薄游同向倦中还。
欲如皇甫论高士，若许如君可共班。

万历十四年（1586），送王季桢宫廷会试，写诗：

赠王季桢赴试南宫

其一

与君几载卧烟霞，此日看君上汉槎。
射策南宫新进士，传经东鲁旧名家。
相怜献武山头月，莫问玄都观里花。
若见鸿都诸少俊，道予已恋召平瓜。

其二

王子谈诗动九州，游燕新看黑貂裘。
临轩武帐瞻龙衮，对制彤墀近凤楼。
南省宫袍云外出，东蒙山色镜中收。
送君此夕成歧路，一醉青山且暂留。

万历十四年（1586），王季桢殿试中进士，授湖北西部、长江支流香溪上游的兴山县令，公鼐写诗送行：

送王季桢兴山令

蒙山飞雪雪沾裳，执手将离离思长。
江汉不独推吏治，巴庸从此兴文章。
我当渔猎思畴昔，君对莼鲈忆故乡。
莫道楚云千里外，卞城今夜即潇湘。

王季桢在湖北兴山县令任上，兴利除害，爱士恤民，迁江苏常熟县令，公鼐赠诗：

寄怀王季桢明府先在兴山后调常熟

四首（选二首）

其一

江水滔滔抱汉流，左边襄邓右夔州。
中间如砺山城出，官况真成汗漫游。

其二

童冠相从汶水滨，沙明草绿柳条新。
山中无限春来意，只少桃源旧主人。

公鼐与王季桢无论在任还是辞官归故里后，交往密切，诗文不断，公鼐写季桢的诗有十题二十余首：分别是《与王季桢雪后同过张桐冈子草堂》、《与王季桢、徐居之留蒙山上元庵》二首、《夏日寺中作，时友人王季桢读书南山下，早晚过从，图史棋酒相乐也》《与王季桢过张子草亭归成前体》三首、《端午日喜季桢晏集，信宿有作》《怀季桢》二首。

公鼐在告归故里后，与早已退居故里的两位好友王季桢、赵平甫，在小东园南楼相会，夜坐同饮，有诗一首：

九日偕季桢、平甫南楼夜坐

归来值重九，楼上月如新。共指黄花笑，相怜白发人。
鲈莼应不忆，鸡黍觉逾亲。未厌同游兴，时随蜡屐尘。

［注］鲈莼：鲈指鲈鱼。莼菜，是南方的菜名，“鲈莼脍”是江南吴中一带的名菜。鸡黍：指招待人的饭菜。蜡屐尘：指人的寄情癖好，闲暇自适，逍遥逸情。

十三、进士傅光宅

傅光宅（1547—？），字伯俊，号金沙，山东聊城人；4 岁会背

诗，16岁精通“四书五经”；隆庆二年（1568）入太学，隆庆四年（1570）中举，万历五年（1577）30岁中三甲百十二名进士，授任河南灵宝县县令；后调江苏苏州府吴县县令，晋河南道监察御史；出守重庆府，平杨应龙叛乱，升任四川按察副使，改督学政，官至南京兵部郎中。

万历十九年（1591），公鼐33岁时，去犁邱访问邢侗，在邢侗的介绍下与傅光宅相识并相交。此时傅光宅44岁，已任河南御使。有诗并序《辛卯访子愿于犁邱，傅侍御伯俊来会遂于定交，饮犁邱园桃花下，醉中作》，其中有“邂逅同君汗漫游，一时星聚在犁邱。座中锦瑟清宵水，杯底桃花素月流”之句，意指没有事先相约，有幸初次与傅光宅认识，并结拜好友，定交于犁邱桃花园中。

另外，《犁邱园山洞与伯俊对酌，伯俊深精禅理，许余知解，再诗投赠，兼以品别》有“片言醒后真无碍，半醉诗成觉有神”之句，可见公鼐与傅光宅同有研佛之迹。

万历二十七年（1599），公鼐进国子监就读，与傅光宅相会，写七言律诗一首：

己亥京师会伯俊朝爽楼下，一日而别

朝爽西来春正深，池边语鸟坐疏林。
一樽未尽他乡意，两地应怜畏路心。
霜鬓较量谁老少，尺书珍重莫浮沉。
因君顿起无生想，归去寒江梦里寻。

万历三十四年（1606），公鼐奉旨出巡江楚，走运河路过聊城。那时傅光宅已逝，公鼐未能去傅光宅故里凭吊，写五言律诗二首：

过聊城迂道不及吊伯俊，赋此寄挽

其一

闻君回叱驭，不复著潜夫。泡露警尘世，间关岂畏途。

分歧伤碧草，归路愧生刍。鸡黍当年约，存亡意总孤。

说明：叱驭：借喻不再奔波于仕途艰险。潜夫：指隐士，典出《后汉书》。生刍：其人如玉，贤才。鸡黍：出自《论语·微子》，借指生前的深厚友谊。

其二

已过遗书地，翻惭挂剑人。

空余大士颂，不现宰官身。

（原文注：伯俊尤精禅理。）

离妄原非相，无生定有真。

莫寻京兆域，藏壑是迷津。

［注］遗书地：佛学语。翻惭：出自唐于愤诗，佛教辞。大士颂：出自《金刚经》。宰官身：生前为主政宰官，身后得度的说法。离妄：佛语意寓，你心中没有离妄之前，墙壁都是障碍，心中有一念离妄，当下虚空粉碎大地平沉，何处是墙壁，一切都是虚妄，若见诸相非相。无生：佛教无声中有声的意思。京兆：是西安的古称。藏壑：出自典故“藏舟去壑”，比喻事物不断变化，不可固守，常用以哀悼死者。迷津：佛教语，指迷惘的境界。

公鼐与傅光宅在万历十九年（1591）通过犁邱邢侗介绍相识，一见如故，至万历三十四年（1606），十五年间结下深厚友谊，特别在佛学研究方面，志同道合。此诗已表现出二人在佛教研究达到了一定的高度。

十四、进士王元翰

王元翰（1565—1633），字伯举，号聚州民，云南宁州（今华宁）人；万历二十九年（1601）进士，选庶吉士；万历三十四年（1606），改吏科给事中，进工科给事中；因受魏忠贤乱政迫害，迁刑部检校再贬湖广按察知事，辞归不出；流寓南都，十年后去世。

公鼐与王元翰为同科进士，同入翰林，共同推荐李三才，受魏忠贤迫害，故往来较多，二人一同出游，多有诗书往来。

例如，《泗上送伯举西游》送别诗写于山东泗水。又如，《伯举标出滴水岩之胜得寓目焉，诗以为谢》《寄题伯举先世盘江旧隐卷》《会王伯举给事泗上因谋卜邻》《伯举约重来游劳山东海后意定居滇上寄问》《闻伯举自京口归滇中》《雨后斋中何思、伯举诸丈时对象戏书事》等。这里选一首：

雨后斋中何思、伯举诸丈时对象戏书事

雨余深院晚凉回，自折荷筒间酒杯。
隔树明河疏影动，入帘清吹暗香来。
相看击筑同燕市，并坐班荆尽楚材。
不是橘中频见过，只缘三经为君开。

十五、进士宋焘

宋焘，字绎田，山东泰安人。万历二十九年（1601）殿试进士，选庶吉士，授御史，出巡按应天诸府；因上疏斥责朱赓坐论投向姜士昌，被谪官放山西阳泉平定叛官，请辞归里；有《泰山纪事》行世。告归故里后在泰山下，建连城馆楼居。

公鼐与宋焘为同年进士，同入翰林选庶吉士，同朝为臣，又是山东老乡，感情融洽。长篇古体诗《连城馆歌为宋绎田侍御赋》36行，188字，有“宋家结缘连城宝，批鳞三疏归来早。竹溪六逸风流同，鲁国一儒天下小”之句。

连城馆歌为宋绎田侍御赋

四首（选一首）

其一

珍馆标灵境，清光引玉壶。举椽悬瀑下，覆篑削成孤。

卜筑侔天造，巾箱启岳图。连宵玄语契，飞动意欢呼。

［注］举椽：提水的工具。覆篑：积少成多，创元天之基。语契：指言语相合。

另有《宋绎田年兄抗疏归里，以诗问之丈岱山下》《送堪舆东海胡生登岱，遂游犁邱，谒知五绎田二社丈》《经石徂徕故里，见宋绎田侍御新题墓碑作》等，这里选其两首：

宋绎田年兄抗疏归里，以诗问之

忆在长安醉酒垆，天街烟月暖如酥。

江城春色随芳草，夜雨秋山对碧梧。

（原文注：去年春同有江南之役。）

三疏批鳞身意去，一丘散发意同孤。

刻期莫误东游约，便可扁舟共五湖。

经石徂徕故里，见宋绎田侍御新题墓碑作

徂徕山尽汶河阴，石氏书堂尚可寻。

青史遗文留异代，贞珉新制识同心。

遥瞻乔木风犹劲，欲荐寒泉日已沉。

古墓依然如再睹，居人指点意何深。

说明：石徂徕故里：徂徕先生，名石介，字守道，北宋著名文学家、思想家。在公鼐的《八哀诗》之一《浙江道御史奉高宋公焘》（一首五言古体长诗52行）中有“抗言探骊领，决志攀冥鸿。归访竹

溪迹，结屋徂徕东。余时卧汶上，行趣相合同”等句。说明公鼐与宋焘是情趣相投、意志相合的密切的朋友关系。

十六、进士钟羽正

钟羽正（1554—1637），字淑濂，号龙渊，山东青州府人；万历四年（1576）乡试以山东第二名中举；万历八年（1580）中进士，初任除滑县令，因为官清廉政绩显著，迁工科左给事中，出使安徽宣府边务。万历二十年（1592）与同僚李献可等请皇长子朱长洛出阁豫教。此时，正值皇帝与朝廷重臣为立太子争议时期。神宗大怒，李献可被罢官，钟羽正请辞归故里青州。光宗朱长洛登基后，召回钟羽正为太仆少卿，旋晋正卿。天启二年（1622）授左都御史，改户部右侍郎，拜工部尚书；被权贵奸阉迫害，辞官归里，再召不出。自万历二十年（1592）辞官归故里至光宗召回，近三十年隐居故里。据史料记载：“僻性无嗜好，独结山水缘”，“相约酒不过五行，食不过五味”。组建诗社“真率会”。山林野趣，妙笔生花。万历四十三年（1615）益都发生饥荒，饿死贫民众多，他倾其家资，全力救灾，“活男妇千五百余口”。朝廷闻报之，赐匾“代天育物”之额。

与钟羽正后裔钟正读（右）、钟强（左）在“钟羽正纪念馆”前合影

崇祯初年，钟羽正复官不久后去世，赠太子太保；有《崇雅堂集》行世。

钟羽正与公鼐交情深厚，他也是冯琦的好友、姻亲，三人相互赠答诗诸多，同时他也是倡导支持山左诗风的重要人物。在钟羽正《崇雅堂集》第一卷中有五言古体长诗一首：

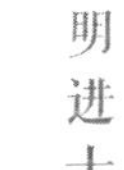

赠公孝与

交道日沦丧，悠悠厌世情。古人日已邈，早岁识公生。
昂藏秉奇尚，高谈动公卿。怀蕴贾生策，手握终军缨。
童年赋子虚，飘飘凌太清。至宝不易售，三献执与明。
散发卧蒙山，遗俗众所警。余亦踽踽者，倾盖若生平。
迢迢三十载，时復开音声。淡交无昵迹，逌然契其精。
携手视旻苍，动气严纵横。岁寒期共勋，朝华何足荣。

公鼐有一首答《钟淑濂》五言古体长诗（48 行，24 句）中有“会合蓟门下，莅盟指恒碣。交道日已敝，未路慎颠蹶”之句。

另有万历二十年（1592）后，钟明正告归故里，邀淄博石伯瞻与公鼐同游，公鼐有诗二首：

清明前日，钟淑濂给谏席上同石伯瞻赋

二首（选一首）

北海风来三月寒，故人邂逅一弹冠。
尹班对案都忘味，裴乐披襟似可餐。
院竹相衣留夜漏，园蔬新摘试春盘。
明年花发燕门道，西掖梧荫可并看。

［注］邂逅：重逢相会的意思。尹班：汉代尹敏、班彪交友亲善的并称，又见面，常谈忘食。裴乐：古时的一种长衣。燕门：京都燕京都门。西掖：朝廷中书省的别称。

天启二年（1622），钟明正自户部右侍郎晋升工部尚书又辞官，公鼐写诗《寄钟龙源丈即拜大司空》二首，其一有“三朝真谏议，一日大司空。海滨称二老，今日一渔翁”之句，其二有“方见赐环日，俄闻拜衰年”之句，预言还有被皇帝召回之日等待好消息之意。天启年间，公鼐去世，崇祯年召回钟明正复官，不久也去世，享年 83 岁。

十七、进士刘永澄

刘永澄（1576—1613），字静之，号练江，江苏宝应人。万历二十九年（1601），刘永澄22岁时与公鼒为同榜进士，授任顺天府教授，学行闻名，时被文学界称为“淮南夫子”；为官刻苦，身体力行，大有古人为官之风；官至兵部主事，英年早逝。同时学者朋友共商谥号“贞修先生”；有《刘练江先生集》行世。

刘永澄22岁中进士，37岁卒于官；与公鼒相识会试，情投意合。刘永澄外放调回朝廷不久去世，故诗书交往甚少。

公鼒的一首七言古体送别诗《送别刘练江之广陵》：“落游寂寞曲江春，归思翩翩射阳月。与君相逢正少年，慷慨一诺轻丘山。”全诗共12句，表明二人相会在万历二十九年（1601）殿试，同榜刘永澄风华正茂，“数载辕驹不得意”表明刘仕途不顺，外放十几年回朝给了个主事，有安慰排解内心不满之意。

另在《送刘练江南归》中有“沧海吾安适，青山吾独归。目随郊树尽，肠断塞鸿飞”之句。

还有一首七言古体怀念诗：

登朐山东海怀刘练江年兄

西揽昧谷东扶桑，引淮带江烟水长。
指点虚无灵境渺，囊括大块神飞扬。
云愁海思不可挽，滔滔天下何时返。
维扬俊人故同心，乘桴从君今已晚。
安宜宝气郁龙葱，桂林兰畹日丰茸。
射扬一叶飘然去，看看直上蓬莱峰。

十八、同乡杨茂仁

茂仁，姓杨，青州府沂水人，公鼒中进士在朝，茂仁在京太学贡生，

初得官未上任，后上任河北定州丞，公鼐弟弟公鼒有送行诗《丙辰春日送杨茂仁之官定州》，写于万历四十四年（1616）。与李若讷为好友，有诗挽《闻定州杨贰守茂仁讣》。杨茂仁与公鼐同乡，少时同学，交往频繁，一生有诗多篇。万历三十年（1602），曾在京都相会，有诗一首：

九日同茂仁郊游

此地重阳会，联翩忆梦游。别君三见菊，携手一登楼。
月似沂阳色，霜先蓟北秋。话来多旧事，频解异乡愁。

说明：此次在蓟门相会，已经三年没有见面了，叙旧话往事，了解家乡，不忘乡愁，接着又在平坡道中晚间行走。

另外，《平坡道中偕茂仁晚行》五言律诗中有“平坡疑渐近，隔水一僧归”之句。同时，还有诗二首：

与茂仁游西山逾香山至平坡

其一

白云拥杖万峰齐，行尽香山日更西。
真宰不教韬胜境，明河分界月华低。

其二

明妆玉镜对重湖，入谷天高鹤唳孤。
金石不鸣山尽响，何须更觅少文图。

还有《下平坡入龙泉庵》等诗。

万历三十七年（1609），茂仁乡试不中。公鼐写《己酉放榜后慰茂仁》安慰茂仁，后又写《茂仁谒选不果，已而东归诗以问之》诗。

关于同茂仁相交的诗还有《同渤海史、王诸丈偕茂仁同游千佛山》（“悬崖石像出隋唐，十二齐都拱上方”一语道破千佛山历史与现状）、

《过茂仁东山别墅》。

万历二十七年（1599），二人相会济南，有诗《己亥历下简茂仁》。

公鼐第一次引疾告归休养期间，分别在前城故居建书斋楼；在汶南田园建别墅。此间，茂仁寄居汶南别墅，公鼐写诗一首：

茂仁寄居汶上

卜筑新城汶水头，为君开径竹林幽。
远公遁迹能留谢，岩宅邻居得并由。
拾穗行歌时息荫，持荷作镜夜临流。
耦耕此日堪终老，回首同龙是梦游。

还有《久迟茂仁不至，作此嘲之，兼定后约》中有"重来莫遣瓜时往，留待秋风放桂枝"之句；《茂仁谒选不果已而东归诗以问之》中有"棒檄仍归卧海滨，汶阳松竹又为邻"之句。

万历四十五年（1617），公鼐请告回籍养病，得知好友茂仁去世安葬，未能亲自到场送葬，写挽诗一首：

茂仁葬不及视作以挽之

少年相习老相捐，四纪崎岖事宛然。
一晤联床淹岁月，几回命驾历山川。
同龙每叹君何屈，隙骥宁期子遽先。
白首尚思归共隐，素车曾未到原阡。

［注］相捐：意思是相离相弃。宛然：委屈、顺从的意思。命驾：指乘车、驾车的意思。"隙骥"句：意思是时间过得太快如同白驹过隙，没想到你先我而遽然而去。

十九、进士王士骐

王士骐，字冏伯，明代文学家、史学家、"七子"领袖王世贞之子，苏州太仓人；万历十七年（1589）进士，官至吏部员外郎；政绩有声，为权要人所疾，因牵“妖书案”被削职归里。屡被推荐不出仕，逝于家中；有《醉花庵诗》《驭倭录》《武侯全书》《四侯传》等著作行世。

王士骐在朝为官时，与公鼐友好相处。万历三十四年（1606），公鼐奉使江楚时，专程看望王士骐，并在苏州冏伯故里相会；时正值暑夏，同游五日后，送出吴门至无锡惠山泉话别。

王冏伯相送吴门，舟中共啜虎丘新茗，戏笔

剑池初试绿芽春，五日鸣榔对酌频。
烦暑偏宜招醉客，清风真拟伴佳人。
酪奴人会宁争长，紫筍当筵任斗新。
惟怪平生不平事，逢君七碗未消尘。

惠山泉别冏伯

五日平江放酒船，雨中时话旧游燕。
君寻水竹辞神武，我伴侏儒愧俸钱。
击节悲歌吴苑月，解携惆怅惠山泉。
白云回首姑苏道，犹忆钟声半夜眠。

早在万历三十年（1602），公鼐与王冏伯曾在京师相会，有诗曾答：

与王冏伯于泰寰诸丈游苑北三阳庵

太液春波满，平分禁苑西。擎觞荷作柱，栽帔稻成畦，
鞅掌频相命，清凉喜共跻。夜深扶醉去，歌舞似铜鞮。

吴门话别，公鼐请告归故里，一年后在故里思念冏伯，有诗

一首：

怀王冏伯

秋水别君江上亭，索居又见一周星。
海滨归去如充耳，泽畔行吟觉独醒。
任意昏酣歌酒德，全身高卧著琴经。
（原文注：中兴书日，“诸葛琴经”一卷。）
代书欲寄浮云蔽，愁坐庭荫暮雨青。

二十、联榜进士吴亮

吴亮（1562—1624），字采于，号函所，江苏武进人。万历五年（1577）在京读书，与公鼐同学。他的父亲就是翰林院检讨吴中行，当年吴中行与编修赵用贤因首辅张居正“夺情案”被挺杖削职出京，临行时，公鼐奉父命送至潞河码头。从此一别，三十年未有音信。万历十年（1582），赵用贤、吴中行先复官，公家臣稍迁南京病逝滁州，吴、赵等去为父亲送葬。公鼐与吴亮在万历二十九年（1601）联榜中进士，吴亮40岁三甲第一名，公鼐44岁二甲三十五名。公鼐写诗并序：

昆陵吴采于名亮总角同砚席，绝音三十年矣，辛丑联榜，旧欢宛然，诗以志之

思君总角契，把臂入林时。鳞羽成中绝，距蛩安可期？
龙门随化尾，鸳盏合分支。结束从东野，无逢更别离。
（原文注：唐人有“鸳鸯盏”，取其常相随也。“距蛩”、分支、“东野”，俱见韩诗注。）

一首《寄吴函所侍御》，原文注有“余与函所同学、同榜、同邻、同归林下”。点明公鼐与吴亮青少年时在京都为同学、同邻，又同登进士榜。

吴亮官至监察御史，因事被贬后起官大理寺少卿，卒于任上。

当年，吴亮父亲被张居正梃杖、削职赶出京城，吴亮失去了在京读书的机会，被迫回原籍常州武进。临行时，公鼐送至潞河码头，有诗充分表达出二人的深厚感情：

送吴生之江南

四首（选一首）

其一

祖帐春明外，清风吹我裳。思归看去雁，感时叹亡羊。

握手轻兹别，牵衣泪万行。潞河今夜月，孤馆正相望。

当年公鼐归故里养病期间，怀念吴亮，有诗：

斋居忆昆陵兄弟

户外秋容俯大荒，幽斋晨起素琴张。

雨余竹树含清霭，日上川原净晓霜。

南国尺书江路永，东蒙小隐鲁山长。

只今望断延陵外，何日相从易水旁。

还有一首七律《送吴采于之常州》，诗中有“蓟门雪色催寒早，吴会秋容入望多”之句。

吴亮兄弟三人，二弟元官至江西布政使，三弟宗达，建极殿大学士。吴亮与公鼐关系最密切。

二十一、好友崔仲素

崔仲素，生卒年无考，原籍山东平度大泽山下，在北京昌平做官，诗人。公鼐20岁在京师读书游蓟县时，于昌平与其相识。公鼐非常赏识崔仲素的诗文，二人成为好友。公鼐30多岁在故里为诸生时，有五言古体诗四首：

寄崔仲素

四首（选一首）

其二

忘年故不偶，文章交有神。
片语芬兰茝，寸心托风云。
把玩西山月，觞咏御河滨。
胶漆一相入，顿忘玉与珉。
契阔十余载，岁寒情更亲。

另，其三中有“君去宦幽朔，余归蒙山阴”之句。

万历十六年（1572）秋，公鼐进京会友，专程去昌平与仲素相见。有一首五言律诗《营平道上简寄仲素》，诗中有“九陵留圣迹，十载旧登临”之句。

还有五言律诗二首：

与仲素话旧

二首（选一首）

其一

屈指燕台别，相逢各计年。宦情真吏隐，诗瑟总天仙。
万树玄宫近，诸峰紫塞悬。奚囊何所有，新赋北征篇。

又十几年后，公鼐进京国学，与仲素再次相会，并见到仲素的弟弟，一同登楼望远，游盘道庵，登居庸关，心情舒畅。有诗一首：

昌平会仲素及弟季子登楼赋

碣石云开海色雄，楼头初度汉陵风。

元方汝颍星重聚，小谢池塘梦复同。
紫气直连银汉上，冰心常在玉壶中。
为君起舞邀君啸，长剑悠悠倚碧空。

在《游昌平西盘道庵，庵在居庸关之左山最高处》诗中有“登临更喜逢僧话，不觉燕关是客程”之句。还有《居庸关道上》等。

万历二十年（1592），崔仲素归隐，在胶州大泽山下建抚松亭，逍遥自在。公鼐写寄《抚松亭歌为崔仲素赋》，赋中有“崔君归来大泽山下住，作亭倚山抚松树。……我住东蒙采芝草，何如大泽山下抚孤松。东蒙大泽未千里，数载刻期斯可矣”之句。

仲素去世后，公鼐已60岁，正在故里养病，写《仲素亡后生刍久阙，今年有客至胶东，便道寄挽，以告陇上》一诗，诗中提到崔公诗稿《兰雪集》，公鼐为之写的序言。

仲素亡后生刍久阙，今年有客至胶东，便道寄挽，以告陇上

扫轨东蒙卧正深，刻期沧海待相寻。
未酬剡上扁舟兴，已作山阳邻笛音。
东里西华谁嗣响，（原文注：公竟无遗嗣。）
幽兰白雪我能吟。（原文注：公诗名《兰雪集》，予为序之。）
知君冢近胶东相，下马无从泪满襟。

二十二、京师吕汝成

吕汝成，生卒年无考，原籍不明，家住北京城；父亲吕明南在朝廷鸿胪寺任职，与公鼐父亲同朝为官，也是亲翁关系。公鼐初到京都就读，便住在吕汝成家，归故里五年后，再回京访亲会友，又住在吕汝成家，后来长子公光国在京读书，也住在汝成家朝爽楼上。有诗一首：

初至都门汝成园亭独宿

五年耕老汶阳田，此日征尘再入燕。
生计不堪儿女累，衰容羞乞故人怜。
杨花满院悲春去，竹叶横窗听雨悬。
一榻青灯仍自照，漏声滴尽欲明天。

吕明南晚年在京都西郊归隐居住，建楼取名“朝爽”。公鼐题诗：

鸿胪吕明南丈作园于都城西之双塔寺后，所建西楼曰“朝爽”，寄题二律

二首（选一首）

其一

槛外双龙直倚天，两山韩爽入帘前。
百花尽出梁园上，万卷真从邺架传。
明月琴尊供市隐，彩云歌吹驻神仙。
如何得借平原酒，愿假羲和十日权。

公鼐与吕汝成为好友，关系密切。从诗文中看，二人相交年代自父亲公家臣在朝时就开始了。吕汝成是吕邦耀之父，查不到原籍何处。当年弱冠时期来蒙阴，早秋时节回京，公鼐写诗送别：

送吕汝成北归

二首（选一首）

其一

落日荒郊外，阴蛩鸣早秋。西风吹海月，空照别离愁。
何日同为客，相逢古蓟州。前程如有问，还上谪仙楼。

公鼐父亲于滁州病逝后，公鼐隐居故里，辅导弟弟、表弟、外甥一直到40多岁。有一年吕汝成来蒙阴探亲，公鼐有诗一首：

喜汝成至

离忧计无奈，千里一开颜。拂拭征尘积，咨嗟远道艰。
欢情忘白发，杯酒对青山。坐久询幽仄，刘伶老闭关。

［注］离忧：写遭遇忧患之意。拂拭征尘：时时打扫室内家具上的尘土，盼望迎接客人到来。咨嗟：赞叹、叹息之意。幽仄：自称卑陋、隐居之士。刘伶："竹林七贤"之一，历史上著名的"酒仙"。

此首五言律诗写于父亲公家臣去世之后，吕汝成再来蒙阴故里。吕汝成在蒙阴时，二人同游县城南竺寺，有诗一首：

汝成来自京师，翌日与游南竺

喜君千里约，老去兴犹新。可爱招提地，不关京洛尘。
青山堪送酒，净域故宜春。倘有于公意，将从季雅怜。

几日后，吕汝成要回京师，临行前夜坐谈话难眠，公鼐写诗一首：

与汝成夜坐，时将北行矣

相对荒城暮，庭葵覆彻翻。清宵凉可掬，幽意恨无言。
酒为伤多废，情因老去繁。从今离索事，俱付桔槔园。

汝成返京，公鼐送至新泰西，有诗二首：

送汝成

二首（选一首）

其一

春雨随车不暂留，水声呜咽鸟声幽。
送君西望徂徕道，一片云山马上愁。

三年不见面有诗，写《寄吕汝成》二首，寄北京。

寄吕汝成

二首（选一首）

其一

古人惜别日三秋，何况三秋尽别愁。
忆惜曾为仙洞主，如今独作曲江游。
晴瞻北极云连阙，夜过西园月满楼。
朝爽看余思海客，可无新咏一相酬。

另外，还有《赵氏园同吕汝成及王、徐诸子》《与曹、吕二君听僧弹琴》《京邸作示冯、吕诸子》《戊子别冯、吕二君》等诗。

公鼐长子公光国驻守长安潼关时，有诗一首：

长安初秋寄怀吕玄韬

斗柄初旋大火流，凉风淅沥乱乡愁。
砧敲明月咸原夜，露滴黄花上苑秋。
千里驱车频忆吕，十年假馆独依刘。
常思采菊东篱下，烂醉君家朝爽楼。

说明： 十年假馆：是说公光国自己在京受学借住姑父家朝爽楼上，同吕邦耀相伴。独依刘：是宋代王之道诗句，写漂泊在外有依靠之意。有此诗作证，吕汝成为公光国的姑父，公光国与吕邦耀乃姑表兄弟关系无疑。

二十三、同年进士雷思霈

雷思霈，字何思，湖北夷陵人；万历二十五年（1597）丁酉科举人，万历二十九年（1601）与公鼐联榜进士。他才华出众，博览群书，数千言操笔立就，擅长书法，行、草人争为宝。能文善武，授任翰林检讨，从兵部侍郎任上告归。在故里应职修通志，撰荆州、施州方誉。去世后崇祀乡贤。有《百衲阁文集》等著作行世。

公鼐与雷思霈同时中进士，同朝为官；诗风情趣相投，多次同游京郊。有古体五言长诗《雨后偕雷、王二丈至隆恩寺》，诗中有“积雪万山暝，辨路步武间。飞烟若织縠，相顾愁跻攀”之句，描写雨后清秀山景，举步为武，相互追随。飞飘的烟云好似有纹绉的绿纱奇妙无比的景色。

另外，还有《与何思、德懋宿西山别墅》《雨后斋中何思、伯举诸丈时过象戏书事》《自隆恩寺入谷置村田家》《雨后息碧云寺禅房再呈诸丈》等诗。雷思霈奉命典试福州，时公鼐在故里疗养，得知后写诗寄往京都。

何思典试闽中，邀过汶上不果，寄讯都中

汶上邮签计日留，夷陵归棹未逢秋。

（原文注：何思夷陵人，故用元、白相遇夷陵事。）

新诗近乞鸡林买，后乘多从雁塔游。

八九胸中吞楚梦，十三楼上看扬州。

（原文注：时闻何思于扬州有所待，故缓东行之约。）

相思欲听金华语，充耳今犹滞一丘。

［注］夷陵：位于湖北宜昌，长江西陵峡畔，三国时三大战役之一的“夷陵之战”发生地。归棹：乘舟而来。鸡林：形容诗词高贵、称赞作为高雅之意。十三楼：指杭州的名胜。

晚年，雷思霈请告归里，公鼐送行，写《送雷何思还夷陵》七言古体长诗36行，诗中有“少年结客四十秋，晚岁逢君易水头。联翩同入承明署，散澹常为汗漫游。……挥毫已扫千人阵，提剑能驱十万师。待诏金马亦不偶，为郎岂合嗟白首。……拂袖飘然去神武，西游汶岭东邹鲁。……击筑沾衣泪不禁，楚山辽邈相流深。三峡白云堂阜月，万里比邻在寸心”之句。

雷思霈在故里去世，公鼐为其表墓志铭，并写《为何兵宪表墓后志感》五言长诗，表明其在翰林院检讨，晋兵部侍郎的功绩，最后写有“纪实付贞珉，万载播芳烈。仍制佛讴章，掷管肠欲裂”之句。还有《翰林院检讨夷陵雷公思霈》哀纪长诗，文中有“顾我独知心，投分若神契。埙篪无违音，芝兰有同味”之句，全诗写雷公功绩，和二人的交情，诉说何思的文武全才，为国尽忠、晚年保节、全身隐退。闻将星陨落讣告，悲痛恒泪。

二十四、同朝为官钱文学

钱文学，名云灿，字汝晦，山东聊城冠县人，万历二十六年（1598）进士，授河北丘县令，调安徽舒城县令，复任天津武清县令，官至观察使。著有《吾与馆诗集》。万历六年（1578），他与公鼐在京都同拜夏为斋先生为师。晋观察使与公鼐同朝为官，成儿女亲家关系。有诗并序：《壬申与冠氏钱文学汝晦、汝南何公子从楚夏先生之门，初试为诗作七言绝句，得支字》，为一首七言绝句，受到恩师的奖赏。

父亲被谪官在外，公鼐回到故里，失去在京读书的机会，思念恩师、同学，写诗一首：

寄钱汝晦

与君少小学城阙，数载相从又相别。
只今各在天一涯，鸿飞冥冥音书绝。
渔猎邻庄冠氏秋，石泉枕漱蒙山月。
犹记同在燕京时，南陌看花飞如雪。

二人多年不能见面，梦中相见，有诗一首：

梦钱子

东渚枕高卧，烟霞寄此身。如何清夜梦，还对玉京人。
不见燕台月，空过海国春。近来结客意，鱼鸟是同邻。

汝晦在朝任观察出使，过蒙阴与公鼐相会，临行遇雪，多住三日，有诗二首：

冠氏钱观察枉驾草堂，取蒙山道西归，相送南竺遇雪留三日

二首（选一首）

其一

千里襟期迫，数宵僧话间。金兰原世契，针芥偶禅关。
联榻云封户，开门雪满山。喜君能见戴，莫放子猷还。

雪后同观察登溪南仙洞山

二首（选一首）

其二

历尽溪南胜，仙台更可过。凿空窥象纬，悬镜俯山河。

取醉伤离迫，题名感旧多。明朝陪尾下，谁与对青螺。

（原文注：公将游洙泗，道出陪尾山下。）

《行到河间睹钱使君河梁不及相会》有“千山密故国，三辅拱神京。舟楫原君事，舆梁惬客情”之句。

钱文学出使杭州，公鼐有诗一首：

寄钱汝晦

春明回肖隔乡关，况是江天久未还。
试问钱塘湖上月，何如雪色满西川。
（原文注：汝晦时在杭州。）

钱文学告归山东卫河东岸故里，公鼐写诗二首：

寄钱汝晦

其一

卫水秋云引别思，登高泪落古蒙祠。
伤心不是怜同病，为忆南窗夜雨时。

其二

忆昨西风泺水秋，与君席上醉箜篌。
谁知别后相思梦，夜夜能为历下游。

［注］卫水：源出河北省正定，钱汝晦故里在卫水之滨。泺水：源出济南市西南，北流至泺口入黄河。箜篌：古代的一种弹弦乐器。

二十五、同乡赵平甫

赵平甫，生卒年无考，从公鼐诗文中可知二人是故里同乡同龄人，为少年朋友；家住城北五里山村。官职不详，被谪官归故里，公鼐也有诗《送赵平甫谪官还东蒙》为证。

早春送赵平甫茂宰

柳蔓新垂寒乍除，汶阳朝雨送安车。
独携一鹤行花县，频嘱双鱼托素书。
作伴正逢青岁早，齐年相忆白头余。
（原文注：余与平甫生同戊午。）
临行再酌杯湖水，记取元家旧隐居。

某年春节，公鼐同平甫、弟鼒饮酒论诗，写诗一首：

元日同平甫、鼒弟小酌，论诗及险韵押虽字应之

竹马同游华发垂，盘中梨枣忆相推。
屠苏欲饮知非乃，险韵分题畏押虽。
谩说谈诗卅席日，已为传事廿年规。
从今良会须勤嘱，彩胜芹盘好共随。

（原文注：卅：音飒，出韩昌黎《孔戮志》。廿：音入，出颜之推《稽圣赋》，为二十年归本曹公令语。）

［注］屠苏：是一种酒的名称。韩昌黎：即韩愈，字退之，河南孟州人，唐宋八大家之一，唐代文学家，官至礼部侍郎。颜之推：为颜真卿先祖。彩胜：作诗答对，胜者的彩头奖品。

平甫晚年卜居庭院于城北，公鼐写诗二首：

赵平甫卜居城之北五里，山水佳处也，早春日过之留赠

二首（选一首）

其一

为认蓬蒿地，先知仲蔚门。雪迷林外路，烟没水边村。
竹径迎春袖，松醪倒夜尊。由邻何日卜，琴酒共朝昏。

说明：蓬蒿：指野地民间。仲蔚门：指晋朝平陵诗人张仲蔚隐身不出仕，闭门养性。松醪：由松子、黄米等原料酿成的酒。

九日同平甫登东皋蜡祠，因过其新创别墅

（二首）

其一

满院鸣条柏影稠，陟高息荫古祠幽。
不禁萧瑟重阳节，聊藉登临半日留。
百亩荒余仍负郭，一区成处正临流。
同庚颇喜年来健，细看黄花约再游。

其二

潭影林光合碧云，凉风细雨正纷纷。
重阳喜作寒花会，薄暮愁看断雁群。
对景留连仍似昔，为欢潦倒强随君。
来年聚散真难定，细看茱萸未忍分。

此二首七言律诗写于公鼐60多岁时，当时他已辞职归故里，在同年九月初九与赵平甫登高祭祀事。有诗《九日偕季桢、平甫南楼夜坐》等。

二十六、相交甚密杨瑞钟

杨瑞钟，字广文，山东沂水人，嘉靖三十七年（1558）出生，与公鼐同龄；同为青州诸生，官任肥城县令。天启四年（1624）告归乡里。二人一生相交甚密，经常往来诗书不断。

年轻时杨瑞钟过访公鼐故居山庄，有诗二首：

瑞钟过访谷庄山居

二首（选一首）

其二

可爱冥鸿羽，飘然沂上来。停云挥尘破，迟日指戈回。
移席随流水，扶筇上古台。联床深夜雨，犹讶晓钟催。

二人同行出游临淄古城址后，有诗一首：

寄瑞钟

稷门迭望地，独往奈君何。到处看花遍，逢人载酒多。
岂能不夙夜，无奈邈山河。春草归来路，蘅茅定一过。

杨瑞钟乡举后，进京廷试，公鼐送行，写诗一首：

送瑞钟廷试

沂阳春水穆陵云，恋恋余晖未忍分。
名冠彤廷今日事，愁来锦字几时闻。
河梁谩顾征鸿影，冀野先空骏马群。
犹忆西雍曾借路，明年东观又从君。

［注］彤廷：指宫廷。河梁：指送行分别的地方。出自南朝《与苏轼》诗。西雍：陕西宝鸡秦国都城，西周封地。

万历二十年秋（1592），二人均为35岁，仍在故里，相会沂上，有诗一首：

壬辰沂上会瑞钟昆季，别后见讯，以诗寄之

沂上重逢秋菊生，入门相问别来情。
衰年容鬓惊初见，末路肝肠识旧盟。

雪积千山迷远棹，月圆三度计归程。

满盘挨味鱼儿酒，惆怅何由共一倾。

（原文注：挨味鹅也，鱼儿酒裴晋公事。钟瑞常以鹌鹑鱼酒见寄，故云。）

天启四年（1624），公鼐与瑞钟已度过两个甲子年，65 岁后仍来往交游不断，有访诗一首：

甲子访瑞钟于沂上，送至铜井泉亭为别

草玄亭子竹间寻，曲水通流渐入深。

扶病未能忘命驾，破愁惟有对同心。

开窗隐几延清籁，移坐传觞近绿阴。

后会刻期须早计，分携执手意难禁。

另外，还有《沂阳观鱼别杨子》《沂阳后观鱼歌》《己未送杨瑞钟北游》《瑞钟、平仲邀游沂上观鱼》《沂阳会杨氏昆季既……》《沂阳杨瑞钟广文与余同生嘉靖戊午，今日值两甲子矣，不能往贺作小绘《冈陵图》，继之以诗，聊见意焉》《沂上杨三弟弃肥乡县令归寄之》等诗文。

二十七、好友石伯瞻

石伯瞻，山东老乡，稷门淄博人士，曾任河北枣强县令。二人通过南滁李少阳介绍相识。初次见面是在万历十年（1582），当时二人均为二十四五岁，有相见恨晚之感，性情相投，诗风相近，交情日深，义结金兰。

初次相见，公鼐有七律诗一首：

与石伯瞻

初见南滁道尔名，稷门倾盖若平生。

（原文注：南滁李少阳先生时时对余言生名，今始见之。）

剧谈风雅千秋在，指誓山河一发轻。

云拥岱宗天阙近，潮生沧海日华明。

与君对面中分此，好着龙樤上玉京。

［注］南滁：安徽滁州。稷门：位于淄博齐国都城近郊。龙樤：是古代一种出行泥水道路的工具。

同游鲍山登“白雪楼”，公鼐写七律诗一首：

历下与石伯瞻兄弟及冯、史二文学登城北楼晚归

城上楼侵碧汉间，论心相恋暮方远。

泣荆无意终怀璧，筑室方期老闭关。

风起莫教思远道，月明且共破愁颜。

齐都一鉴涵秋水，乘兴重来望鲍山。

此诗是认识石伯瞻后，先在齐都临淄相会，即去济南历下，来到万历十七年（1589）参加的齐盟结社地——历下白雪楼游览时所写。齐都：是指临淄。鉴：是榜样人物，也比喻镜子光照人。鲍山：在历城。

青州的进士钟明正，告退辞官故里，相约公鼐与石伯瞻同游共饮，三人聚会，均为山左“齐风”文学同行者，有诗二首：

清明前钟淑濂给谏席上同石伯瞻赋

二首（选一首）

其二

握手依然稷下生，相看犹是少年行。

一时星聚真人会，五色云蒸镇海城。

池上夔龙期继武，里中羔雁忆齐名。

石郎试问钟君品，若与曹刘何重轻。

说明：稷下，是指齐都临淄。稷下生，是指石伯瞻。海，指渤海。城，指青州府（益都）。夔龙，是远古传说中的一种奇异动物，像龙。商、周时代将这种动物刻在铜器上，称“夔龙纹”。这里是用夸张的笔法写钟明正进士。石郎，是古代名将，比喻钟羽正出使重镇边关。

石伯瞻30岁后，授任河北枣强县令。公鼐有古体五言长诗《寄石伯瞻》，共44行230多字；其中有“伯瞻负俗士，耻从凡庸辙。挥剑决风云，摛辞吐云月。我生同井间，气味颇相涉”之句。

石伯瞻在任职期间秉公清廉，为官不顺。有书寄公鼐诉说。公鼐有七言古体长诗《丈夫行留与石伯瞻》回赠，全诗共28行210字。诗中有“丈夫所遇多险阻，那堪草木同朽腐。龙蛇失势丘蚓同，天本无心我何苦。三十已过非少年，流光冉冉凋朱颜”之句。最后一句是“归来结屋蒙山阴，邀君同弄蒙山月”。

二十八、进士杨涟

杨涟（1571—1625），字文儒，号大洪，湖北广水人。万历三十五年（1607），37岁的杨涟考中进士，初任兵科右给事中，官至左都御史。在任右给事中时，正值光宗登基后得重病，临终前召大臣时，他还不是皇帝身边重臣，但被破例召见。光宗朱常洛暴毙身亡后，杨大洪带领群臣逼光宗皇帝小时保姆李选侍移出乾清宫，暂时安定了朝局。被改任兵科都给事中。天启四年（1624），已升为左都御史的杨涟因弹劾魏忠贤“二十大罪状”，同佥都御史左光斗、吏部侍郎陈于廷等人被下冤狱。是年七月，杨涟暴毙狱中。

公鼐与其感情、交往颇多，有诗一首：

信阳客至，知杨大洪中丞归故里作此寄之

中国人来有报书，知君抗疏赋归与。
海邦竞买刘蕡策，汝水争迎孟博车。

宗社有灵宁已矣，夷齐不愧竟何如。
问谁在侧殷黄少，永叹悠游觉自疏。

［注］中国：指的是河南信阳一带的古国名。刘蕡：唐大和二年（828）策试，痛斥宦官专权危害大唐，奉劝皇帝诛灭奸宦。此处以杨涟弹劾魏忠贤的事迹为例，指出其与刘蕡策宦有同样的英名，彪炳千秋。孟博：东汉河南征羌人。范滂，字孟博（137—169），《后汉书·党锢列传》记。宗社：指宗庙、社稷的合称，是国家的代称。夷齐：伯夷、叔齐的并称。伯夷，商末孤竹君长子，叔齐是次子。

天启二年（1622），公鼐、杨大洪辞朝归里，有诗一首：

又寄杨大洪中丞

有客西来寄好音，寝车疾下喜相寻。
批鳞已后同归里，把臂无缘共入林。
命驾难酬千里约，裁书聊叙十年心。
羡君最是忘机乐，汶上何当谢汉阴。

［注］批鳞：是用来比喻臣下敢于直谏，触犯君主之典故。把臂：《后汉书》典故，是相待甚厚的意思。忘机：泯除机心，淡泊宁静的心境。汉阴：县名，在陕西省汉江中游。

天启四年（1624），熹宗朱由校下旨，召公鼐回朝，授礼部左侍郎兼翰林院侍读学士，两朝实录副总裁。公鼐上疏辞任，御批“不免，奉旨闲住”。但魏忠贤、叶有声还不放过，仍被削职，幸免一死。杨大洪奉旨回朝后，被魏忠贤下狱，七月冤死狱中，年仅54岁。公鼐有诗痛念。

七月十五闻诏狱事

曾闻请剑气横秋，信是孤忠未易酬。
徒使林宗思□屋，虚随元礼号仙舟。
为慵海上虽如意，曳尾泥中亦可羞。

消息真传何日得，金鸡一下解吾忧。

[注]请剑：敢于直谏清诛奸佞。指皇帝的尚方宝剑。孤忠：引《后汉书·郭太传》典故，东汉郭太，字林宗，建元元年太傅陈蕃、大将军窦武被奸阉所害，林宗之于野恸，叹曰：人之云亡，邦国殄瘁。比喻杨大洪被大太监奸阉所害，作者无比心痛。虚随元礼：见《后汉书·郭太传》。郭太游于洛阳，见府尹李膺，相随友善，同舟而济。李膺，字元礼。慵：困倦。曳尾泥中：典出《庄子·秋水》，在这里比喻扬名庙堂，而丧失人性，还不如隐居山林，逍遥自在。金鸡：古代朝廷颁布赦免诏书时所用的仪仗，高悬金鸡形黄金饰首。

《公鼐家族旧谱》载：公鼐受魏忠贤乱政污陷，抗疏归里。有朝廷重臣劝阻："故杨大洪中丞谓公事事从君父，大处起见，微处着心，有古大臣之风。而拂衣而归，为可惜也。"

二十九、进士邹元标

邹元标（1551—1624），字尔瞻，号南皋，万历五年（1657）进士，江西吉水人。因抗疏且谏张居正夺情，被梃杖谪外。张居正死后，万历十一年（1582）被召回朝，拜吏科给事中。光宗朱常洛登基，授大理卿，晋刑部右侍郎。天启元年（1621）十二月，改任吏部左侍郎，又移职左都御史。天启二年（1622），与公鼐同时被魏忠贤专政所迫，辞朝归故里吉水。天启四年（1624）逝于家中。初进朝廷与公鼐父亲公家臣同朝为官，关系友好。公鼐入朝后，二人情投意合，同章上疏举荐李三才，被魏忠贤削职。

万历四十八年（1620），在任刑部侍郎时，因辽东兵事，公鼐有诗呈寄：

辽事有感录呈南皋司寇

闻道王师未度辽，狂奴鸣镝气仍骄。

金钱内帑行看尽，铁骑材官枉费招。

一水原非天堑险，三陉不隔帝京遥。

燕居深念知君意，恸哭相期动九霄。

［注］鸣镝：拉弓射箭发出的响声。古称战场。这里指敌方的狂傲。内帑：皇帝在宫中为自己储存的银两财宝。万历四十八年，光宗继位还未正式登基，为解辽东前线粮饷之危，动用父亲神宗皇帝的内帑。当时，公鼐为辅臣。材官：西汉时期在内地平原及山阻地训练的步兵。后世把供差遣的低级武职也称为材官。三陉：即飞狐陉、蒲阴陉、军都陉。燕居：北京都城称燕京。这里指身在京都挂念着边关。

公鼐与邹元标同时归故里后，常有书信来往，有诗《闻南皋先生音初未遽信已而有作》一首，诗中有“挂冠千乘送归船。英灵已迫山川气，光景常同日月鲜”之句。此诗引经据典，暗示诉出二人同时隐归，分别时依依不舍。听到老友去世的消息，写出英灵已返，赞颂英魂，痛心怀念。公鼐在故里游青州途中写出《青州途中即事次南皋司寇韵》七言绝句四首等诗。

《明史本传》中关于公鼐举荐李三才的一段文字载：“侍郎邹元标趣使尽言，以言路相持而止。”

三十、进士李三才

李三才，字道甫，别号修吾，明顺天府通州人（今北京市通州区），祖籍陕西临潼。万历二年（1574）进士，初授户部主事，历任山东佥事、河南参政、大理少卿。万历二十七年（1599）后，任右佥都御史兼漕运总督、凤阳巡抚；因治淮有功，曾上疏极言矿税之害，请罢税监；与东林党顾宪成交好。因有部分朝廷官员推荐其进内阁，引发激烈的党争，于万历三十八年（1610）辞官。天启元年（1621），后金攻占辽阳，战事吃紧，急需派重臣经略辽阳。此时，任詹事府詹事的公鼐，与时任刑部侍郎的邹元标等大臣，联名举荐召回李三才，主政经略辽东，而廷议相持未决。天启三年（1623），因众望所归，启用李三才。熹宗朱由校授命召李三才上任南京户部尚书，可惜朱三才身患重病，未能上任，在家去世。李三才与公鼐为儿女亲家关系。

天启五年（1625），公鼐在故里奉旨闲住期间，朝廷被魏忠贤专制，魏忠贤乘机诬公鼐以徇私妄荐李三才为由，将公鼐削职。

李三才在任佥都御史兼漕运总督治淮期间，公鼐写诗二首：

淮上逢道甫中丞话旧，别去却寄

其一

铃阁宵迟月影同，警看忧国鬓成翁。

东南蜚挽归天府，中外安危在令公。

疏草千秋传汗简，诗篇两地托邮筒。

披襟一醉清淮晓，明日相思有断鸿。

其二

淮海鲸波久不扬，天留一柱奠金汤。

遥依北斗台阶近，密语中宵漏点长。

分陕重臣犹请剑，引裾多士尽升堂。

（原文注：时公方有疏论事，其台省直臣多出公门。）

高梧丛桂连清影，相对冰壶到晓凉。

［注］铃阁：指将帅、郡长办公的地方。蜚挽：流言蜚语，这里指东南战乱。蜚，一种昆虫，似蝗虫。汗简：著书的代称。断鸿：指失群的孤雁。金汤：是金城汤池的省略。奠都：见《禹贡》，指高山大川。漏点：古代计时的沙漏器。引裾多士：裾，衣服的大襟、后襟。“裾衣博袍，令行乎天下”。丛桂：聚集丛生的树木花草。

三十一、进士曹于汴

曹于汴（1558—1634），字自梁，一字真予，解州安邑人（今山西省运城），明万历二十年（1592）进士；初授淮安推官，升刑部给事中，转吏科。他遇事敢言，夙夜惟寅，推太常少卿；光宗时转大理少卿；熹宗立，迁左佥都御史。明察秋毫，执法如山。佐赵南星主京案，进吏部右侍郎。力扶善类，被魏忠贤所斥。

思宗朱由检未登基时，曹于汴就恨透了魏忠贤奸宦乱政行为，下决心铲除奸宦阉党。崇祯即位后，曹于汴被召回为左都御史。他进言皇帝，对魏忠贤之流进行严厉审查。举国上下、宫廷内外合力行动，很快 261 名罪犯全部落网。魏忠贤在阜城畏罪自杀，朝廷内外的狐朋狗党基本扫尽，朝纲得以安定。崇祯六年，曹于汴已 75 岁，经历了三朝皇帝，奸宦猖狂不绝，诤臣受打压、受迫害诬陷。几经宦海沉浮，精力已是不支，所以力请恩准告老还乡。

曹于汴归隐家乡后，专心著述，著有《共发篇》《仰节堂集》《安邑县志》，于 77 岁谢世。思宗朱由检深表震悼，追赠太子太保。鸿胪寺奉旨致祭、抚恤。

曹于汴与公鼐同龄，比公鼐早九年考中进士，万历二十九年（1601）后同朝为重臣，情投意合，关系密切，同在一条战线上与奸宦魏忠贤之流斗争，又同时被魏中贤污陷、排斥，被迫辞朝。

天启年间归里时，公鼐有诗四首写给曹于汴：

送曹真予给谏西归

其一

十叩天阍寝报书，彩衣西去奉潘舆。
苍生无限同忧意，只恐东山乐有余。

［注］天阍：天帝的守门人。彩衣：谓孝丰父母。明何景明诗《三山春宴图歌》“彩衣归来奉翁母”。潘舆：晋代潘岳《闲居赋》，“太夫人乃御版舆，升轻轩，远览王畿，近周家园。……”后因以“潘舆”为美亲之典。忧意：忧虑、忧愁之意。只恐：宋代苏轼《海棠》诗，不遇君王恩宠之意。

其二

汾上回车随白云，白云仃处正思君。
蓟门寒色春归晚，莫使缄书待雁群。

[注] 汾上：指汾阳县。唐·苏颋（唐代文学家）诗《汾上秋凉》，渡过汾河万里之外意。回车：指回转车头，调转车马之意。蓟门：指北京城北德胜门外蓟丘，古称“蓟门”。缄书：取唐杜甫《奉汉中王手扎》，“前后缄书报，分明馔玉恩”，指来往书信。雁群：指投递书信为鸿雁传书。

其三

春雪连朝望渺漫，浮云犹自满长安。

东风不度芳洲路，併作潇潇易水寒。

[注] 春雪：点明诗写初春。渺漫：唐张九龄诗“渺漫野中草，微茫空里烟”。长安：指北京城。芳洲：芳草丛生的小洲。唐郑愔《春尽》诗二“杂甸与芳洲，当时不可留”。易水：易水河在古雄洲易县。这里取燕太子丹使荆轲刺秦王诗“风萧萧兮易水寒，壮士一去兮不复还”，表达送别的悲壮情感。

其四

家近西山恋采薇，掖垣三月即初衣。

河梁有泪纷如霰，共向燕门夜雪飞。

[注] 采薇：古代《诗经》中的一篇，写返乡的诗。掖垣：引典称之宫廷里的部门。河梁：引典故，指生死离别之地。地处重庆巫山。霰：空中降落的、白色透明的小冰粒。燕门：暗示京都的大门，还能共向再回。

此四首七绝诗，主要描述二人的离别场面，是一对肝胆相照的挚友，表达慷慨激昂的心情。引经据典表达对挚友的崇敬。暗示对时政的失望，同时表达出再回京都的共同志向。

第三节　亲　友

公鼐的亲情、乡情很深，所有亲戚意切情浓，无论在京读书还是进国学、入朝为官，在省亲告归时，每次回故里首邀亲朋会面，饮酒、邀游、拜访，有诗的情景很多，选主要部分摘录如下：《东园夜集，同秦、徐二子赋》《夏日与诸子集东园饮食谐笑，无时不至也，

作歌以纪之》《南园就客，求果栽》《与客游南山寺，明日将有青州之行》《丁亥至中山寺，随三叔、徐丈小饮禅房》《丙午过里晤诸亲旧有感》《癸酉秋日抵舍后随诸亲游南溪》《同诸叔、秦、徐二丈集东园草亭》《夜同家叔及二王生登泰岳》《晚上南楼同诸叔、秦、徐、赵三生赋》《与张子、徐子、家叔宿蒙山下田家》《与诸子游小仙洞》《夜饮秦氏楼明日有仙洞之约》《族叔文学廷试暂归诗以送之》《与诸子游南溪》《与客游城南山寺》《甲戌随二叔宿崔家峪分韵》《与张、徐诸子集东山道观》《同家叔、张、徐二子重至蒙山》《与诸子晏坐不知夏日之长也》《与徐丈饮四祖花圃》《送端儿游江楚遂至蜀中》《喜儿光国移帅彭门》《送彭子南归》《送内兄河南幕府》《挽彭兆京丈人》《示二孙显文、显武》《儿甸作池亭成书故事示之》《病中送弟试济南》《历下忆弟》《冬月寄内》《乙丑彭淑人亡后九月遇病自伤》《赋得来青楼》《题亡弟鹤墓侧》《为表弟秦生、弟翿斋中赋》《哭舅氏李敬庵先生》《见舅氏李敬庵先生孙叹逝而作》《题南陵从祖蒙山草堂》《三祖水部悬车于任城之市作楼以居》《己丑至亡舅故居与表弟成甫话旧》《辛卯试青州、弟翿及李秦二外弟》《弟读书晚对厅自济上写寄》《病起登来青楼，楼太史公读书处》《弟读书南山寺过之》等，共计百余篇。

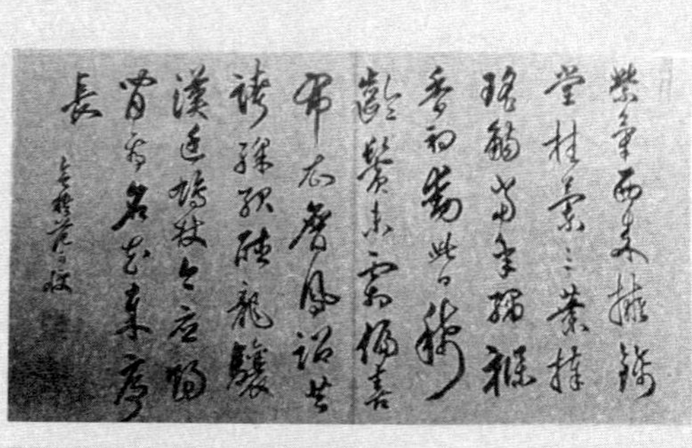

后代珍存至今“秦太翁寿章”选两幅（秦成国提供）

一、姑丈秦希夏

秦希夏，字思嵍，生于嘉靖二十六年（1547），山东蒙阴人，明封号太医秦弘之子，翰林太史公家臣的妹夫。

为明神宗朱翊钧修定陵时工地治疫有功，封太医院太医，但未赴任，几辞归故里蒙阴，悬壶济世。万历四十四年（1616），长子秦士文任礼部祠祭司主事，次子秦士祯已中举，同父亲进京全家团聚，是年正逢70大寿，受到70多位朝廷官员写诗文祝寿。

公鼐与姑父感情浓厚，关系密切，诗书往来较多。有送姑父远行的诗，也有在京都相会分别时写的诗，还有在任城公一扬迎仙楼触景生情怀念诗等。

秦丈去之明日，怅然怀思，复以二首寄怀

其一

昨夜呼卢客，悠然何所之。与君相别处，却忆旧游时。
都市频呼酒，骚坛屡问奇。不知重会日，犹恐鬓成丝。

其二

为客耽行役，怀人重寂寥。晓来烟漠漠，春至雨潇潇。
去国随征雁，游燕识旧貂。知君能击筑，留待酒人招。

姑父在故里新建别墅有诗贺：

寄秦丈

四首（选二首）

其一

秦子耽高尚，结庐山境幽。科头云满户，濯足月临流。
已遂樵渔计，堪邀汗漫游。好怀如寄我，聊可慰离忧。

其四

天高爽气下，朔野多悲风。暮鼓阗燕市，秋砧满汉宫。
客愁悲自语，归计梦还空。寂寞东园约，凄其叹转蓬。

姑父省亲回京，在汶上田园别墅送行，离别有诗：

送秦丈北上

汶上分歧又值秋，河阳霜鬓各盈头。
前程此夜谁同梦，上国明朝是旧游。
冷暖世情应自识，支离生事故宜休。
比梁今日魂销尽，为对穷交分外愁。

万历十五年（1587），三祖公一扬拂衣辞官住济宁任城，在任城建谪仙楼。公鼐与姑父在任城相会时，有离别诗四首：

任城别秦丈

四首（选一首）

其四

谪仙楼上西风起，下有寒光照秋水。
把笔欲成远别离，相看明日俱千里。

万历年间，为神宗修陵，工地流行传染病。几百名民夫病倒不能上工。当时由吏部侍郎冯琦推荐挚友公鼐的姑父，同乡秦希夏进驻工地医治。秦不负众望，凭自己的医术控制住疫情，使几百名民夫返回工地。多年后公鼐奉旨山陵出役，回忆姑丈当年治疫情景，写诗一首：

秦丈以医役抵山陵有年矣，行将有恩命作此寄怀

太行万里走燕关，九帝玄宫日月闲。
地拆东维包王气，天回北戒绕灵山。
药囊对捧迎仙仗，香案亲随识圣颜。
闻道六飞行出幸，湛恩先到寿陵间。

当年，在故里公鼐送姑夫到汶河畔，写五言律诗，情意深切。

送秦丈

其一

送子汶河州，春澌萦树流。千山不隔梦，一水更牵愁。
会日期难克，离筵暂可留。徂徕天外路，来日任悠悠。

其二

四野条风满，愁人不可闻。殷勤千里约，黯淡一宵分。
去马嘶乡道，归鸿忆塞云。明朝空对酒，无地可酬君。

二、外甥吕邦耀

吕邦耀，字玄韬，浙江丽水人，锦衣卫后裔，父亲吕汝成、祖父吕明南住北京西山朝爽楼。自小时常住在外祖父家，受舅父公鼐教育辅导；万历二十九年（1601）与舅父公鼐同榜进士（公鼐二甲三十五名，玄韬二甲三十七名）；初授任河南督学，升河南副使，晋兵部给事中，迁任通政司参议。

著有《续宋宰编年》，同公鼐合著《国语髓析》行世。

万历二十九年，公鼐与吕邦耀同榜赐进士，不久吕玄韬授任河南，送别有诗二首：

送吕玄韬之河南督学

二首（选一首）

其一

别汝何其速，别怀未易陈。头颅岁月短，骨肉舅甥亲。
旧隐思龙种，中朝待雁臣。重来问东道，汶上有垂纶。

吕邦耀在任河南副使时，为公鼐刻印《问次斋稿》并写序。此书就是明末刻本，现存中山大学图书馆；据传美国国会图书馆有藏。公鼐第十三代后裔，在蒙阴前城子村有家藏的清代手抄本。

邦耀晋升河南副使，主政河南司法一职，送别时有诗四首：

送吕甥玄韬之河南臬副

四首（选二首）

其一

忆尔升朝岁，元侯拜衮年。校雠天禄共，献替日华偏。
自识同心意，非关似舅贤。眼中吾老矣，望远几潸然。

其四

自归堂阜隐，梦寐在钟离。饮恨怀通德，伤心赋载驰。
以吾彭泽痛，知尔渭阳思。台斗他年践，应酬望子时。

万历四十五年（1617），公鼐奉旨西巡，行至河南在尉氏县与外甥吕邦耀相会，有诗一首：

尉氏会吕学宪

使节西来洧上亭，知君晨夜此占星。
封章左掖劳虚伫，文献中原籍典刑。
平子孟坚推作赋，羲图箕范待传经。
若为未倦游梁意，绿竹睢园可暂停。

同时，与时任县令的李鹏南同游阮籍啸台，写古体长诗一首《啸台吟拟李赠吕甥》并序，序言记：“丁巳九日，会吕甥学宪于尉氏，登啸台作，诗多用嗣宗语。”诗中有“我往秦关下伊洛，驱车遍游梁豫间。凄风凉雨日相送，刻期援止啸台边”“台俯荒城望眼长，洪波绿水晚苍苍。羁旅无俦惜憔悴，俯仰今昔怀忧伤”“黾勉修途视寸阴，抚剑看云论素心。红尘且莫嗟萍迹，青眼何殊在竹林”等句，鼓励、安慰外甥落官不落志，惜阴修途。

说明：此诗被知县李鹏南刻石立碑在阮籍啸台边，清代流落民间，2004 年被尉氏县“史志办”原主任发现收藏，2010 年重立啸台新碑，将公鼐《啸台吟》诗碑镶嵌在新碑底座正面中间。

天启二年（1622），吕邦耀复职，改兵部主事，有诗一首：

喜吕甥纳言复官，时改将付以畿辅兵事书以相勉

喜尔能为李药师，惭吾传授未称奇。
九重倚注干城重，一日欢呼道路知。
畿辅暂为防御使，燕然预制勒铭辞。
却看昨日愁何在，晨起加餐减鬓丝。

［注］李药师：李靖，字药师，唐代军事家。干城：保卫国土的将士。畿辅：国都所在地，泛指京城近郊。燕然、勒铭：典出《后汉书》，西戎羌氏大破北匈奴，封燕然山勒石记功。

几年后，吕邦耀英年早逝，公鼐悲痛万分时写诗二首：

哭吕甥玄韬

二首（选一首）

尔才堪用世，世乃弃君平。献替留遗草，驱驰负请缨。
百年身未半，三巳宦难成。婚嫁吾当任，君宁愧复生。

后来公鼐见吕邦耀二子，向他们索要外甥的翰墨遗文收藏纪念，写诗一首：

吕甥亡后，问其子索翰墨遗文藏之

自从怀抱识之无，十岁能文动帝都。
吴道子传三味妙，卫夫人法八分殊。
封章已与韦弦比，诗句堪为主客图。

念念在兹知不朽，只将弓冶待遗孤。

[注]吴道子：河南人，唐代著名画家，世称“画圣”。卫夫人：晋代著名的女书法家，山西夏县人。封章、韦弦：上疏皇帝的机密奏章，也比喻规劝警戒。主客图：诗人的诗词简介、图书。弓冶：将父业世代相传的意思。

三、表弟秦士文、秦士祯

正在建设中的秦士文纪念馆（秦氏文化园）

秦士文（1569—1628），字质之，号彬予，秦希夏之长子，万历三十二年（1604）进士，授顺天府宝坻知县，调密云，补山西长治，三任繁邑。万历四十年（1613）迁礼部主事，陕西兵备道布政参议，出秦藩备兵洮岷，《蒙阴县志》记：“声震河湟”，迁山西按察使。起怀来兵备道布右政，晋都察院右佥都御史，巡抚宣府，晋兵部右侍郎、左侍郎，升兵部尚书协理戎政。著有《抚宣奏议》，也有诗文行世。秦士文中进士，公鼐时为翰林编修，天启初年公鼐任礼部右侍郎、詹事府詹事，秦士文晋兵部侍郎，时表兄弟俩一文一武为朝廷重臣。著《宣府奏议》九卷行世，诗文各两卷。在《山左诗超》中录有《过南竺》七律二首：

其一

旅谷登场竹栅幽，溪雨风散晓山秋。
禅林事事成今昔，独对寒峰感旧游。

其二

豆花水漫露蒹葭，面面嫱山阁晓霞。
一片寒芜秋色老，西风几日又黄花。

万历十五年（1587），表弟秦士文（比公鼐小11岁，与弟公鼒同龄）与弟弟公鼐在一起读书，受公鼐辅导，公鼐写诗一首：

为表弟秦生、弟鼐读书斋中赋

静掩柴扉对晚晴，池塘春草雨中生。
扬雄敢谓知奇字，张翰何心论后名。
双树看来零露气，九霄听彻步虚声。
凤毛二仲真联璧，问价谁当易几城。

诗中将表弟、弟弟比作西汉哲学家、文学家扬雄和西晋大文学家张翰，凤毛麟角，价值连城。

万历十九年（1591），公鼐34岁陪弟弟公鼐、姑表弟秦士文、舅表弟成甫去青州赴试，与沂水杨氏兄弟称，同住一家旅馆，有诗并序：

辛卯试青州，弟鼐及李、秦二外弟、杨氏三昆季皆得俊，共集馆下，口占书怀

稷下风流总弟兄，真人今夜果东行。
携来天论轻邹衍，赋就齐讴拟士衡。
樽酒论文春日暮，客窗联榻夜寒生。
眼中衣钵吾堪老，一醉云开海上城。

万历三十年（1602），表弟秦士文复京会试，临行话别。公鼐写诗赠秦士文：

别秦子

（二首）

其一

昨夜高楼惜暂分，归来逸兴满秋云。

东篱黄菊年年发，只恐开时不对君。

其二

燕国苍山落照明，长安紫陌马蹄轻。

故人相对知何日，为记今朝唱渭城。

公鼐在故里休养时，与秦、徐二子相会于小东园夜集，有七言古体诗 250 多字，末尾有“酣歌不知明日事，洒然一笑西风爽”之句。

公鼐姑二表弟秦士祯，字克生，天启二年（1622）考中进士，授信阳知州，迁江苏高邮知府，时公鼐在朝詹事府任詹事、撰两朝实录，其兄秦士文在朝时任兵部侍郎。《蒙阴县志》记：“秦士祯孝事亲师事兄，刚毅明果，文名冠世。卒于官，士民伤之。”

四、三叔公家邻

公家邻，公家臣三弟（二弟家翰英年早逝），万历十三年（1585）乡试举人，授任河南虞城县令。旧谱记：“修内行，饫经史敬谨承先，和平训后。人钦道：‘范士仰宗风’。”《蒙阴县志》记：“任虞城知县，谨肃方介。邑令杜洽任去，执邻手曰：‘三年无只字于我，真金玉君子也’，士人咸式之。”告归建自怡园，有《蒙山集》行世。

公鼐在诸多直系、旁系亲属中与五位祖父、二位亲叔、弟、侄儿、舅父、岳父、姑舅表弟等均有诗书往来，其中有诗书往来最多的是三叔公家邻。

三叔河南任职时公鼐已 27 岁，父亲又早逝，与三叔情同父子，受到三叔多年的培育，叔侄感情深厚。有五言古体诗一首：

寄三叔

商气薄林端，芳华坐萧索。鸿雁塞北来，南飞到衡岳。

蒙山无回峰，汶水非可泊。吾庐在其间，尺素谁与托？

他乡难久留，燕蓟风尘恶。京国盛衣冠，客游自牢落。

有叔重云栖，教我以恢廓。何能翻飞去，从之访丹壑。

另外，还有《奉和三叔郊居》二首、《同家叔、张、徐二子重至蒙山》《丁亥至中山寺，随三叔、徐丈小饮禅房》四首、《奉题家叔自怡园》四首、《三叔自堂阜至，夜坐西楼话旧》《家叔筑草堂，在城之桥西宅畔，邑之幽胜处也。昔杜子成都郭西浣花溪上作草堂以居，其诗曰：万里桥西一草堂，是也。因取杜子诗意为诗识之》等诗文。

可爱桥西宅，依然杜子堂。娟娟犹篠色，冉冉自蕖香。
仙洞青城小，桑泉锦水长。壮图关出处，不作老夫狂。

说明：桥西宅，指蒙阴县城家府，旧县衙前街御赐牌坊处，在古城东门里，有落花泉、庆昌酒店。杜子堂，指成都杜甫草堂。第二句是赞美三叔草堂秀气，伴有荷花香色。仙洞，指城南山仙洞。桑泉，指东汶河之源流城南桑泉河，《水经注》有载。最后一句中，杜甫有诗云“狂夫老更狂”，公鼐写三叔道“不作老夫狂”。

三叔“自怡园”修成后，县内外名流贤达前来祝贺时，公鼐有诗并序：

自怡园随乡先达诸公燕集，题家叔诗后园署，取陶弘景“山中何所有”诗意为名

五月风多夏木寒，耆英相聚一留欢。
人如陶令兰舆至，地比王维别墅看。
林壑似将尘世隔，觥筹不觉夕阳残。
白云已足供怡悦，携我山中可共餐。

另外，还有与张、徐子、家叔登蒙山、宿田家，五言律诗两首：

同家叔张、徐二子重至蒙山

言寻重九会，登眺绝林埛。济胜同三子，探奇喜再经。

悬崖空翠滴，叠嶂乱云青。传说双峰外，窅然姑射庭。

此首五言律诗写与三位长者九月九日登蒙山，远望郊野，观奇探险，见悬空水滴乱云绕青峰的仙境美景，传说云蒙双峰还有姑射仙子的仙洞。

与张子、徐子家叔宿蒙山下田家

杖藜耦坐乱云边，地近禅林塔影悬。

篱外泉流双涧响，檐前山色数峰连。

龙吟秋夜常多雨，雁度寒空欲隐天。

晚色催人深巷闭，南窗清梦独冷然。

这是一首诗、画、音相映的七律诗。描绘出蒙山农家附近山水田园的深秋暮色，展现出蒙山的云绕塔影，山涧泉流、峰峦连接，雷声、雨声、雁叫声响的乐章，夜间凉爽，空气清新的独特景象。

另外，还有三叔回籍探亲，县令杜洽在南竺寺邀饮、赋诗等。

五、弟弟公鼒

公鼐比弟弟大 11 岁，父亲公家臣去世时，弟弟才虚岁 15，正在县学读书，公鼐 26 岁已结婚生子。母亲 60 岁敕封孺人李太君，全家生存的重担落在公鼐夫妇肩上。为了弟弟的学业，公鼐放弃科考，专心辅导弟弟、侍奉母亲。兄弟二人骨肉亲情特别深厚，后来二人文学、诗学不分上下，被世人称为“伯仲齐名”。

公鼒在蒙阴城南山寺院学堂就读，公鼐不时去看望，有一题七言绝句四首：

弟读书城南山寺过之

四首（选二首）

其二

禅林共喜主斯盟，来到云山气色生。

不是元方先识面，何由得睹季方名。

其三

梦中亲许是仙才，羡尔蓬山次第开。

（原文注：丁亥梦中人云：自某某至子皆天仙之才也，余异且愧焉。）

方外风流相递主，居人争道小苏来。

这一组七绝写于万历十三年（1587），弟弟在南竺寺读书时。禅林，是指南竺寺院，可喜兄弟二人先后在此读书，这里山色灵秀，景物宜人。元方、季方句，是借用古典，东汉陈定的儿子陈元方、陈季方兄弟二人被世人称之为有德才的人物，文才难分高下，后来人称“兄弟德才不相上下之人，为难兄难弟”。梦中、仙才，是公鼐梦到云中仙人许兄弟二人有天仙之才。方外，是指世俗之外，也指神仙居住的地方。风流，指性情豪迈不羁之人，不拘小节。小苏，指宋大文学家苏洵的小儿子苏辙，在此作者指自己的弟弟定能成为文章盖世之才。从这首诗几个仙道之语可看出公鼐年轻时已学道。

万历四十四年（1620），公鼐休假期满，奉召赴任晋东宫讲官，为皇帝讲经，给太子授课，成为明神宗朱翊钧的近臣。此时，弟弟公鼒已由宫廷中书舍人转为户部主事，请告在故里期间，闻讯写家书四首：

寄孝与家兄

四首（选二首）

其一

秋雨连朝湿稻花，山中多病为烟霞。

思君近在神仙府，夜夜青藜隔绛纱。

其四

问寝年来隔凤楼，满朝无策可安刘。

君今已作东山起，学得留侯胜邺侯。

这是寄到远在朝廷、近在皇帝身边家兄的书信，是七律诗。开头点明在秋雨连绵、稻花飘香的季节。第二句说弟弟身在故里养病，眷恋山乡的烟雾云霞、山水景物，哥哥在皇宫内日夜在皇帝身边为臣，可喜可贺。第二首开句先问安好，急转说皇宫不平静，伴君如伴虎，指出在这朝中党派斗争、阉宦操政的局面，何时能像汉代刘邦时期所建立的朝政一样？哥哥二次复职晋升相当于东晋谢安，隐退再召为朝廷重臣，可谓东山再起。盼望哥哥能学汉代张良为天子当好谋士的留侯，不要像唐代李泌封邺侯图安逸好仙术乱了朝纲。

这首寄家兄的诗书，既抒发了兄弟之间的骨肉亲情，同时也抒发了对时政混乱不安的愤懑之情，寄望兄长能学张良当天子谋士，立建树，忠君报国，不可学李泌不顾朝政，沉迷于神道仙术，要借此被皇帝重用的机遇，去努力实现自己“愿学龙门策太平”的壮志凌云。

在弟弟公鼐还未中举入朝之前，公鼐在济南诗社会友谈论起弟弟的才学后，写下七律一首：

历下忆弟

客里乡思付雁声，帛书寥落不胜情。

斋中对语晚凉急，湖上行吟秋水生。

每向惠连辄忆汝，近来法护果难兄。

逢人但问君家季，小陆何时到洛城。

诗的首句写哥哥离乡在外，思乡念弟，秋风凉爽，诗书无心阅读，想起与弟弟等几位好友在斋中对酒吟诗的情景，现在哥哥与师友在历下湖上吟诗，水波粼粼，秋风习习。“每向惠连辄忆汝”，每每看到《惠连诗集》就想起弟弟你。哥哥是难兄学西晋法护僧人，朋友说起弟弟都赞不绝口，希望弟弟继续努力，尽快金榜题名，走进京城，如同晋朝陆云一样一举成名。

［注］客里：指出门在外。雁声：指兄弟称雁序，也指大雁飞过留声。惠连：指南宋谢惠连，文学家，有《惠连诗集》。洛城：指六朝古都洛阳。后人泛指京都、北京、南京为洛城。

为实现父亲公家臣寄寓二子鼐、鼒，大鼎小鼎均成为国之栋梁之材的遗愿，公鼐倾注心血培养弟弟中举入朝。自己44岁中进士后，历下诗社活动少了，公鼒不负众望成为历下白雪楼诗社社长（同时山东才子王象春有“公浮来社长”诗称）。与临邑李季重、新城王象春、临朐冯珣等人承启山左诗坛，继兄公鼐成为齐鲁山左诗坛执牛耳者。在号召诗学创作、倾向独立自由主张方面起到重要作用，在《四库全书禁毁》作品中留下大量的诗文。

六、亲眷徐居之

徐居之（生卒不详），祖籍蒙阴莫庄将军堂，迁新泰，与公鼐三叔公家邻关系密切，写徐居之诗有十几篇，《问次斋续稿》中没有写徐居之，实为一长者。有豪饮予醉诗一首：

徐居之席上赠鲁田徐先生

鲁酒摇艳生微波，公生一饮凌江河。
把杯笑问徐夫子，与我共醉如之何。
先生拂衣自起立，倒着接篱和而歌。
四座众宾齐拍手，人生良会诚无多。
三百杯酒今须尽，玉山自倒朱颜酡。
大呼倚柱拔剑舞，不觉月坠西山坡。

［注］鲁酒：鲁酒之称，历史悠久，早在春秋时期就有鲁酒、赵酒之分。《庄子·胠箧》中有“鲁酒薄而邯郸围”之典故。接篱：指头巾、帽子。朱颜酡：出自李白诗句“落花纷纷稍觉多，美人欲醉朱颜酡”，意寓醉酒后脸庞上出现的酡色红韵。

此诗写亲眷徐居之设宴招待宾朋的场景，诗人与另一位徐姓先生把杯问盏、对酒当歌，豪言要喝三百杯后，醉意大发，东倒西歪，头巾倒斜，忘形狂放之态。同时也展现出意气爽快、友谊真挚之情。

还有一首《与徐丈饮四祖花圃》，诗中有“相携三雅杯中酒，共醉百花潭上庄”之句，大有畅饮入醉人与诗酒情深之意。在《徐居之、王季桢过从南竺》中有“相从杖屦常来往，莫使清尊一夕空”等句，共有写徐家的诗18首。

公鼐身为文学家也有嗜酒习好，在《问次斋稿》《问次斋西游稿》《问次斋续稿》中饮酒、迎朋送友与酒有关的诗上百篇，如《将进酒》《与徐丈饮四祖花园》《嘲友人酒尽》《清明前日钟淑濂席上》《于宗伯席上》《饮盛泰甫苑西草堂》《醉中作》《犁邱山洞与伯俊对酌》《潞安刘太守留饮德风亭》《夜饮秦氏楼》《独酌谣》《送客青州》《都门逢蓝子饮》《长安别崔冯二子》等，计百余首，这首《徐居之席上赠鲁田徐先生》是诗人写诗与酒的代表作。

第四章　齐鲁情怀

少年异敏称神童，毛公试考建奇功。

笔润齐门歌海岱，结社白雪会群英。

阳春曲高颂齐鲁，丹秋锦绣话沂蒙。

妙笔满绘桃源景，歌尽山左乡梓情。

公鼐曾以一首《拟秋怀》炳著海内。他情怀齐鲁眷恋家乡，笔端写诗赋，抒发感情，影响社会，留给后人不朽的古意今情。因在故里为诸生时间较长，结伴诗社文学交游，观赏齐鲁大地，写山水名胜，博古探今。他讴歌家乡，关注民情，孝老敬亲，训子弟，立规风，著文赋，扬蒙山，写碑记，表功勋，走到哪儿写到哪儿，铭流千古。一生著《问次斋集》一百多卷，仅海内存的《问次斋稿》《问次斋西游稿》《问次斋续稿》三部所集中有2320多篇诗辞赋文，其中写齐鲁、颂家乡的作品，占有很大篇幅。

第一节　讴歌家乡

公鼐诞生于蒙阴上东门村，20岁后迁居桃墟镇前城子村，这里是战国时期齐鲁边境鲁国的东门。《蒙阴县志》记公鼐：“生有异才，龆龄能诗，读书一目即记，载籍靡不腹笥之。”从小非常热爱并歌颂自己的故乡，在《问次斋稿》中写蒙山诗30余首；写南竺寺、圣寿寺、中山寺、龙岗寺、汶南寺20余首；写出生地上东门古村、卜居故里前城子、问次斋、小东园30余首；写汶南别业、田园诗近20首。他在一首《感遇》五言古体诗中写道：

吾乡东鲁境，北有夷吾亭。蒙羽当南服，堂阜流潆潆。
昔为齐鲁交，冠盖日纵横。多宝翊世运，人杰地亦灵。
今也何寥阔，筚簬如蛮荆。山河无变异，人事有代更。
予生志四海，总角慕荣名。少壮须努力，无愧前烈声。

此诗写家乡蒙阴（古时称过堂阜邑），有春秋时管仲（名夷吾）脱囚处建有夷吾亭，在鲁国东部有辉煌历史。就本家族，世袭军职，十世辨祖步入仕途，十三世后蝉联五世进士，多有封疆大吏、朝廷重臣。激励自己不能落后，要努力奋进，不虚度少壮时光，学先辈忠君报国留名声。

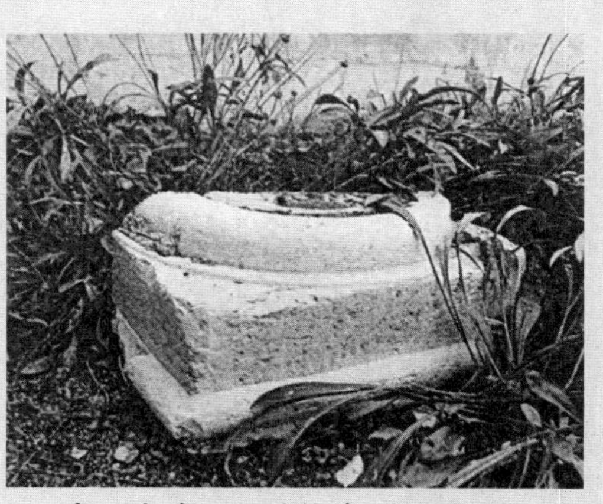
夷吾亭遗址石质构建(张世欣摄)

古体七言诗属公鼐特长、强项，他弱冠参加毛公试考出奇迹，使蒙阴小县升中邑，每届乡试增加五六个名额，也是他少壮时期为家乡立下的第一大功绩。并且用诗文讴歌家乡的篇幅之多，涉及广深程度，也是前无古人后无来者。他在一首古体诗《蒙山谣与张子》中写道：

客从齐门来，为吾遍道齐南诸名山。
云门空洞蕴神异，猫峡葱翠含苍烟。
吾谓众山峛崺不足数，惟有东蒙独秀西南偏。
峭若华峰仙掌列，叠如卢岳锦屏连。
星河的砾差及肩，青徐渺渺秋毫颠。
石镜凌空瞰重渊，银河倒景鸣飞泉。
上有琼林琪树之瑰妍，下有芝田蕙圃之澄鲜。
吐纳万象侔坤乾，变易四时凉燠迁。
怪石鬼工劳镵镌，洞天云壑穷蜿蜒。
方壶员峤虚无间，安期羡门纷来旋。
白鹿青髦如可接，丹台玉室非难缘。
吾将结屋以终老，与子同侍东王仙。

这是描写东蒙山的一幅诗文画卷，乃赞扬蒙山的名篇。诗开头说好友张子游齐国，以宣扬临淄南部诸山优美。公鼐指出，齐鲁所有的山都没有东蒙山秀丽壮观，峭壁如同华岳仙掌，峰峦如庐山屏障，伫居青州、徐州之间。山中石如铜镜，瀑布如银河倒悬。上有珍奇的树木，下有仙人种植灵芝的圃田，鬼斧神工云壑山谷，恰似"山水在虚无缥缈间"，山间有仙洞丹台、玉室。点明自己愿筑屋在这里终老，愿与张先生同住，同为陪伴东蒙山仙王。全诗基调明朗，饱含了对故乡东蒙山的无限爱戴和无比深情。所以说，此诗与《东蒙山赋》并行，将故乡蒙山展现世间。赋诗文墨彪炳千秋，如蒙山花草百世飘香。云门，指青州云门山。猫峡，指青州境内的猫山。

另有一首把蒙山胜景赞美到极巅的七律诗：

止龟蒙绝顶

石磴松萝挂紫烟，摩崖苔色不知年。
龙湫远自空中落，鳌背疑从海外悬。
历览中原鲁国小，特崇华表岱宗前。
云深便是真仙境，岂必蓬壶问洞天。

这首七言律诗写出蒙山绝顶气势磅礴、震撼宇宙、博大宏伟的形象，好似在辽阔的太空中悬挂着的海龟遥望中原。显得鲁国甚小，又像耸立在泰山面前的华表魏然壮观。

万历三十四年（1606），公鼐奉旨巡游江楚。春去秋来，顺道过故里宿住临沂，望见蒙山，归心似箭即写诗。

自江南归次临沂望蒙山短歌

去时杨柳正依依，看山历遍江东西。
我来自南秋已暮，蒹葭苍苍横古渡。
齐鲁平分泱莽中，有山特立沧溟东。
秀色葱茏半天起，九叠匡庐差可拟。
历乱浮云山外飞，飘如远行客欲归。
沂水澄深鸭头绿，乡思如失豁心目。
停舟对月影徘徊，隔岸笛声吹落梅。
明朝直上双峰去，尽揽江天万里回。

此诗写他奉旨巡游江南半年归来，已是叶落草衰秋暮季节。辽阔的齐鲁大地上有东蒙山挺立，沧海冥茫之东，高大秀丽青翠遮住半天云烟，好似庐山的九叠列屏。诗句中把沂水比作汉水，乡心如故，心旷神怡。在沂河边停下小船听到岸上《梅花落》的笛声曲子，恨不得明早就登上蒙山双峰（大、小挂心橛子），再览观周边无限河山。

类似这样的从外地归来，望见蒙山、走近蒙山的诗还有《自东来还蒙山》《阳丘道上望家园》《渡沂河望蒙山》《自泗源入蒙山道》等。

公鼐在朝为官和外出巡游的诗篇中也常有思乡之情。写蒙山，把蒙山视为故乡的骄傲。一首《思归引》中有“思归引，归东蒙。不假翼，飘如乘长风。开三经，对双峰。随渔樵，学圃农”之句；在《北游作》五言古体中有“天风东南来，心飞蒙山头”之句。

蒙山双峰（公茂栋提供）

公鼐在京都读书时，父亲受张居正“夺情案”牵连，被谪官外放，自己失去在京读书的机会，一直科考不顺。家有老母亲需侍奉，弟弟学业又未成，自己重担在身，急需回故里蒙阴。在告别师友时写“北极城难望，东山欲早归”诗句。

后来在故里为诸生时，常想念京师的同学和恩师。于是借家乡蒙山写一首寄托思念之情，也揭露了朝政险恶、有豺狼当道的七言古体诗：

望蒙山吟有寄

蒙山秀出东海边，海上白云相与连。
昼倚晴峰望五岳，夜凌绝磴攀青天。
月明正照峰头树，猿猱乱啼不知处。
周围林麓接桑田，中有幽禽自来去。

六月重阴爽若秋，初平牧羊在上头。
拍手大叫空谷应，振衣长啸万壑幽。
齐鲁千里平如掌，俯视一气恒泱莽。
眼底不生京洛尘，物外自有烟霞想。
嗟君只在此山南，欲往从之蹊路艰。
豺狼昼出当道卧，一望使我摧心颜。
燕客出戍怀旧赋，山高鸿雁不得度。
安能握手蓟门来，桃花正开春未暮。

蒙山山门（公茂栋提供）

这首古体长诗描述了东蒙山的巍峨，屹立在东海岸边，气势磅礴，丛峦迭峰，幽谷深涧，抒发自己对故乡名山的深厚情感，也为此拍手叫好，放声大喊振衣长啸的豪放情怀，并以浪漫主义笔法引用道教神仙黄初平牧羊之典故，增添了灵异色彩，施放出热爱故乡的心声。诗的后半部表达对京师同学、朋友的怀念，感觉师友们就隔在蒙山之南，近在咫尺，但有奸佞当道，如同远隔天边。最后笔调沉重，如友握手共游不可能，盼望与朋友相会不能，只有书信传递，怀念师友的诗赋，表达自己深沉的遗憾：您们如能自蓟门来相会，此时正是桃花盛开的春天。

公鼐少壮时随父亲多次登蒙山，有五言律诗一首：

奉从太史公游蒙山海螺寺

太史探奇处，言同稚子来。寻源飞瀑出，拂树乱云开。
登览青徐尽，淹留日月回。幸叨随杖屦，深愧少翁才。

这一首父子二人同登探奇的诗，情深意浓。开头一句表明翰林太史登山探奇是领着儿子来的。稚子，俗称幼子。隆庆六年（1572），公家臣授翰林太史，时公鼐才15岁。父亲一次省亲时，父子二人攀岩登崖，寻瀑布水源头。风拂树梢才能看到云天，登到高处一览南徐州地域、北青州的山水。时光日月轮回。父亲是文学精英，自己感到幸福，一路拄杖前行，听父亲叨叙赐教，深感父亲的伟大、学识渊博。与己相比，恩师给予的才名有愧不如，有诗并序：

与王、刘诸子至王母池、蒙山之西绝处也，一水悬崖而下，一级一池，九级焉。余久闻其奇，今日始至

行尽蒙山西更奇，九泉九级落瑶池。
鸣禽隔水声相赴，密树成阴昼不移。
谷口题名无俗客，樽前分韵得新诗。
膏盲自是耽方外，一到深岩去便迟。

诗写此处景点在龟蒙顶之西处，谷口有明光寺，奇珍秀美之景至今还未开发。

在他的《问次斋稿》《问次斋西游稿》《问次斋续稿》三稿内写家乡蒙山诗就有40余首，目前是描绘家乡诗文最多、最全面的诗人，可谓写蒙山第一人。诗文包涵了他一生对蒙山的情怀，把自己考察探险，以及蒙山的秀丽奇观挖掘，乃至蒙山的生物资源、人文地理风貌全涉及其中，展显世间，流芳后世。

公鼐20多岁时，迁居前城子村。30岁又在汶南置地百亩，在官

隐居期间，在故居前城子村修建问次斋书楼，在汶南田间建别业。直到40岁至隐居故里，往来于前城与汶南之间，中途经后城子（小东园）、南竺院、蒙阴县城西龙岗寺、龙泉观，农耕、收割，修水池、抗旱、播种，写诗60余首。有《汶南别业秋居》二首：

汶南别业秋居

二首（选一首）

闲居忘岁月，雁到偶警秋。爱此多岑寂，因之久系留。
欲随招隐去，同作采真游。歧路方知止，行藏在一丘。

此首五言律诗为引疾归故里隐居，建成汶南别业后闲居时写。

说明：汶南建起别业，闲居忘记季节。待大雁南飞，才知已到秋天，很爱此处清净，感受清净涵雅。对此地也很留恋。若能长此隐居，也能寻集到山水美景素材。明知此路不可能通，用之则行，还得走科考路，暂时舍之则藏吧！

自前城家居到汶南田园别业五十华里[①]路程往返经龙岗寺。诗有五言律诗二首：

息马龙岗寺

二首（选一首）

其二

龙岗原旧刹，客路偶相经。古柏参天碧，修篁隔水青。
塔临三宝界，碑辨八分形。来往欣棲息，风泉静可听。

龙岗寺在常路镇于洼村，有龙岗寺旧址，八棱碑尚存，现已修复。

① 1华里=0.5千米

龙岗寺紧临龙泉观。万历三十五年（1607）龙观泉重修，公鼐时为朝廷重臣养病隐居故里。重修人刘如澄请公鼐为龙泉观重修写下碑记，文中一段写：“历观而下，地益平，土益沃，宜麻麦禾黍。多倚桐松桧之木。清流环合，修竹垂杨，荫映左右，有桃源辋川之致。友人刘如澄氏筑居其中，余别业在汶上，间则杖黎过访，剧谈竟日上下。”[①] 后来他辞归故里，还有一首《晚息龙岗寺》，有“归日更喜禅关近，来往偏宜世外情”之句。

龙岗阜龙泉寺现状

晚年还有一首《大雨后偶过南山龙泉观》，有“旧游陈迹蓁芜尽，惟忆青松是旧栽”之句。早在万历三十五年（1607），曾为龙泉观重修写《重修龙泉观碑记》，文中有一段“然自外观之，迴旋翳蔽，若隐若见，不造其邃则不睹其奇，斯方外之灵秀奥区哉！盖蒙阴之盛在文，文之盛在南山，南山之盛总萃于此也。历观而下，地益平，土益沃，宜麻麦禾黍，多椅桐松桧之木。清流环合，修竹垂杨，荫映左右，有桃源辋川之致”的描写。

龙泉漱玉（明朝“蒙阴八景”之一）

公鼐第一次隐居期间，在前城子村建问次斋书楼，同时在汶南田园建别业，两处同样规格石木结构三层，每层三间。诗记《汶南别业秋居》，后人称“翰林府”至今。前城书斋楼有诗一首：

① 载《蒙阴县志》，清康熙十一年（1672）版。

问次斋成书意

数椽茅屋野云间，曲水周围似璧环。
小隐何当劳筑室，幽情多是为看山。
忘机日月今如古，得意烟霞病亦闲。
犹恐兰亭莲社客，清空高邈未能攀。

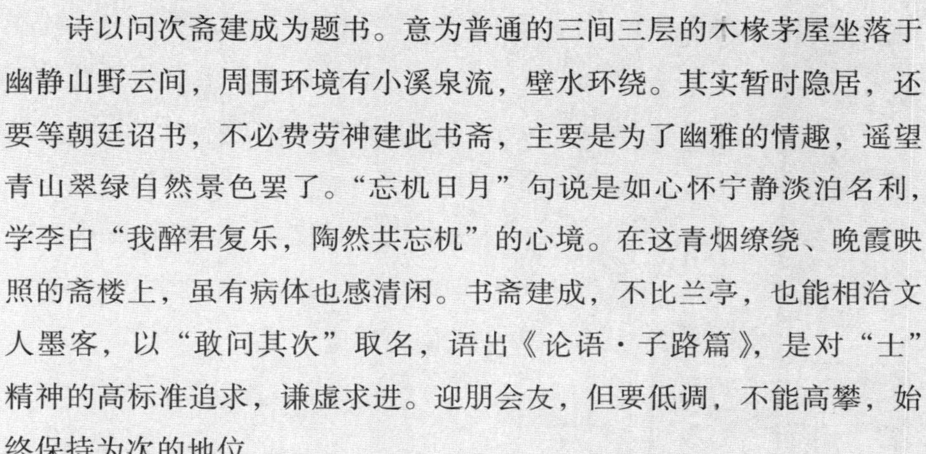

诗以问次斋建成为题书。意为普通的三间三层的木椽茅屋坐落于幽静山野云间，周围环境有小溪泉流，璧水环绕。其实暂时隐居，还要等朝廷诏书，不必费劳神建此书斋，主要是为了幽雅的情趣，遥望青山翠绿自然景色罢了。“忘机日月”句说是如心怀宁静淡泊名利，学李白“我醉君复乐，陶然共忘机”的心境。在这青烟缭绕、晚霞映照的斋楼上，虽有病体也感清闲。书斋建成，不比兰亭，也能相洽文人墨客，以“敢问其次”取名，语出《论语·子路篇》，是对“士”精神的高标准追求，谦虚求进。迎朋会友，但要低调，不能高攀，始终保持为次的地位。

书斋建成隐居期间，表弟秦士文、弟公鼒在斋中读书，他亲自辅导，把表弟和弟弟比作凤毛麟角、价值连城的人才。后来又有《问次斋闲居》6首五言律诗。他在两次引疾归里，写《问次斋稿》由其外甥、河南督学吕邦耀于万历末年刻本行世。还有《问次斋西游稿》《问次斋续稿》直到天启年间付梓，均在故居问次斋写成。还有一首《问次斋成书意》，为《问次斋续稿》的开篇。

蒙阴县城南，南竺院村河南原有一座千年古刹“寿圣寺”，明代万历年间重修。公鼐为此写下重修碑记。文中写蒙阴山“寿圣寺者，李唐氏所建”。公鼐少时在南竺院读过书，一生写过南竺院两寺的诗也有三十余篇，描绘了南竺院的时代变迁，地势优美，盛世辉煌，建筑明代南竺寺歌行碑现状宏伟，僧人繁多，香火旺盛的情景。为后人留下了不朽的珍贵文化遗产，成为研究蒙阴古老文化的重要依据。他的《南竺寺》六首：

南竺寺

六首（选二首）

其三

晚霞挂重塔，微月碧殿空。林壑松桧响，十里闻秋风。

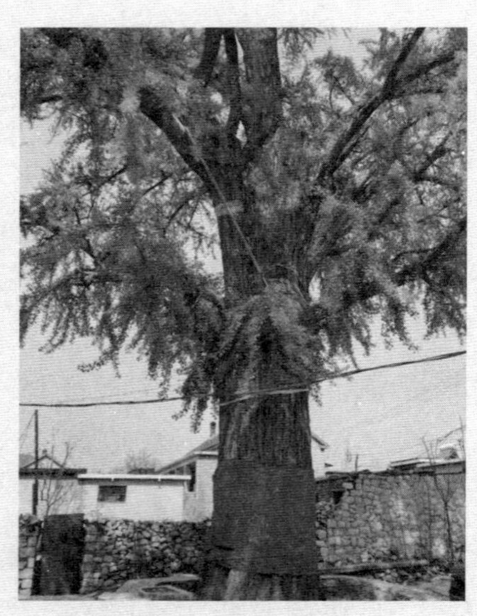

南竺寺唐代银杏树

诗写南竺寺的晚景，彩霞挂在古塔之上，初露东山的明月碧玉般的微光映照古大殿上空，林壑松柏细风吹出响声，十里闻到松柏、香火的气息。描绘了一幅山林中古寺幽邃景色，展现出南竺寺一种高深幽僻的环境。

其五

早岁志城阙，壮心意隐沦。几年京洛客，今日入空门。

写早年志在走向京城宫阙的壮志未酬。眼前竟沦落故乡，前几年在京都读书成名客。今日再入佛修净地，领略这空门恬静。也说明这首诗写于20岁后，父亲身为翰林太史被贬官在外，自己失去了在京读书的机会，重返故乡，与众同学诸生研读诗书在南竺寺的时期。

与陈、徐二文学在南竺

古殿瞻蒙岳，前当第一峰。朱甍藏翡翠，青嶂削芙蓉。
览胜晨登塔，参禅夜叩钟。堪怜随儒子，更喜待元龙。

明代南竺寺歌行碑现状

诗中所指陈、徐是两位年轻的儒学诸生，同游、同宿南竺寺。写古寺殿高大，登顶南望蒙山，西瞻泰岳。朱红色的素殿房瓦，间有葱翠的松柏竹林，托着周边青山屏峰。早晨登塔览胜景，夜间参禅拜佛再响钟声。可爱的有才的青年儒生更希望他们日后得道成为国之栋梁。

公鼐的《重修寿圣寺记》和他写的与南竺寺有关的30余首诗文中详记了南竺院两寺的繁荣景象。佛学境界和建筑宏巍，地势优美，称为“慈云遍洒，朱甍翡翠”之古刹。

南竺两寺始于唐代，胜于元明时期，衰落于清末，毁于民国战乱，1945年以前成为抗日政府重地，20世纪50年代为中共蒙阴县委党校驻地。现南寿圣寺重修，北寺尚存唐代银杏白果树一株、“南竺寺银杏树歌行碑”一座。

中山寺乃明代“蒙阴八景”之一，“中山晚照”因出现夕阳普照，至晚间，寺顶出现金顶佛光而得名。明中寺内文昌阁设“中山书院”，公鼐曾祖父公跻奎号中山，自中山书院考出的进士。祖父公一载在中山书院读书考成贡生，公鼐对中山寺情有独钟，在故里28岁以前已两次专门游中山，29岁那年三叔省亲故里同游中山寺，有诗《丁亥至中山寺随三叔徐丈小饮禅房》四首，其四有“十载安田里，中山只两游”之句。

古人绘画“中山晚照”（载于《蒙阴县志》）

丁亥至中山寺随三叔徐丈小饮禅房

四首（选一首）

其二

偶有空门想，欣然乘兴来。松风吹美禄，花雨净灵台。

苏子题名处，先君精舍开。君曹又陈迹，去路首重回。

（原文注：院中有子瞻留题，先中宪公君、兴济君皆读书于此。）

[注] 子瞻指的是宋代大文学家苏东坡（字子瞻），游此院写诗刻碑，现仍在寺中留存。中宪君是指其曾祖父公跻奎，官至湖广副使提督军卫称“中宪”。兴济君是指其祖父公一载为河北兴济县令。

中山寺现状（公茂栋提供）

公鼐晚年《问次斋西游稿》《问次斋续稿》写成后，又写一首《问次斋成书意》。在《问次斋续稿》的开篇，一首五言古体长诗共26句，有“端木尚方人，谆谆问为士。……更端至再三，反复求其次”之句，道出了“问次斋”命名的用意。

《问次斋闲居》六首，其一中有“堂阜当轩外，仙山入牖中。壮图思仲父，高隐羡承宫”之句。这两句主题点明“问次斋”书楼的地理位置，古时的蒙阴县曾称“堂阜邑”。仙山是说东蒙山。仲父乃管仲，曾在堂阜脱囚，古时建有吾夷亭，承宫：东蒙山最早隐居仙洞仙人。牖中：是说仙人映入窗帘之意。

其二中有“岳云未秀色，海气接重云。凤尾丛盛茂，龙鳞古桧深”之句。这两句写“问次斋”地处环境：西邻泰山，东接东海；斋楼后紧靠满山松柏绿涛为凤凰岭；溪南山似长龙，龙头直奔东海。

其四中有“先子龙门令，遗编手自摩。轩书禹穴秘，秦典西山多”之句。第一句写先父为翰林太史，司马迁时称龙门太史令。父亲留下宝贵遗作，自己要用心研读、揣摩。第二句说书斋轩内藏书多，也有禹贡秘籍，有古典文学，还有秦朝法典，价值如金山。

第二节　笔润齐门

公鼐弱冠参加济南毛公试考出奇迹，一举成名。从此与济南结下不解之缘。成诸生后，入乡试，陪弟友乡试，在济南与朋友定交金兰写诗，也是他主张大雅导扬齐风、郊游甚多的地方，同时在《问次斋稿》中有关济南、历下、大明湖、历城鹊湖、白雪楼，以及病住旅馆等写景绘实、迎送、登游等诗30余篇，诗中蕴藏着他对泉城济南的诗情画意。

灵岩寺晚到将与于、冯二先生为别

谁辟灵山近岱阴，纡回万壑见祇林。
峰峦次弟排龙象，台殿迁移异古今。
出谷馨声天外落，沿溪松影月中沉。
将离莫问明朝路，暂醉禅房花木深。

说明：这首七律是公鼐老师于慎行在万历十九年（1591）归隐故里后，临朐冯琦时任翰林编修、充经延侍讲官时，师徒三人约会登泰山，分别于灵岩寺所写。描绘紧靠泰山的灵岩寺，是万壑丛中一地神之林，写山势、亭台、殿阁，礼尔之音，松溪奇景，展现出灵岩寺神

本书主编、副主编
到灵岩寺瞻仰考察

奇色彩、古老胜景。最后表示出师徒分别留恋之情，酒醉禅房的情景。

［注］灵岩寺为全国四大古刹之一，亦称“四绝”之首（济南灵岩寺、南京栖霞寺、天台国清寺、当阳玉泉寺）。相传灵岩寺是印度名僧郎道生所建，始于东晋，北魏又修建，盛于唐宋，经久不衰。

公鼐还有一首专写灵岩寺的《灵岩寺》，中有“万壑藏真境，中天梵宇开。峰凌泰岳立，泉自海潮来”之句。

历下访白雪楼

其一

西望高楼雪正深，浮云天外一登临。
岩松荒垄成陈迹，秋菊寒泉自赏音。
溟海烟霞增蜃气，镜湖风雨有龙吟。
千秋大雅谁同作，虚负当年御李心。

白雪楼乃山东济南历城人、明代文学家、诗人、“后七子”首领李攀龙于明嘉靖三十八年（1559）辞官隐居时所建，地处济南东30里许鲍城王舍人庄。公鼐于万历十九年（1591）冬冒严寒飞雪亲登白雪楼，写下《历下访白雪楼》，楼名与诗名对应。

其一开头交代登访白雪楼时节。楼近寒泉沧海明霞，能听到大明湖风雨奏龙吟曲。看李攀龙千秋大雅谁能挑正，而自己三十多岁未能科举成名，虚有当年“倚马才”之名。

其二

华峰南畔草堂幽，绿翠芙蓉照碧流。

几见少陵耒小队，曾经元礼驻仙舟。

低徊不去遗居近，怅望虚生异代愁。

梁木已倾明月落，清宵洒泪庋公楼。

白雪楼草堂紧靠济南华不注山峰，不远处就有大小清河碧水长流，近山远水，风景幽雅。现少见诗人往来，这里也曾经是穿戴礼服官帽的人士常往来的仙舟。眼看楼堂其后代人已家境衰败，亭台梁木倾斜，景物萧条冷落。眼前的现状已成了透风露天的仓房。

其三

西都词赋马卿贤，邺下才名首仲宣。

千古英灵还大造，一朝黼黻寄遗编。

凄凉叔子悲仍在，寂寞中郎业更传。

（原文注：先生无后，故云。）

仰止徒劳生已暮，櫜鞬当日失周旋。

诗中说西汉司马迁、东汉“七子”之一王粲、河北邺都等著名文学家，英名传世李攀龙留下著名遗编《沧溟集》百代流芳。余自少年时期就仰慕李攀龙的文学诗赋，现快到暮年，还在盘道上周游之意。

其四

三泉抵柱涌清河，风偃明湖玉镜波。

绝调已伤流水远，胜游转见旧蹊多。

池亭价重传齐鲁，文苑名高并李何。

独抚残碑归去晚，潇然对月几悲歌。

诗句中的“三泉”指的是济南趵突泉、黑虎泉、珍珠泉，三泉并冒，明湖如镜，势如沸腾，汇流清河。风偃：指大明湖。绝调、

流水：是写绝妙的曲调，似《高山流水》古琴曲一样。池亭：指大明湖上的一座古老亭阁，名为“历下亭”。“李何”是指明代“前七子”首领李梦阳、何景明，说李攀龙的才华能与“前七子”首领并驾齐驱的意思。由于李攀龙后代人不振，将白雪楼卖了。明万历末年，由公鼐的好友邢侗在朝任监察御史与历城姓陈的令君，出面交涉赎回，并立嗣置田由后人驻守。后来济南历城署衙将白雪楼移置在趵突泉境内。公鼐有诗一首：

济南泺泉新建白雪楼

高楼移胜迹，近郭得招寻。可爱清泉响，依然白雪音。
羊车连绮陌，鹤盖偃青林。人貌荣名久，桃蹊日日深。

说明：世代人仰慕的李攀龙所建的白雪楼，移建在泺泉胜迹处，近城区泉水响陪雪音，瞻仰者车马盈门，日久年深。

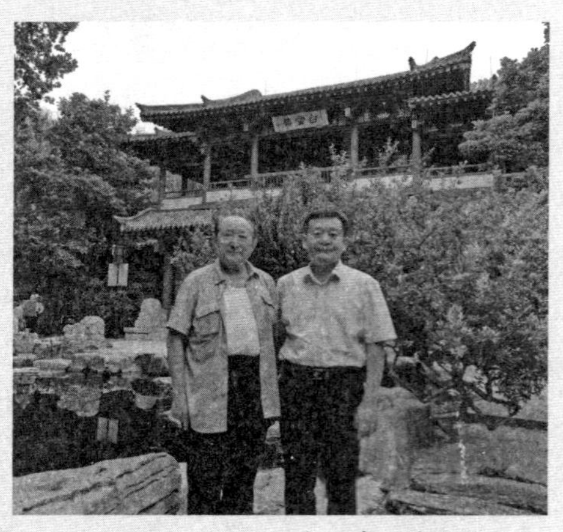
本书主编、副主编在济南泺泉大街趵突泉白雪楼

万历二十七年（1599），公鼐42岁还未中进士，在济南会友。《己亥历下简茂仁》中有“同听湖上雨，犹似昔年声。即事安愚分，投交感旧盟”等句。

在《病中送弟试济南》中有“济上多相识，无渐入洛名”之句。《济南别社中诸子》中有“青袍不误风雪色，白雪宁论海岱名。归去著书千古事，莫将失意笑虞卿”之句在多首写济南的诗文中，多为怀念瞻望白雪楼之情感流露。

在《诸友携余同游泺泉》诗中有“高楼飞槛枕清河，白社招邀喜并过。海内诗才今独步，济南名士古来多”之句，说明白雪楼诗社众诗友邀自己游济泺泉，座座高楼枕在济南小清河岸边，集中海内诗才。有自古以来，济南名士多的意思。同时，展现了公鼐对济南的情怀，诗友朋友多而亲密之感。

万历四十一年（1613），正是公鼐因病归故里调养时，挚友冯琦的弟弟冯珣授命陕西长武县令，公鼐为其送别在白雪楼，有诗四首：

历下送季韫东归

四首（选二首）

其一

握手华泉一送君，东来不断岘山云。
冶湖亭上黄花满，无奈秋容两地分。

其四

论文湖上夜深时，从此逢人说项斯。
咫尺济南遗响在，谁言白雪少人知！

这首是在济南白雪楼为冯珣赴任的送别诗，共四首。前三首写明地点，为大明湖、白雪楼名胜迹地，时间为秋天，分别写在白雪楼上。

其四第一句写在湖上谈古论今至深夜。第二句写季韫科考不顺。全诗写冯珣在其哥哥冯琦礼部尚书任上去世后，热衷诗坛，著有《韫璞斋稿》而闻名。在贡生位上授任的经历，和唐代诗人项斯的身世相同。“咫尺济南遗响在”与首句对应。说二人情同手足，朋友们都知道他们的白雪情怀。冯珣也是公鼐倡导齐风大雅诗风的最强支持和追随者之一。

这首送别诗也是他诸多送友离别的代表作，写在济南白雪楼。更志其乡情、友情深厚无比。同时笔调轻松豪爽，没有离别忧伤之辞，笔画独特，别具一格。接下来一首五言律诗《济南秋夜》，有“客心愁自识，不为泣穷途”之句。

晚年公鼐也不忘齐门济南，在《过济南感旧》中有“明湖一到起悲思，白雪相随华发垂”之句。

晚年还有五言律诗二首：

趵突泉上晤曹淳源观察使君

二首（选一首）

髫岁曾游地，居然六十春。旧交星散尽，时事日更新。
鹤舞如相待，鱼浮若见亲。所观非故物，唯有响泉真。

第三节　文继孔孟

山东曲阜阙里是孔子的故里，为齐鲁之名胜、“孔孟之乡”“礼仪之邦”，展示历史悠久、文化灿烂辉煌。孔子建立的儒家思想和文化成就，奠定了中华民族的精神基础，主导中国传统文化两千多年，当代继唐再起影响世界之新高潮。

公鼐在《训子篇》中召告子孙后代说：“公族受氏，为国纪纲。云来地著，望于括阳。分支别派，不出鲁疆。大庭之履，尼父之乡。仰瞻岱岳，近企宫墙。弦歌讲诵，其绪弥光。”指出自己远祖公姓出自鲁昭公之子衍为公爵之后。有人说公姓是公孙、公西、诸氏双姓省略字是不对的，我们的祖先在春秋战国两千多年前授氏为公，老家是尼父孔圣人之乡，能看到泰山，近在宫廷院墙外，能听到宫廷内的礼乐演奏、诗经的讲诵。齐景公封地阳谷，后来分支别派、东迁西移未出鲁疆之土，明确了蒙阴东蒙公氏家族的渊源与文学世家的来历。

公鼐少年时陪同父亲，进京经过曲阜、泗水、泉林时，有不少诗篇，写瞻仰、游登情景等。在《问次斋稿》《问次斋续稿》中写孔孟之乡的诗近二十首。他在家乡为诸生时，游三孔圣迹，有诗一首：

随曲阜诸先生观胜迹

东鲁依然万国宗，素王宫殿翠华重。
旧居犹识翔龙地，古墓原当辨马峰。
历尽春秋唯一桧，听来金玉响千松。
彬彬逢掖吾从后，曾是亲瞻俎豆容。

这首七言律诗，崇敬东鲁三孔圣迹为万国之首，旧宫殿依然庄重华丽。翔龙地是指大成殿石柱上雕出的云龙图，双龙对翔、盘绕升腾。中间有明珠，下面衬有山石波涛、玲珑剔透、清美异常。虽然鲁国古城面貌成遗址、孔林的古墓石碑仍然能够让后来瞻仰曲阜的人了解辨别过去，追忆孔子先师的文化功绩。自春秋至今，“天下第一松桧”在孔府名曰“伍柏抱槐”，又名“五君子柏”。也曾亲瞻仰过孔庙的祭祀器皿。“俎豆容”，见《史记·孔子世家》：“常陈俎豆设礼容。”为祭祀崇奉之意。

仲村乃是孔圣人徒弟子路的故乡（现为平邑县境内），自公鼐的故里蒙阴去曲阜必经仲村。有诗一首：

纪仲村子路故里

七十遗踪杳未求，仲家姓里著千秋。
尽钟望国蒙山气，独衍真源泗水流。
堂室欲升钦仰止，宫墙如在怅夷犹。
翻思避世滔滔日，奈可乘桴得共游。

（原文注：地在蒙山西尽处，泗源北。）

诗的开头写孔子70多门徒遗踪深远不能详细知道，但子路在族姓记载流芳千秋。仲子故里北靠巍巍东蒙山，能听到鲁国都城的钟声。子路是孔子的爱徒，又名季路，学得孔子儒学真传，如泗源的泉

水长流不息。

后面四句论故居厅堂居室欲坠，但后人敬仰他的心情不止，子路故里如曲阜，阙里相近相应，使后世人共游同赏。

万历三年（1575），公鼐17岁随父亲经过济宁州，父子同登太白楼，有诗一首：

登任城太白楼

不信任榛地，天仙数往还。词名千古上，逸兴一杯间。

水近江淮接，楼高象纬环。寒涛终夜涌，绝调未能攀。

（原文注：任榛，字出北史，即济宁州也。）

说明：没想到在济宁这块地方有座唐代“诗仙”常来往还，在此作诗饮酒的高楼。诗人的词林名气彪炳千古，却安闲即兴一杯酒之间出口成好诗。接着说太白楼接近淮河，楼高象征着地处北纬闪耀的光环。第四句点明登楼时值寒气涌动的季节。最后写伟大诗人李白的绝调世代无人能比。此首诗也能品出公鼐从描写太白楼地理位置入笔，逐句深入地表达了对“诗仙”李白的仰慕与凭吊。

公鼐在年轻时写一首古体长诗《峄山歌》（26句，190字），中有“玉山浮游沧海东，鲁之邹峰将无同……岱宗之南名山以百数，一柱突出青芙蓉”等句，描述邹城峄山同曲阜风同俗通，如编串的珠玉连接着紫气东宫，自古有“岱南奇观之称”。

万历三十四年（1606），公鼐49岁，时年奉旨巡游江楚自运河来过泰安瞻仰阙里，已过30年。有诗《自丙子太史公瞻阙里三十年矣丙午重过赋以志衷》，说的是这次奉旨巡游访半个华夏，先从洙泗孔圣人讲学的地方开篇。那是儒学的源头。这里是我族公氏的源头，近在宗国的地方。想起随父旧游不禁泪流伤感。还有五言律诗一首：

望峄县

险道重关尽，驱车与旷宜。鲁郊闻击柝，秦篆有残碑。

泽国浸相引，书门远更奇。庭闱何处问，风雪不胜悲。

说明：驱车行进在鲁国近郊。晚间能听到峄山方向打更的鼓梆声，想象在峄县有秦始皇的歌功颂德的残碑。这个地方多有沼泽地，峄山顶上有奇观。“乃是秦始皇当年登上山顶命丞相李斯以大篆刻石勒铭的书门”。《望峄山》：写峄山时笔下天水相接，世事沧桑，不禁流露叹息之情声。

他 60 岁又奉旨西巡过徐州登龙山有诗，进齐鲁，念家乡，写龙山气势。

登徐州龙山

海岱及淮甸，名山一望通。河流兼汶泗，地势尽龟蒙。

宿麦凝新绿，疏林逗少红。故乡犹在望，渐觉土风同。

徐州，古九州之一。《禹贡记》：“海岱及淮，惟徐州。”

春秋战国时乃齐国薛邑，公元前 340 年改名徐州，三国时属魏，迁彭城，就是今江苏省徐州市。徐州有名山云龙山，登上云龙山，北望泰山，南观淮河，东看洛水，尽收眼底。第二句说，河流兼汶泗，是指汶水、泗水相近，地势尽连龟蒙，时节近晚秋，隔年成熟的麦苗出土发绿色，落叶的树林，逗留着的红叶。遥望故乡，行程中已感觉到“孔孟之乡”“礼仪之邦”的风土人情。此首诗题目是登山，但未见山景秀美，笔下主要写了云龙山周围的地势和田野，笔锋转向对故乡的眷恋之情。

公鼐在《问次斋续稿》中，有写景、绘实、入景、入画的诗二首：

滕北响泉

其一

飞泉喷玉界前峰，婉转悬崖滴滴重。
密树漏光云影乱，水晶帘卷月玲珑。

其二

翠屏丹壑泻鸣琴，断续风来木末音。
曾在庐山高处听，石粱三叠万松深。

说明：响泉喷玉的美景位置，在滕州北界山峰前，泉流蜿蜒悬崖之上，水滴如玉，笼罩在密林深处，树枝叶漏进的阳光乱影，滴水入泉似水晶窗帘，玲珑剔透。那岩壑下的滴水，声如鸣琴，伴着清风，像是屈原《楚辞·九歌》中所形容的“木末”之音。这种绝妙琴音，曾在庐山的万松深处听过。

这两首七绝是在他告归故里65岁以后出游时的感觉，清新淡雅，笔法明快、简洁，纯属一幅淡墨山水图。其用现实美景联想到屈原的《楚辞》，又如在庐山听到相似之音，耐人寻味。

第四节　墨洒青州

青州，为古九州之一。《尚书·禹贡》中有“海岱惟青州”之句。海，指渤海。岱，指泰山。汉武帝所置十三刺史部之一。唐辖潍坊、青州、临朐、广饶、博兴等，明初改益都路（今青州市）。明代蒙阴、沂水、临朐、博山均属青州府管辖。青州以公鼐故乡府属故、友朋故居地，屡入其诗，摘要者录叙之。

登云门山

齐右名山跨岱东，云山独压万山雄。
谩言四塞环青土，更有重阁近紫宫。
宇宙尽归明镜里，乾坤疑是小壶中。
登临一望狂歌发，独酌潇然忆大风。

云门山，在青州府益都（今青州市）旧城南五里，乃齐鲁名山。诗意为：云门山位于泰山以东，万山独秀，宏伟壮丽，四面环绕为青州地域，“大云顶”通穴门，远望一马平川，像一面明镜，一览无余。站在高耸的山顶纵观全貌，使人心怀震惊，诗兴大发，独自举杯，清幽寂静，唱出山左诗风。

本书主编与公丕鹏在云门山考察

万历四十四年（1617），公鼐奉旨西巡，回故里休养期间，60多岁仍不断寻访旧游。山东大旱灾情后的冬天，顶风冒雪，他驱车旧游青州，有诗：

大饥后行青州道

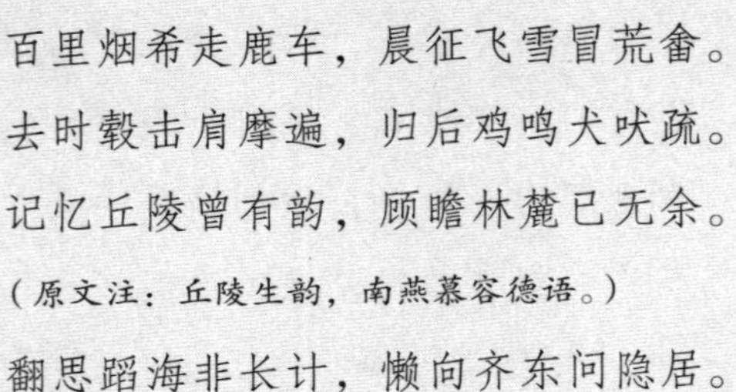

百里烟希走鹿车，晨征飞雪冒荒畬。
去时毂击肩摩遍，归后鸡鸣犬吠疏。
记忆丘陵曾有韵，顾瞻林麓已无余。
（原文注：丘陵生韵，南燕慕容德语。）
翻思蹈海非长计，懒向齐东问隐居。

诗意显得清寂和清峭，情绪上带有孤独感和“为政不能为民谋事，不如学故交也来隐居”之意。诗写行车百里炊烟稀少，早晨冒着飞雪驰骋在荒野，自青州去临淄见行人车马来往拥挤的样子，回来却连鸡鸣狗叫声都听不到。丘陵有韵，林麓山水无心游览。

［注］鹿车，是古代一种窄小的用马、牛拉的车，出于佛教语“三车”之一。荒畬，指已开垦的荒田。毂击肩摩，形容人车往来拥挤繁忙，典出《战国策》。林麓，指山丘与树林。

晚年，还有诗四首：

青州途中记事次南皋司寇韵

四首（选三首）

其一

稷门客舍是并州，不浅天龙旧日游。
宿草几经邻笛少，高山黯淡水空流。

说明：临淄古齐都稷门，指临淄古城西边的门。天龙旧日游，山峦昏暗，溪水空流。

其二

冶湖春水荡游尘，行近山阳倍怆神。
屈指群贤无一至，茂林修竹自依人。

写临朐冯琦故里冶源景色，心有伤感，昔日的朋友，贤才诸多，至今无一见面了，秀丽湖色、茂林修竹只有自己一人在赏。

其三

穆陵东望海云寒，烽火高低傍马鞍。
带子河边貂锦尽，深闺犹向月中看。

沂水与临朐相接的穆陵关山脉，古时为战略要塞。向东望，海云昔日烽火硝烟；河边集镇已萧条，不见闺门抬头看月中嫦娥。

公鼐一生与临朐冯琦三代人交往最密切。诗写临朐景物、冯氏人文共百余篇，到了晚年有约冯氏人相会诗。自青州去临淄路过临朐有诗，年轻时还有《游冶源诗》二首：

与冯氏诸从泛舟冶源

其一

宿雨晚中收，相将冶水头。细风绕羽扇，初月向渔舟。
歌响沧浪发，人闲濠濮游。下滩殊不觉，禾气满前畴。

其二

放舟明月下，岸影浪花明。深入长林晏。迟留溽暑清。
潜鳞举纲得，飞鹭趁帆轻。胜地堪投老，从君此缔盟。

这是两首同游冶源胜景抒发情怀的诗。前者主要写景人物入画，表明与几位归故里的将帅同舟。其二后四行“潜鳞”句暗指年轻的才子，出人头地，都是国家栋梁之材。借此不惜重墨抒发与冯家的深厚感情。诗中所写的湖中岸上一草一木，田园、村庄构成一幅幅画面，描绘出临朐冶源特有的景象。使诗人常来此处访友、出游，将轻车熟路的地方写出新鲜的感觉，使这首年轻时写的交游诗呈现出很强的艺术魅力。

沂源县古时归有艾邑、浮来邑，后来归沂水、蒙阴，在公鼐诗稿

中称沂北，明代属青州府，自蒙阴经青州去临淄，从临淄回蒙阴走沂北过博山走颜神镇必经之地。一路有诗诸多。

到颜神镇泉上

序：孝妇泉，余闻其胜久矣，欲一观之未能也。丙戌之蒲姑，便道小憩则乐其清澈疏利，周环城市家家资其井汲灌溉之绕，非他泉林多在幽远者比。因题数语记之：

欲瞰名泉几度休，一樽今始对清流。
球琊珠壁层层出，廛市田园处处周。
系马盘桓忽觉晚，听蝉淅沥故知秋。
郊居剩有幽栖在，恨不移来汶水头。

本书主编、副主编在博山孝妇泉

孝妇泉位于博山区山头镇。北周时，因镇上颜家出孝妇文姜，建孝妇祠纪念，以名颜文姜祠，泉曰孝妇泉。万历十四年（1586），公鼐28岁为山东诸生。奏自临淄去蒲松岭旧地过路在孝妇泉小憩，便游泉写下此诗。全文紧扣名泉，清流玉璧，旧居幽雅。写出了“孝妇泉”及周边市井廛屋田园风光，生机勃勃。游览时间长了，不觉夕阳西下，蝉声稀落伴着微风。已是秋高气爽时节，心想如能把此泉移到我家的汶水河边该多好啊。此外，还有去青州过青石关，经颜神镇，改往青州道，有诗一首：

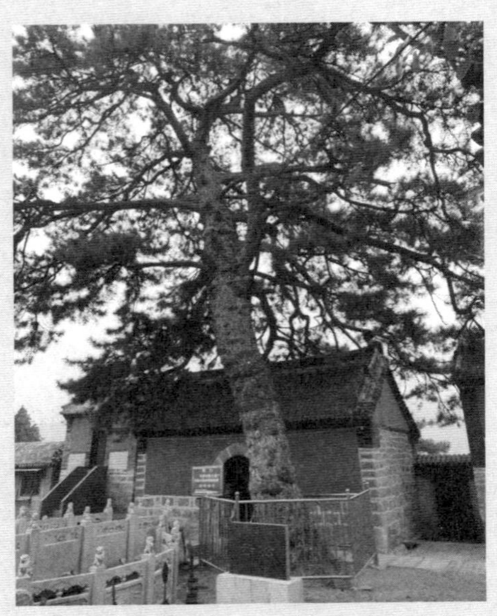
神清宫院内的赤松（千年虎皮松）

自颜神镇入青州道

径折通岩窦，泉分落石层。息肩寻旧馆，垂首顾担簦。

技掘仍操瑟，途厄更渡渑。

（原文注：“操瑟”见韩书。渑：齐水名，古语：“羸马不渡渑”，言水急也。）

问年应却步，辛苦对云僧。

（原文注：孟宾于“四峰下第”诗云：云僧不见城中事，问是今年第几人。）

［注］岩窦，即岩石上的洞穴。担簦，身背雨伞，头戴斗笠。“操瑟齐门”，典故形容虽有才能，却无人赏识之意。渑，指渑水河，在临淄，水流湍急。云僧，指的是行脚僧。唐无可诗“云僧随树老，杏花落水流”。宋朱熹有“几年江海事幽寻，偏与云僧话比心”之句。

还有写齐长城要塞的《青石关》，有“叠出千岩树，重飞百道泉”之句。

在《早发青石关》中记“关在颜神镇西南二十里，道险甚，所谓车不得方轨，马不得此行者，即此”。

今淄博市沂源县有千年道观神清宫。

万历二十一年（1593）旱灾加蝗虫农田绝产，史料记“民多有饿死”。公鞴匹马进沂水西北（现属沂源县）深山探访神清宫，观“龙湫神泉”，有诗一首：

出白峪山道至神清宫观泉时旱甚水枯

参差危石伴松孤，寂寂空山一鸟无。

仙境笙箫犹影响，民居井臼半榛芜。

龙湫入壑全无见，鹊埪流风只自呼。

七月涤场刍秣尽，余蝗委积塞修途。

说明：沿途深山徒涧，一路怪石孤松，由于旱蝗灾害严重，山峦寂静听不到鸟叫，仙境“神清宫”往日的笙箫奏乐只能在想象中，沿

神清宫内出土隋唐始建的双龙碑

途百姓的山泉、水井旁却杂草干枯，宫内的龙湫神泉清流也不见了。悬崖壁上的鹊巢洞穴也只有风声自呼了。山道上到处都有死活的蝗虫堆积挡道。从此诗意可想象出当时灾害的严重程度。

神清宫地处鲁中，古称沂北（明清修建碑记，称蒙邑北乡），今属沂源。以现存文物——龙碑额、赤松等考之，神清宫建于隋唐时期，乃皇家宫观；而文纪始于宋代。历明清两代，多次重修，以清嘉庆朝之修为最，有碑记焉。其史上盛况有“七楼八阁十三碹、三十六院、七十二门”之说。宋名青牛观，元称神清万寿宫，后简呼神清宫。此宫盛于清中，毁于民国。抗日战争期间，八路军在此设兵工厂，遭日寇攻击，致重创毁弃。

前排右起：公丕刚（沂源县原县政府党组成员）、杨山成（沂源县前任统战部副部长）、霍怀虚（山东省道教协会副会长）、公丕勤（主编），公惟任（顾问）。后排左起：王清杰（神清宫住持），乔静达（道长）。（何剑明摄影）

神清宫处群山怀抱中，北倚青牛山（主峰奶奶顶），南临白马河（入沂河）。史传为道释合一之道场，现存供像，道佛两家法尊皆备，志史传不谬。神清宫物宝，一株赤松，身健神清，以宇内第一之种属，当院挺立，镇观呈雄；神清宫地灵，青牛出关，白马驮经，以天下唯一之实地，阳承道佛，阴表法相。当此盛世，有泰山道长霍怀虚携弟子于清泉、王清杰（俗名王友民）出山，重起神清宫于废圮，致力于复建，完成了三清殿、东西殿、山门、泰山圣母殿、三清神像等前期工程，已续香数年；拟出 8600 平方米复建规划，只待批准开建。

前录公鼐在当时天灾降临，民间大饥之年前往深山探访写出的诗文已入拟刻碑廊之列。假以时日，神清宫将复超“深山藏清宫，翠岫出祥云”之古誉，辉而再煌也。

自博山回蒙阴经沂源。首看“荆山寺”胜景。诗有四首：

题荆山寺

四首（选一首）

日下晴峰倚碧流，云间山寺散高秋。
清池皓月禅中趣，翠壁红泉象外幽。
卧听松风天籁发，闲看苔色露溥收。
晚来钟磬前檐出，更有楼台在上头。

荆山寺位于山东省沂源县城西北，著名的荆山前怀，以荆山而得名，史上曾名曰无相寺、普安禅院，始建于隋代，盛于元代，明清两代多次重修。史载：“主要建筑有大雄宝殿、天王殿、千佛殿、八陵碑、十二层砖塔楼等，有僧众百余人，寺田数百亩。”有碑文记：“旧时青州府各县赴泰山进香的僧尼道俗，

荆山寺遗址

莫不驻足于此，挂禅奉香，文人墨客，纷至沓来。”荆山寺于 1950 年修建国营荆山园艺场时被拆除，现仅存敕建碑、八棱碑和一棵千年银杏树。荆山寺今已陆续重建续香数年，称为普安禅寺。公鼐题诗约在明万历七年（1579）荆山寺重修以后。

［注］红泉，出自唐李白“横天耸翠壁，喷壑鸣红泉”诗句。后人以红泉为传说中的仙境，典出汉东方朔小时掘井的故事。

这是一首写景入神的诗。诗文紧扣荆山寺，一淡墨轻影绘出一幅深藏山水之间的佛院画图。写在阳光下有晴空一峰：山间碧水长流，蓝天白云下的山寺，辉映出秋高气爽的景象。山寺中有清池映皓月，衬托出佛教趣味，院中绿叶满墙，红泉仙境，深藏幽静但扬名在外。坐下来静观松涛风送自然界美声悠扬入耳。寺前台阶两旁的藓苔暗绿，寺下百亩山野田园尽收眼底，钟声响前院，声响回荡在后院十二层塔楼顶上。

诗成已近晚间。现实优美深奥的荆山寺已毁，旧遗迹尚存，也正在修复中，公鼐的诗文留名千古。公鼐写荆山寺的诗还有《与二房生游荆山寺》《晚过荆山寺不及入游》《庚戌游荆山寺》等。

与二房生游荆山寺

二妙谈名迹，携余问梵宫。山当齐鲁会，寺自晋唐雄。

磬响深云里，灯悬叠嶂中。扪梦昏黑到，深壑响松风。

这首与姓房的二位先生同游荆山寺，点明荆山寺所处位置，指出荆山寺始建朝代，并描绘了荆山寺深云、悬灯、深涧、松风的仙界盛景，诗意大有超尘之感。

万历十八年（1590）秋，公鼐游访织女洞，有七律一首：

宿织女洞，洞在沂河西岸牵牛庙在河之东

古洞临流万树荒，依然牛女日相望。

山横远黛时凝睇，水咽鸣环欲断肠。

孤枕梦魂清漏寂，半岩风露晓窗凉。
可怜石鼓声如诉，应为黄姑隔两方。
（原文注：洞中有响石，击之其声凄然。）

三十年后的万历四十八年（1620），公鼐已 63 岁，为其一生中最后一次游沂源，有七律诗一首：

庚申自沂上归，过织女洞，自庚寅一游三十年矣

沂上寻源觅旧游，榆花会合几经秋。
闲情已共青春往，好景翻为白发羞。
梭化机虚石自在，鹊归鸾去水空流。
仙童细指前题问，却数年华动客愁。

织女洞位于山东省沂源县大贤山东北麓，保留维护的现状，正如《沂源地名志》记：这里悬崖如削，巨石嵯峨，松柏倒挂，风光旖旎。悬崖下有小道直达洞口，沂河北来势若游龙，颇有“仿佛星河垂璧落”之感。沿阶而上进洞门二层楼阁式，朱门绿窗，巧奇天工。门楣上镌有“织女仙洞”四个大字。洞呈裂隙状，为寒武纪砂质岩溶洞穴。洞高 8 米、宽 7 米、深 10 余米，洞中有洞，左右相连，西北有一小洞深不可测，洞有一石鼓，击之有声，音韵深沉，织女塑像端坐洞中，左侧有石砖砌成的织女梳妆台和寝室，织女凭洞中天窗与牛郎隔河相望。历代多少文人墨客登临此山，写下许多赞美和抒情诗句。

织女洞现状（公丕刚提供）

织女洞于明万历七年（1579）、万历十五年（1587）两次重修，有碑记："洞阁建于唐代，宋代重修。"出洞南行有迎仙观旧址。观南有送子观音堂。千年银杏树，泉水久旱不涸，大雨不溢，严寒不冻，清澈甘洌。二十米外，有"三王"、关王、药王庙址，与织女洞连成一方名胜，与对岸牛官庙隔河相对，1939年抗日战争时期，曾在此设八路军兵工厂。

花甲已过，寻访旧游。忆往昔多经春秋，想当年青壮气盛，如今白发如霜。重来织女洞远瞻山光水色，近赏云水幽洞，青翠照眼，爽气袭人。织女洞织布梭子的石化和织布机石壮仍在。鹊桥相会向望看不到，只有河水空流远去。向未成年的仙童询问前方胜迹，爬山，行路，这位年老的旅客已是汗流浃背，再度行走便心有愁思。

此诗首句以"沂上寻源"起，成于324年后，即1944年沂源县诞之谶。噫！公鼐与沂源结缘玄矣。此首诗载《问次斋续稿》写在光宗下诏赴京上任之前，特此旧地重游。沂水、青州、博山，过莱芜，一路留诗，充分体现了他晚年仍对家乡青州的眷恋情感。

第五节　辞扬汶沂

蒙阴西临新汶县（现为新泰市），朝代更迭，两县边界多次变更，远古归平阳。明清时期，现新泰市的汶南镇归蒙阴，中华人民共和国成立后归新泰，明代"蒙阴八景"之一的"鳌山卓笔"现归新泰。新泰位于大汶河上游，故公鼐写新泰方面的诗多用"汶南"名称，今新泰市古时设过平阳县，诗中也有"平阳府"之称。有五言律诗一首：

汶阳晚眺

其一

西阜平如掌，周原四望开。水流趋大汶，水势走尤来。

禾铚初秋盛，鱼竿晚照回。居然田亩计，真可息氛埃。

说明： 站在高处望西部，西部地处平原，放眼四野，地域开阔，新泰属大汶河上游，水流汇入大汶河。山势走向接徂徕山脉（徂徕山，也称尤来山）。谷粟到了收割季节，钓鱼人还是在夕照收竿回家。风光田园，田亩肥沃宽广。最后，取张衡《西京赋》中“消氛埃于中宸，集重阳之清澂”句结尾。

此诗以素谈笔墨，抒发出对平阳大好河山的真情实感。语言质朴明快，结构严谨，情韵悠长。

此诗写作时间为万历十五年（1587），其父被谪官，公鼐失去在京读书机会，被迫回故里蒙阴期间，时年虚岁30岁，已在汶南置百亩田园。有诗并序：

新泰西境地名羊流，谓叔子里也。有古冢三，名“羊官墓”据史，叔子葬洛阳，此盖其先垄云

（原文注：《后汉书》载：叔子之先九世名德，则其蝉联远矣。）

甫徕清汶钜平卢，敝缊悬鱼此旧居。
乔木藏环陵谷变，象山先垄斧堂墟。
秋禾弥望斜阳外，古柏垂阴积雨余。
犹忆汉南曾陨涕，今经仁里更踟蹰。

（原文注：敝缊、悬鱼，皆羊续事，续祜祖也。自祜以上悉居泰山平阳，今新泰县。）

说明： 羊流这块宝地，接尼甫（孔子故乡）靠徂徕名山，临清流大汶河。大有声望的人居住平屋。敝蕴：羊续语称自己的故乡。悬鱼：《后汉书·羊续传记》将府丞赏鱼悬挂于庭的典故，后以“悬鱼”称颂官吏的清廉。汉南：即位于东汉都城洛阳以南的重镇襄阳，西晋时此地曾由羊祜驻守。陨涕：晋武帝曾因羊祜筹备灭吴有功未能实现，临终前荐杜预继任忧伤落泪。踟蹰：迟疑不前意。

这是一首怀古吊古之作，公鼐在其题目序言中点明羊流为谓叔子旧居，有古冢，诗文引经据典，也用了羊续语，明确了汉武帝与羊祜的关系。原文著明羊续为羊祜先人，自羊祜前人在羊流居住，这首七律诗也展现了新泰（平阳）文化久远发达、名人辈出，和羊流的地理位置景秀独特。

另有写新泰方面的诗，如《汶南别业秋居》《汶南寺前垂钓》《答平阳王文学》《晚出之汶阳别业》《汶上营小亭曰“必在”，诗以纪之》。

过台头寺

悟寐思初地，归来已较迟。爱闲寻竹院，叹老扶松枝。
白社人何在？青山我自私。澈公应刮目，林下见君时。

说明：台头寺在汶南镇（现为新泰市），这首五言律诗，是公鼐于万历三十五年在故里养病期间（1607）写的。第四句“澈公应刮目”，指广东上院人李澈公，明宪宗朝举人，升任江西临江府通判时发现当地佛子寺藏奸杀人，无恶不作，澈公带领府衙兵丁，直捣贼窝，严惩寺内衣冠禽兽，正法纪，锄奸恶，还寺庙以清净之地，受到百姓爱戴及明宪宗的御书嘉奖。任满归里，时佛子寺众神托梦，澈公将寺内众神像带回故里雕塑建“佛子祠”，修建碑刻“明弘治元年李澈立”。江西临江“澈公打庙”故事流传至今。蒙阴、新泰一带至今流传着公鼐支持官府惩治汶南“台头寺”恶僧的故事。

公鼐的一亲翁邓一经，万历年举人，新泰邓家庄人，有诗二首：

寄怀新泰邓孝廉

二首（选一首）

敖具相望对结庐，故人何意久离居。
邮筒不减车斜韵，蠹简常参亥豕书。
懵达文章皆皓首，倦游心事共长裾。

闻君尚蓄干将在，恐有龙光射斗墟。

访邓子泉上

雨澄野水净，马首秋禾香。望岳天中断，乘风谷口凉。

君居碧涧绕，所有白云长。茂树班荆语，蝉声满夕阳。

另外，公鼐晚年还有一首《汶阳老人歌》，为七言古体长诗，结尾一段：

我今释甲归来久，见说从戎便摇手。
大汶河边二顷田，平阳城南数株柳。
衣裳了鸟足蹒跚，时理腰镰刈葵韭。
丈夫辛苦空尔为，李广无功君信否。

山东沂水县因沂河源流而得名；蒙阴县，以居蒙山之阴而得名。两县紧邻接，一半山水交错。明代归青州府所辖。

万历二十四年（1596），公鼐为《沂水县志》写序，有“余束发知游，悉济悉涉，据奇索幽，应接不逮”之句，说明公鼐自少年时期热爱家乡、情系沂水。公鼐一生多次来往沂水交游，写下了不少有关沂水的名山古迹。历史上沂水有阳都诸葛孔明的故里，战国时期有故阳国之称。晋朝一段沂水划沂州。后来孔明的故乡就成了沂州，再不提阳都是孔明故里了。为此公鼐详查历代资料，现场考察认证写出名垂千古的《阳都辩》赋，为沂水阳都乃诸葛孔明故里正了名，纠正了“沂州为孔明故里”之说。故延续后世认知。“阳都在沂水县境内，葛沟以北无疑”。这是公鼐继《东蒙山赋》《东蒙辩》后对沂蒙家乡立下的又一大功劳。

公鼐16岁那年，随二叔去沂水走亲访友，夜住崔家峪，有诗一首：

甲戌随二叔宿崔家峪分韵

夜宿崔家峪，冷然野况清。穿窗萝月色，到枕石泉声。
不寐千山晓，高歌四韵成。马蹄深谷里，处处夏云生。

说明：二叔，指公鼐父亲公家臣的二弟公家翰，英年早逝。崔家峪是沂水县境西近蒙阴之山区小镇。本诗意为：公鼐随同二叔走亲访友夜宿崔家峪山庄，野外凉爽幽静，窗外藤萝遍野，树丛间明月清风，石壁上泉水细流有声，夜景优美，使人难以入眠，不觉起身写成五律四韵诗一首。想来时的马蹄声还留在深谷，空中蓝天白云漂浮，好一派初夏山川胜景。

本诗写于万历二年（1574）夏日，时公鼐16岁，正在京师读书，回故乡探亲时所写。

此首小诗展现于读者面前的颇像一幅素描山水图，16岁的作者把刚到一地的内心体验、眼前物景、提笔成韵，表现得平淡自然、优美真实，抒发出隐逸情趣。可见，少年已脱尽尘世烟火，呈志气高远、满含奋起上进的情绪。

岸堤道中

东游多胜迹，行役即登临。旅食溪堪酌，醉眠风满襟。
夏云随地起，晚气入林深。湛湛沂川水，南来若有心。

说明：岸堤，是明清时期沂水县的一个重镇，紧靠蒙阴公鼐的家乡。抗日战争时期抗大分校设在此处。新中国成立后划归沂南县。行役，指服军役、劳役，公务在身，行程在外，也指行旅。堪钓，能钓，也称高处。湛湛，指水深而清之貌。

推此诗当在公鼐为诸生编《山东通志》时而作，乃采访顺路之感怀。(《东蒙公氏族谱》中有参与修《山东通志》的记载。)

此诗的意思是：东游看了很多胜迹，“公务在身”即登山临水。旅途中暂时也能垂钓作为饮酒佐餐，醉眠岸柳下，爽风吹襟。今日不能留恋，夏天云起随时有雨。加之天色已晚，眼看从家乡流过来的湛湛汶水无心留恋，只能过沂河回家乡蒙阴。

还有一首从东蓬莱归来过穆陵关的五言律诗。有序：

自东莱还蒙山至穆陵：即东泰山也。介齐鲁之间。则海岱在目中矣

昔日齐侯履，南疆尽此封。诸山沂作镇，五岳岱为宗。

伯国犹余业，重关识旧踪。故园相去近，回首海云重。

诗中写的穆陵关地处沂山（大岘山），境涉两县（临朐、沂水），路过隘口，战守设关。春秋时期属齐地，世称“齐南天险”。齐侯履：春秋齐国，国公诸侯常来往的要地。南疆：沂山下东侧有东镇庙，历朝历代有帝王来此封赏，有多座封碑记载，唐代有高大的一座无字碑在后院原址矗立。沂作镇：历史上全国有五镇，均为镇山之主，沂山东镇为首，还有西镇吴山、南镇会稽山、北镇医巫闾山、中镇霍山。岱为宗：指域有五岳，以岱为宗。岱，是泰山的别称，宗为长者。伯国：伯为大也，通“霸”。伯国是指齐国，春秋时的霸国。海云重：说明位置高望得远，回首来处云封雾罩，海天相连。

说明：这首诗是公鼐游蓬莱故国莱州归来过穆陵关所写，是一首记载沂水名胜、齐鲁古迹而怀古抚今、叙说沧桑人间宦海无穷的诗。内容包括穆陵关地理位置，此处为战略要塞，是历代帝王关注的地方，此时回首北望只有茫茫云海。（著名的东镇庙现已修复）

宿东莞城，有诗一首：

宿古东莞城

朝游东莞野，暮息东莞城。野旷多秋水，城荒惟月明。

渔灯高岸影，邻笛寒宵声。孤枕不成寐，摇摇乡思生。

东莞是山东沂水旧县名，汉置东莞县，北齐改东安，隋代改沂水县。名胜古迹有大岘山、穆陵关、齐长城遗址等，还有阳都、诸葛孔明故里（现划归沂南县）。

说明： 诗的题目点明东莞古城历史悠久，是一座文化古城。第一句，迎着朝阳游旅沂水、山水古迹，夜幕降临，宿息古城。第二句，辽阔的原野千条溪河秋水汇入沂河。古城有些荒凉，但夜晚景秀，月明星稀，与人亲近。第三句，万家灯火与沂河岸上的渔灯相映。邻近的竹笛悠扬，随秋风带寒意，声声入耳。第四句，观赏优美的夜景，不能入眠，就像躺在小船上，蒙山沂水故乡情怀油然而生。

这首小诗为作者30多岁游沂水时作。诗虽短小，但意境开阔，给人们留下一大片想象的空间。也表明诗人对沂水、对沂蒙家乡的热爱和眷恋之情。

有古体长诗一首：

题春风沂水图

落霞飞鹜下平芜，共指溪山发高咏。

行歌互答却归来，松柏森森锁旧台。

舞雩葱茏沂水碧，春服寒生日将夕。

童冠何年续此游，俯仰吾曹又陈迹。

说明： 飞鹜，一种飞鸟。平芜，平旷的原野有高地，处处是春山之意。舞雩葱茏，指古代求雨的队伍。《论语·先进》："浴乎沂，风乎舞雩”语。南宋教育家朱熹注：“沂水名在鲁城南……舞云祭天祷雨的高处，有碑坊树木也。”童冠，童年刚成满冠时。吾曹，指吾辈，自身一代人。陈迹，是指以往的旧事迹。说明这是一首题画之作。《春风沂水图》为何人作画，无考。作者赏画生情，描摹沂水、沂河景色秀美，山水田园相映的绮丽风光，月词格调明快，意境辽阔貌远，充满生活情趣。此诗是作者年轻时期的感世之作。诗中写有书门明镜、陪尾、尼山等名胜古迹，放眼齐鲁大地，歌颂祖国山河。

还有一首写沂水阳都古迹的七言绝句：

阳都故城之间有庙，祀休征兄弟，而孔明独无，作此寄慨

汉鼎潜移魏晋昌，睢陵千载祀沂阳。
中原未遂宗臣意，遗像何因到故乡。

这首诗的第一句是指汉代灭亡，魏兴晋起。休征：吉祥的征兆，这里指人物。汉鼎：指刘邦定都长安。魏晋：公元265年，司马炎代魏称晋，定都今河南洛阳。睢陵：古县名，今睢宁县，在江苏境内。沂阳：沂水阳都。中原：黄河中下游，河南一带的豫州乃九州之中。诸葛亮《出师表》曾称“北定中原”。宗臣：世所敬仰之臣。

说明：这是一首考记沂水古迹的诗。题目中点孔明故里，阳都与东莞故城之间有座庙是祭祀“休征”兄弟的，有遗像，而无孔明的，寄慨世人。

诗中从题目到内容可以看出公鼐怀古情深，特别缅怀诸葛亮。对孔明故里有祭祀别人的庙和遗像，独未见诸葛孔明的庙和遗像，深表惋惜，为此抒发感慨。

过琅琊、经阳都，写诸葛武侯、王休征故里有诗：

琅琊阳都诸葛武侯王休征故里

沂上名城望国分，葛王阀阅古来闻。
遗墟埋没无寻处，目尽苍山有断云。

说明：琅琊：琅琊台在山东胶南，春秋时越王勾践曾迁都在此，后迁临沂郡，所辖阳都。王休征：世称“二十四孝”的王祥“卧冰求鱼”，是说严冬飞雪沂河封冰，继母病重想吃鱼，侍奉继母的王祥卧冰捉鱼的故事。沂上名城：指东莞古城，王祥故里沂水。葛王：待考。阀阅：功绩和经历。遗墟：古遗迹城废墟。苍山：指青山。这是一首吊古诗，时间应是公鼐晚年游琅琊过沂水时所写。诗写沂水是古齐鲁名城，历史名人遗址。有著名的古遗址被埋没，远望青山蓝天断云而忧伤。

另有一首，感谢沂阳李君给他治好病的七言绝句二首并序：

甲午己未之间余足病甚户庭不能窥也。沂阳李君示意秘方，一夕如脱，因感晦翁病足遇医之诗，戏为二绝以寄之

其一

几年筇竹借扶予，花外时时待小车。
今日出门跨健步，上池果是有奇书。

其二

上下千峰弄紫霞，归来看竹遍山家。
如今不作蹒跚叟，好去沂阳种杏花。

说明：筇竹：做手杖用的竹子。小车：此处读“jū”，用人力推的小车。上池：宋代王安石故里。蹒跚叟：不能正常走路，一拐一瘸，摇摆不定。种杏花：为感谢医生去医生家种杏树。典出三国时吴董奉隐居庐山行医济世，治病不收钱。治愈的病人给他栽上几株杏树

即可，遂杏树成林，后人用来称颂医家为“杏林”，如“杏林万古春”“誉满杏林”等。这是对医生李君的感言诗，时公鼐38岁。

诗写靠拐杖扶我几年，每次外出后人都用小车推着，今日能迈着健步出门，真是遇到神医灵丹了。还能爬山望千峰迎紫霞，晚归到家看翠竹满园。现在可不当又拐又瘸的人，得快要去沂阳感谢李君医生。诗的内容写生病两年调治不愈，一夕如脱，有感而发。

公鼐65岁辞归故里仍不忘沂水旧情，有七律一首：

春日至沂水岸上感旧

春来花柳满沂川，春服成余逸兴便。
老大偷闲聊复尔，圉洋得意始悠然。
从游童冠警衰貌，纪胜诗歌续旧篇。
乔木寿藤相眄长，野人屈指十三年。

说明：逸兴：闲适安乐豪放意兴。聊复尔：闲谈，姑且如旧。圉洋：自由自在，无官一身轻，似水中鱼儿舒缓之貌。童冠：自童年到弱冠。寿藤：山野间人称长寿的紫藤。相眄：对视侧视长久。

第五章 经世济民

师育二帝龙门出，济世救民有醍醐。

两朝实录求其真，一心报国屡抗疏。

敢为苍生谋大计，总向社稷擘宏图。

唯恐边陲粮饷少，内帑犒军山海呼。

公鼐出身文学世家，儒学浸润；生长在农村，深知民艰。一生始终报国爱民，济民恤民。明代史籍称赞他“好学博闻，磊落有器识”“有古大臣之风”“心丹识卓，骨劲力沉”。明思宗朱由检御批中有“发粟赈饥，仁殚乡闾”之句。他自中进士入翰林授编修，入东宫教太子至执掌宫廷内务一直为皇帝身边重臣。但在万历朝后期，处于宫廷内斗的旋涡中，政治生活如坐针毡。加之其秉性耿直，坚持正义受到无端排挤，被逼无奈告病归故里。

公鼐第一次归故里养病期满，奉旨回朝赴职，又兼职国子监司业（国学副校长），主持太子出阁讲学，日理百机，夜宿署衙，早出晚归，非常劳累。奉旨出使江楚告病回籍。第二次回朝辅佐太子朱常洛继位理朝，晋升国学校长，在皇帝身边侍讲，钦赐“理学名臣”，就裁国事，而受到阉党魏忠贤极力排挤，至天启间被逼辞朝。在任职朝廷的二十五年中，两次请告回籍，实际持政十年。一生大多时间在故里农耕、交游、文学创作。故居蒙阴前城子村建问次斋书楼；有几百亩山岭田园，30 岁在汶南置地百亩，建一别业；携妻带子参加劳动，与庄农同吃同行。从他农事诗文中看，对耕作农居的各种农活他都熟悉。另外，在朝两次巡游，还写下不少体察民情、帮助地方官府救灾赈灾等诗。

公鼐从少年时期写诗关注国防，又不断参阅《邸报》写有关军事诗篇。考进士的试卷《观播州图歌》一诗，也是写国防边事。他一生的著作中有大量诗文关心武备边防、学教农事百姓事。在辅佐朱常洛准备登基时期，特别关注国防。边关粮饷告急、国库少银，动用神宗朱翊钧私产，护送至东北边陲，军民欢呼鼓舞，援朝军师战多取胜。

第一节　关注国防

公鼐少年时期随父亲在京读书，15 岁写七律诗《拟秋怀》，描述京都兵部尚书（大司马）、兵部左右侍郎（小司马）边关阅兵慰问三军，边民欢呼战马雀跃、热烈壮观的场面，讴歌朝廷与北方民族交好、款待少数民族的政策，并表达了自己虽不能投笔从戎，但愿学龙门太师的父亲，为国为民帮天子谋划太平的雄心壮志。

万历二十年（1592），公鼐在故里为诸生时，宁夏发生暴乱，副使带兵抗匪遇害，朝廷巡抚总督被杀。他阅读《邸报》心情激愤，写出七言长诗《哀宁夏》，诗的开头有“中丞头颅污荒草，胡儿走马灵州道”之句，说巡抚中丞大人为国捐躯，叛贼哱拜占领了灵州（今灵武县）。全诗叙述了拥兵十万的总督指挥不力，手下战将如同枯萎的草木，节节败退。“天子深居未央宫，羽檄飞尘暗晴昊”二句说兵部侍郎叶梦熊临危受命带将领兵上阵，如将领李如松、麻贵等飞兵骑至扭转败局，三个月平定暴乱，雾散天晴。最后说“哀哉其如宁夏和，低头三叹终军老”。

刚刚平定宁夏暴乱，倭寇侵略朝鲜，面临危及我国东北人民的生命财产安全和国土完整。大明王朝出兵援助，首战平壤击败倭寇收复失地，《战平壤》中写有“战平壤，收王京天兵度辽赫东征，炮火连天鼓角鸣，如雷如霆蛟螭惊”之句，展现出了明王朝发兵援助朝鲜战争，打出军威，决胜平壤的胜利场面。同时，也表现了公鼐的爱国激情。也热情讴歌了英勇奋战在异国他乡效命沙场的将士们，以及抗日援朝、保国救国的坚强意志和大无畏的英雄气概。另外，也鞭笞了日本侵略者的罪恶行径。全诗呈现出气壮山河、中朝同心联合抗日的战斗气概，真乃“仰天长啸，壮怀激烈”之再唱也。

接下来，平壤战胜。不久王朝精兵被围开城。有七言古体诗一首：

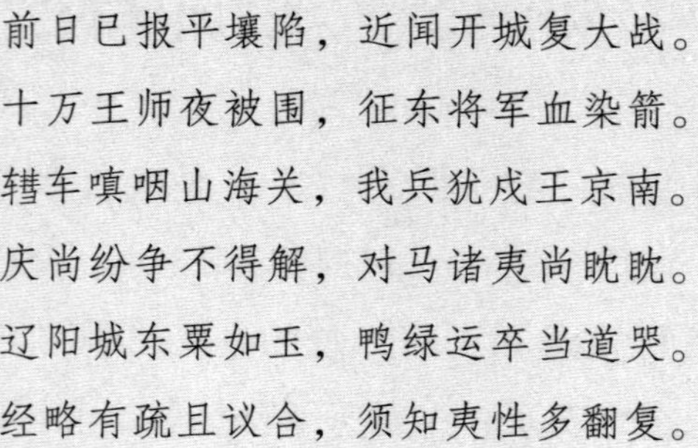

再闻东夷报

前日已报平壤陷，近闻开城复大战。
十万王师夜被围，征东将军血染箭。
辖车嗔咽山海关，我兵犹戍王京南。
庆尚纷争不得解，对马诸夷尚眈眈。
辽阳城东粟如玉，鸭绿运卒当道哭。
经略有疏且议合，须知夷性多翻复。

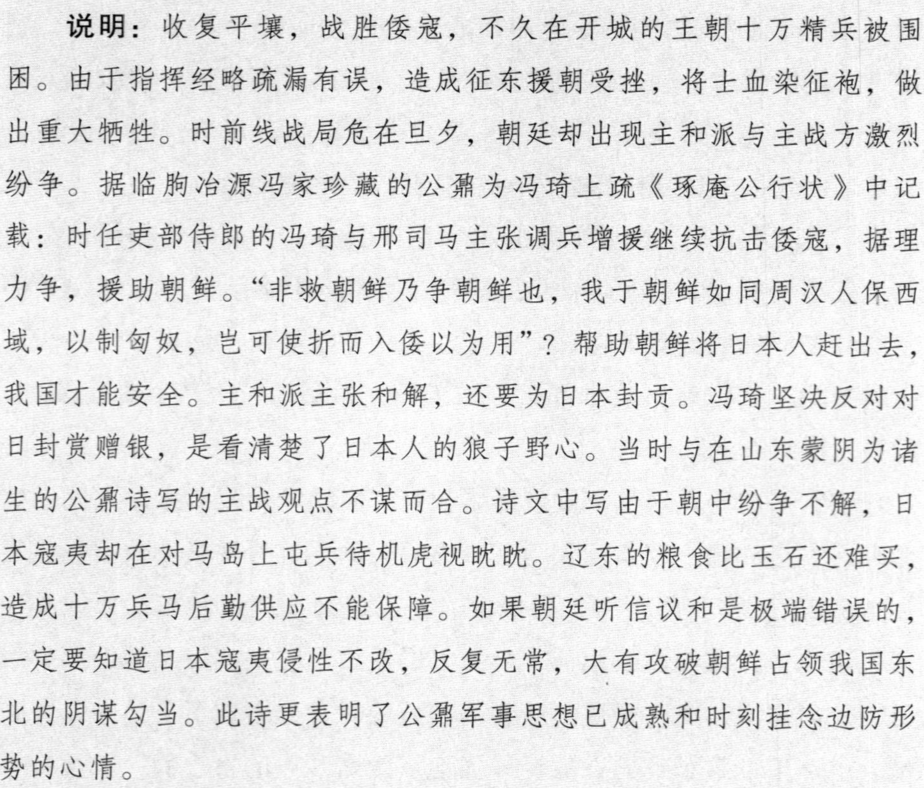

说明：收复平壤，战胜倭寇，不久在开城的王朝十万精兵被围困。由于指挥经略疏漏有误，造成征东援朝受挫，将士血染征袍，做出重大牺牲。时前线战局危在旦夕，朝廷却出现主和派与主战方激烈纷争。据临朐冶源冯家珍藏的公鼐为冯琦上疏《琢庵公行状》中记载：时任吏部侍郎的冯琦与邢司马主张调兵增援继续抗击倭寇，据理力争，援助朝鲜。“非救朝鲜乃争朝鲜也，我于朝鲜如同周汉人保西域，以制匈奴，岂可使折而入倭以为用”？帮助朝鲜将日本人赶出去，我国才能安全。主和派主张和解，还要为日本封贡。冯琦坚决反对对日封赏赠银，是看清楚了日本人的狼子野心。当时与在山东蒙阴为诸生的公鼐诗写的主战观点不谋而合。诗文中写由于朝中纷争不解，日本寇夷却在对马岛上屯兵待机虎视眈眈。辽东的粮食比玉石还难买，造成十万兵马后勤供应不能保障。如果朝廷听信议和是极端错误的，一定要知道日本寇夷侵性不改，反复无常，大有攻破朝鲜占领我国东北的阴谋勾当。此诗更表明了公鼐军事思想已成熟和时刻挂念边防形势的心情。

朝鲜战争胜利一段，又写《海不扬波行》，有序：“万历壬辰，宁夏乱卒戕抚臣勾虏谋据河西；倭奴攻破朝鲜，渐窥辽左，东西骚动，天子震怒，薄责受西事者赐剑致讨。诸将奉上威灵，大破虏贺兰山下，乱卒授首，旋师东指，倭奴退遁，尽复发朝鲜，两境日且振旅矣。兵

兴凡五月，二寇荡平，海宇清晏。草莽臣鼐，不胜雀跃，为《海不扬波行》以颂焉。”诗长302字，颂扬了国师君威，诉说了波澜壮阔而又悲凉行军作战的场面，惊天动地。说看到战报而欣喜若狂，欢欣跳跃。这首诗用词慷慨，是挥师东进壮烈激昂、电闪雷鸣、鼓角号响，敬佩前线将士“铁甲连营光曳地，宝刀分队气浮空”为国杀敌，不惜英勇献身的英雄气概。此诗表明了诗人一贯保持着武备建设思想，关注军队边防的心怀。

公鼐儒生出身，受其先祖世袭军职起家，文学步入仕途，世代忠君报国思想与家风的影响，特别关注国防安全，不断研讨守边策略。关于写战时、边事、战争、吊古战场的诗文，在他的《问次斋稿》《问次斋西游稿》《问次斋续稿》三稿中占有不少篇幅，如《天津见征东战船》《东征奏捷》《辽阳陷后作》《初闻辽变作》《闻延绥捷报》《战城南》《宁夏捷报至》《辽事有感录程南皋司寇》《忧辽事成病》《送大司马东征》《又闻西虏报》《西征》《辛巳入京正逢大阅》等。在他中进士、入朝后还有《诸将》五首，是一组政治抒情诗。350年后，毛泽东主席曾对《诸将进行》点评、圈阅，并登载于《毛泽东批阅古典诗词曲赋全篇》中。

诸　将

其一

文皇定鼎古幽燕，破虏三临大漠前。
从此尽销金甲气，至今长闭玉门烟。
南荒翡翠归王日，西域葡萄入贡年。
千载驱除须圣主，将军运迹在祁连。

说明： 文皇帝朱棣十年征战，定都北京。从此玉门外少了金甲兵营，没有战争硝烟。南部翡翠玉石归大明王朝，西疆的葡萄年年贡奉京师。将士们昔年征战的足迹永留祁连山脉。

其二

上谷渔阳拱帝京，相连河外受降城。
一从胡马来南牧，遂使王师罢北征。
（原文注：河套，古朔方地，先朝失之，遂为虏牧所。嘉靖中，督臣铣议收复，坐诛。）
绝塞尚传青海箭，中原新动绿林兵。
（原文注：正德初，畿内贼赵遂反，寇掠山东。）
主忧正值宵衣日，谁向天山答太平？

说明：上谷、渔阳是战国燕地的两个郡名，拱卫着京师燕京（今北京）。河外指黄河以北。受降城，指汉武帝派公孙敖所筑，故城在内蒙古乌拉特旗以北。唐景龙元年（707），又派张仁厚在黄河以北筑城，起中、东、西三座受降城相近接。这些城，后来成为中国北部国防巩固的一种象征。绝塞，指边界域地。青海箭，即祖辈传下来的远征青海时所缴获的箭矢。绿林，指西汉末新市人王匡、王凤等聚集于山深绿林中的反兵有七八千人。王莽天凤四年（17）起事，绿林位在湖北当阳东北。后来以“绿林”泛称结伙聚集山林中，反抗官府或抢劫财物的武装集团。本诗句指在中原地带有动员起新收编的绿林兵。主，指皇帝。宵衣日，即宵衣旰食，辛苦忙碌。天山，泛指祖国的北部边疆地区。答太平，以平乱安民、天下太平报答主上。

其三

武帝高居太乙坛，甘泉峰火照长安。
（原文注：嘉靖庚戌，虏阑入古北口，京师戒严。）
连营紫寒笳声急，饮马黄河月影寒。
天子亲兵经细柳，将军血战斩楼兰。
当时敌垒今犹在，日暮云沙倚剑看。

说明：汉武帝修好受降城，高位居极。长安西北甘泉山上的烽火

映照都城。明嘉靖二十九年（1550），蒙古虏敌擅自闯入山西古北口，扬言要包围京师，明廷下令戒严，官兵出征的军营驻扎到雁门关。听到敌营的乐器声，大明亲兵军纪严明。细柳，即咸阳西南渭河北岸细柳营，汉代屯军处。血战虏敌于新疆罗布泊一带。楼兰，指新疆古城。

其四

倭奴旧是扶桑地，为隔梯航大海中。

谁使萑苻通岭外，却教峰火遍江东。

战功铜柱留蛮国，王气金陵护沛宫。

（原文注：嘉靖末逆贼任直引倭寇闽、浙，江南骚动，督臣宗宪讨平之。）

肃祖南征忧不细，伏波勋业几人同。

说明：嘉靖末年，国内反贼任真勾引倭奴袭击浙江以南地域，朝廷督臣奉命讨伐平定叛乱。由于嘉靖南征不彻底，为隆庆年间的征讨埋下了伏笔。扶桑，中国古代对日本的代称。指祖国东面汉朝有扶桑园。梯航，指登山渡河的工具。萑苻，指草寇、盗贼。肃祖，指嘉靖皇帝。

其五

云中颉利被擒时，先帝降戎罢出师。

（原文注：隆庆庚午，宣、大擒虏酋世孙邀虏贡市，虏遂纳款。）

汉将嫖姚登翰海，匈奴妇女怨烟支。

才官新奏夸胡技，戍客休歌出塞词。

雪耻百王今再见，昭陵松柏有余思。

最后一首是写隆庆四年（1570）蒙古军队不断南侵，掠夺财产，并给明穆宗朱载垕上贡表，要求与汉人进行贸易。因为他们只有牛羊，草原少了汉人的衣物、食品、用具便无法生活下去。明穆宗接表罢兵，同意与蒙古进行贸易。大同总兵王崇古接受蒙古首领的投降，随即展开边关互市贸易。隆庆五年（1571），穆宗封蒙古俺答汗为顺义王。至此，延续近五十年的边防危机终于得到缓解，对嘉靖年间的禁海政策也下召解禁开放。昭陵是穆宗皇帝的寝陵。

隆庆六年（1572），公鼐随父亲在翰林院读书。正逢边关平稳、兵民安定。朝廷兵部大司马、少司马到边疆慰问阅兵。15 岁的公鼐写出七律《拟秋怀》，名重京师、炳著海内，诗中明确表明“有怀投笔非吾事，愿学龙门策太平”。说驰骋疆场、投笔从戎不是他要做的，他要学龙门太师，立志帮天子谋划太平。他一生未扛枪，但培养长子自幼学文习武，长大不考官，直接送河北军营当兵，从站岗放哨做起，扛枪杀敌，冲锋陷阵，奉命侦察敌营初立战功，逐步晋升，从河北调辽东再迁升陕西潼关主守，至授副总兵镇守徐州，兼理漕运，著有军营诗集《自适吟》等。公鼐还教导侄子公襄学文习武，自幼白天上学，晚间习武，冬练三九，夏练三伏，终成名将，协守蓟门，诗文之名“丕著海岱”，有诗集《潜园集》行世。

公鼐教育子孙，有家训“上马弯弓射百步，下马挥毫能作赋”之精句。晚年闲住故里，有七律诗一首：

累月不闻边事或云东西已尽平矣。疑信未果，因而赋此

南北传闻尽偃戈，有苗来楛虏求和。
卜年历数商周上，定乱云台将相多。
称贺便从宣捷后，外宁将若内忧何。
有无总作非非想，起向中庭一啸歌。

此诗写的是天启年间南北不稳、东西不安，时有叛乱，战争不断，很长时间收不到《邸报》，心情烦躁而写。第一句说传闻南北停战，苗族叛贼、虏敌来求和。第二句写上推到商周战国，有无数忠良名将平定战乱，安定民生。第三句说只有接到边关宣府的捷报，才能知道是否是外宁内平的真实消息。最后一句写在接不到捷报、看不到真实消息的情况下，怎么不想入非非，只有中书省传达胜战的凯歌才

能稳定情绪。

这首七律诗从军事兵戎起笔，着力勾画在故里几个月收不到边关消息，坐卧不安，盼望尽快能见到边关《邸报》的焦虑心情。诗句均用实字没有夸张，充分表现了公鼐身退心忧国、国防挂心中的武备情怀。

第二节　重农恤民

公鼐出身"文学世家，馆阁门第"，生长在故里山区农间，出仕入朝之前耕读参半，务农制田建圃、修园、修桥、辅路、垒池塘、文学交游、文学创作。半耕半读生涯，奠定了他亲民爱民的思想基础。他在一首《归田杂咏》中写有"东方仕易农，吾将农易仕"之句，说的是西汉大文学家、山东陵县的东方朔，为汉武帝身边重臣，因故辞朝归家学农。自己确是农民出身，入朝做官，也有因故辞官，归故里务农的意思。

万历三十四年（1615），公鼐第一次归故里时有一首四言古体诗，能说明他如何"引疾而归"。诗题《归田》第三段中有"哲人高尚，大隐葆真。修士知止，肥遁洁身。惟我跃冶，自蹈迷津。触机决骤，缘木逡巡。未能免俗，敢谓离群。窥观圭窦，甘为敝民"之句，大意是有才智之人，不随风倒，宁可隐身保节，品行高尚的人进德修业，洁身自好。敢于历练成器的人不能自己走向迷途。风浪漩涡与暴风骤雨，遇进不能，迟疑不决。免于世俗之情，敢于离开朋友，同僚静观思变。宁愿做平民，也不去苟同。决意离开朝廷党派争斗之地，归故里保节为农，忍愤待机。另外，此诗还透出一个主题，那就是公鼐研易娴熟，与其他大儒一样精通《易经》，涉《易经》的诗还有很多。此时期写下了不少为农，农时节令，鼓励庄农发展生产，奋力躬耕，颂扬"农为最艰，农民有乐"，为国交粮纳贡的诸多诗篇。

隆庆元年（1567），公鼐才 10 岁便参与家乡修桥。石桥修成，写七律一首：

谷中平桥成

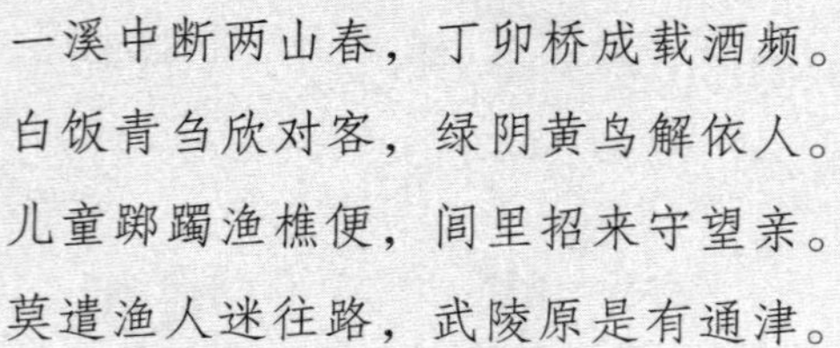

一溪中断两山春，丁卯桥成载酒频。
白饭青刍欣对客，绿阴黄鸟解依人。
儿童踯躅渔樵便，闾里招来守望亲。
莫遣渔人迷往路，武陵原是有通津。

《蒙阴县志》记载他八九岁会写诗。这首修桥诗是他10岁那年写的，诗的大意是说家乡村旁一道河，阻断了相对的两座青山，今年石桥修成把两山连接，种地、砍柴、打鱼人，以及赶集、上店、拉酒的车等频繁过往，旅客住店、饮酒、经商。飞鸟入林，树下有人乘凉。儿童跑来跑去，过桥戏耍。最后一句把家乡的山水比作陶渊明的武陵源胜地，展现的是一幅山乡小镇欢乐美丽的夏天景象画卷，描绘了晚明蒙阴上东门村山河秀丽、百姓安居的真实生活场景。

公鼐在家乡为儒生时，40多岁，写了一首诗，描写带领两个儿子在田野劳动的场面：

示二子

野夫未老形龙钟，两足蹒跚半耳聋。
四体不勤昏菽麦，百亩荒尽瓶粟空。
天幸贞疾恒不死，三十生子皆成童。
今年大儿将及冠，手挽耒耜从老农。
小儿茁壮色黝黑，能驱黄犊走山中。
尔等既识稼穑苦，一任傍人羞颛蒙。
有身自可随更践，有田自可供租庸。
遨乐遨食不负汝，莫戴儒冠学而翁。

万历三十八年（1610），公鼐第一次告归故里时，诗《庚戌旱饥自述》中有“南山种田半沙卤，携俪忽儿力作苦。早饭黄犊夜向晨，昼荷锄犁日当午”“致身卿相千金资，范蠡之言良可思”等句。意思是在他的故居村河南边有山地耕种，土质半沙半土，不耐旱。携妻带子辛勤劳作，小黄牛嗷嗷叫已到收工时分，此时此地想起了春秋赵国大夫范蠡之言值得深思。自己本是朝中重臣，千金身价，就这样能在地里劳作。时之旱情严重、蝗灾又发生，在二月麦苗枯死。诗人用“三春旱枯二麦死，中原赤地连千里”来形容天下旱情面积广大，民间疾苦难捱，旱灾不解又来蝗虫，出现了“蝗飞密于垂天云，卷土甑甄无粒米”的残酷景象。在《春日在田书农圃事》中写出欢快：

北宅抵南涧，弓耕百亩资。沟塍通水曲，堋栅就山基。
瓜芋平畴满，桑麻沃壤宜。居然老农圃，焉用学为之。

说明：故居前城子村的北宅、南岭有几百亩山地、园圃，通了水流弯曲。秋后能收个瓜粮仓满，桑麻适宜。本身是农民出身，地里的农活操作不用学，自己都会。公鼐以实笔写出身心之愉快。

在他巡视江楚路上碰到小城遭涝灾，写七律一首：

水涝后郊望

沉灶颓垣草树孤，茫茫砂碛满平芜。
官私随地蛙如织，饮啄无归鸟自呼。
苍耳摘迟驱竖子，赭山名恶问樵夫。
（原文注：鲁望文。）
催科依旧残畦尽，时政如何似坏都。
（原文注：“坏都”出《素问·似水》也。）

说明：小城遭水灾后，观见民间疾苦，眼看着老百姓灶塌墙倒，

草木皆枯，大水漫过沙石树禾杂乱，今后也难以耕种，青蛙遍地，禽鸟无归处的残景。尽管如此，官府差役继续强暴征收，私人大户收租不减，照样横行乡里，不顾百姓死活。灾民纷纷外逃，舍家离乡。问为何时政坏到了如此程度？文中的“苍耳”“竖子”，出自杜甫诗句，赶童仆摘苍耳之事。“赭山”，是指被砍伐尽树林的光秃山岭。

接下来是雨雾不停，滞留江南，写一首：

久雨迟江南书不至

四壁孤灯对影余，蓬蒿没雨伴愁居。
苏门不改公和啸，陋巷虚裁叔夜书。
转侧世途增坎窞，服勤岁事值枵虚。
推窗待曙心如槁，惟有怀人梦未除。

这是一首纪实伤感的诗，全文写孤独、焦虑、伤感、暗露消极之情绪。诗意写久雨阻江南驿舍，雨夜孤灯伴愁思入眠。看雨涝成灾，望民间疾苦，暗示署门政令不改，耳边常闻伤怀之楚歌“长啸哀鸣”。所到地方署衙形同虚设，不能解民难、民冤，眼前世途相当于地穴昏暗。为政者虚度时光，腹中空荡，无奈推窗待天晴，心似枯干槁木，只有追念古昔怀念明相忠良的旧人。

据《蒙阴县志》记载：“乙卯之岁，山东大饥，鼐疏请发赈一路赖以全活。”说的是万历四十三年（1615），山东大旱灾情百年不遇，民间缺水无粮，百姓间闹大饥荒。公鼐奉旨进京赴任，行至泰山以南，目睹荒旱灾区，生灵涂炭，哀鸿遍野，百姓卖儿卖女，还要贴上妻子，四面灾民外流，背井离乡，官府差役仍强征暴敛。此时他想下车找个树荫也没有，一路土干地裂草木枯死。见此情此景，他心怀激情，奋笔疾书，写下了《夏日行岱野书所见》古体长诗。这是一首笔酣墨饱、极情悲愤的诗，诗词狂放而深沉，内容恨怒苍天不睁眼，直陈官府不作为，百姓呼天不应呼地不灵，全篇声泪俱下，撼天动地。

他到京的第一件事是上疏皇帝为山东请求赈济。奏折呈上，当即恩准，为山东发粮救灾，保活百姓。《明史》记录了明思宗在公鼐的谕祭文中有“发粟赈济，仁殚乡闾”之句。历代文人多有赞扬，这首为百姓急呼、爱民恤民、直陈官府对灾区人民火上浇油强征行径的诗，高度评价了诗人体察民间疾苦、心怀救民众于水火的责任感。

万历四十五年（1617），河南、山东、湖广、福建等地告灾，皇帝不上殿，朝中无人问，公鼐奉旨西巡，路上多地察灾，一路为民呼吁。帮助地方官府策划发动善捐、救饥。在河南新安县察看灾情，写有一首古体五言长诗《新安》详述灾情状况，以及“禾土虽半偃，飞蝗犹蔽空”“汎览五行传，忧心弥忡忡”。在县四天有“行县日三四，促迫将无同”等句。到达洛阳西门，看到的是“浃旬不见日，大地尽涂泥”“枯乐穷野尽，饥乌垝垣啼”，写的是灾后又遭大雨的惨景。

同年，公鼐出巡经故里，有写临行时别乡亲送行场面诗一首：

丁巳归里时值荒后

星轺税驾汶阳东，行到维桑路转穷。
三径就荒惟积草，四邻相望尽飘蓬。
郑庄置驿成虚设，陆贾馀装故屡空。
生计无聊谁与语，行吟泽畔送归鸿。

说明：身居高官的诗人不能救灾民于苦难中，愧对乡邻。第一段写坐着官车行进到家门口，眼看三面荒草，乡亲四邻相对无语。第二段写面对受灾生活难度的乡亲近邻，世上的署驿虚设，不问百姓死活，自己在行途中无力解难，只能学汉代随从汉高祖定天下、官至太中大夫的陆贾，将自己家的余粮、装束分给邻里乡亲，盼能帮助他们渡过难关。为了眼前生计活命，谁都没推说不要，没有不接受的言语，只能含泪送行到河边。轺，指一匹马拉的官车。税驾，指停车。郑庄，指郑国君主郑庄公。陆贾，西汉政治家、思想家、外交家。

此首诗表达了诗人心情激愤，用词含蓄，引典写现实的笔法，描绘出家乡灾年惨景，乡亲邻里农人的苦难景象。

天启年间，山东白莲教起义，邹滕（今邹城、滕州）一代局势混乱、民不聊生。为保故里民安，60多岁的公鼐带领里闾族长、庄长，登山察看地形，组织修寨、固垒、聚众避难，有诗并序：

蒙山西峰绝高处曰太平顶，昔人避乱之处也。壬戌归后闻邹滕变，偕里人登之，以为先计，赋诗识之

谷口风来暑气消，崖阴少憩日曛行。
吕梁悬水三千仞，绕霤危盘十二峥。
山下虎狼喧鼓角，云间莺鹤应箫笙。
那能便得桃源路，且与遗黎共太平。

说明：蒙山云蒙峰西北方有高峰（现名叫“西凤山”），峰顶有古寨石墙，周围山头都比此顶低矮，是易守难攻之地，比吕梁水上山寨无过，山南周接云蒙峰。眼下三面低山溪涧水流盘旋绕转，十几道弯谷深涧，人在平顶寨上，山下有敌匪虎狼，也找不到去陶渊明隐居的桃源路。遗黎：将蒙山西北高峰比作古时“左传闽二年”中原乱离，人们不当亡国之民，700多人移迁河南黎阳侨居置牧业，不知改朝换代，平安无虑。

这次避难保民安的紧急措施深得民心，受到黎民爱戴。此次乱后，公鼐不顾体弱有病，赶往暴乱最严重的东蒙山南古国颛臾访问，写七言律诗一首：

乱后，蒙南访颛臾故墟

武阳迤北费城东，过眼封疆在一同。
吊古故知崇皞济，建邦曾见启龟蒙。
虚闻遗俗弦歌在，无奈残甿井里空。

髫龀旧观更变尽，凄其惟有旧秋风。

说明：地处武阳以北费县城东，乃古颛臾国故址，春秋时期分封，我来凭吊所崇拜敬仰的古迹，他建邦起于东蒙山龟蒙顶。在这里还能看到民间遗留下的风土人情，虚闻鲁国古都宫廷的歌舞声。眼前，却是一望残迹，黎民外逃，破落宅院大都空闲。小时候游观之地变成废墟，盛景皆无。现状凄凉惨切，唯有清风吹来，还是旧时感觉。由于内心焦虑，流露出对时政前景渺茫之忧。

晚年的公鼐一直关心家乡农田建设，发动庄农开辟荒野，栽果种树，修池建渠，有诗《南溪新作小圃》《南圃就客求果栽》《儿甸作池亭》等。很多写节令农时农事的诗，描绘出这位大文学家、诗人、退位高官劳作在山野田间的真实写照。

第三节　勤政理学

公鼐家族，蒙阴东蒙公氏，乃儒学传家。一世祖公蕃于北宋宣和间，身背书箱，流落蒙阴古村上东门村为大户包家教书先生。《蒙阴县志》康熙十一年（1672）版记载：公勉仁“祖讳蕃者，笃行力学，劝掖后进，故宋称‘真儒’”。公蕃奉行儒学，理学执教，亦从事诗文创作，著有《定园集》，其子公怀远承父业，著有《松石草》。那就是公鼐家族文化的基奠。

公蕃后代，自九世前为世袭军职，十世公旒在军营文才出众，授胥秘职，以军功加忠孝授任直隶顺德府广宗县丞。从此公鼐家族正式步入仕途。十三世后蝉联五世进士，在明代已是望族，俨然成为江北著名的文学世家。此乃公鼐成为两代帝师、“理学名臣”的背景。

万历辛丑年（1601），也就是公鼐中进士翰林的那一年，宫廷十年间，皇帝与大臣的立太子争辩终于尘埃落定，皇长子朱常洛终成太

子。公鼐也成了太子的老师，进入东宫。这时正赶上了有希望实现他这远大理想和政治抱负的时机。没料到的是，宫廷内党派斗争愈演愈烈，自己的政治生涯也逐渐进入岌岌可危的地步，甚至要危及生命，不得不在万历三十五年（1607）请告回籍养病。但是人在故里务农疗养，要实现自己愿望之心，始终没有放弃。这次请告归故里，假期已满，奉诏回朝复原官职兼国子监司业（国学副校长）时写七律诗一首，即《初入太学》，诗中有“薄负戴山恩情重，狂澜障海力全微”之句，说皇帝的恩重对自己寄予期望与信任，委以重任。但拨乱反正力挽狂澜，靠自己力量还是微不足道的。在此时期工作繁重，日理万机，废寝忘食。在《暑中晚归》中写“朔雪京尘间绪风，晨昏出入与星同”“如何逾五闲居客，犹是驱驰一病翁”。宫廷政务繁忙持重，加之理学重任，尽管早出晚归，身体还有病，实在有点儿力不从心。有诗一首：

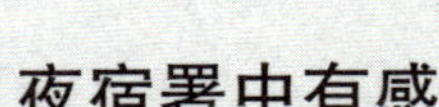

夜宿署中有感

退谷松风长乐钟，今宵魂梦未从容。
花开津渺难重问，柯烂局翻岂再逢。
苑雪凝寒仙仗绕，宫云引漏紫霄重。
披衣欲向桥门路，叔夜何堪意已慵。

说明：在署衙加班加点也是干不完的公务，忙得夜不能归家府，需住在办公室。与退谷隐居相比，天地之别，忠君为国劳累，还要顶压力抗邪风，不断出现问题。同年五月初，在一个黄昏时分，他的学生、太子朱常洛被打。明神宗朱翊钧派人调查，冷处理，也就是万历后期的三大疑案中的“梃击案”。公鼐明知太子被“梃击”背后的隐情，但身为皇帝近臣，他只能服从皇帝旨意。但他不畏奸邪，仍支持太子朱常洛出阁讲学。据《国榷》记载：“八月己亥朔壬寅，皇太子出阁讲学盖旷期十有三年，是日参事刘一爆侍班……左谕德公鼐……

侍讲，中外大悦，仅一见而缀。”意为：皇太子受封十三年后出阁讲学乃国家之大事。由刘一燝当班，公鼐主持太子讲学受到各界好评，中外称赞，寄国家的希望于太子一鸣惊世。表明了公鼐以其全力培养太子成功，也是他一生一大功绩。

万历四十三年（1615），公鼐主持太子讲学，又奉旨主持武围。他心系武备，终生不渝，做东宫讲官、翰林编修纯属文职高官。授命与薛三省主持武围，可见万历皇帝和朝廷对他的器重和信任。

万历四十五年（1617），他奉旨西游巡使祖国半壁江山。同年初冬，告归故里。万历四十八年（1620），神宗驾崩，朱常洛筹备继位。是年，已63岁的公鼐被召回，筹备皇太子登基。并被拜为国子监祭酒（正校长），晋升为皇帝朱常洛身边侍读官，御赐“理学名臣”。朱常洛向文武重臣宣布“国有大事，公卿咸就载”，把老师摆在万人之上的位置。此时的公鼐到了最受器重时期，同时也招来宦官、阉党的更加嫉妒和极力排斥。这时辽东边陲突然有变，边情吃紧，军饷告急。还未举行登基大典的朱常洛，国之大事必与老师公鼐决议；临危决断，动用先皇神宗的私产内帑，两次发往辽东边关和北方前线，未料到的是朝廷有腐败奸官，假报招募兵马等理由挟金而去。公鼐此时为朱常洛的辅臣，既愤怒又惋惜，可惜朱常洛未正式登基时为“庙堂无主”，激愤无奈，写下七言古体诗《惜内帑行》。说皇帝还未登基，为国事操劳“宵衣旰食苦微求，凿山竭泽增会记”，说先皇万历“积贮乘传五十年，塞闾充栋相周连”。“群儿心荡不复顾，见金有同在野兔。驾言足馕自足兵，借名招募挟金去。庙堂无主任所为，一时百万归泡露”。

可惜朱常洛还未登上金銮殿，便为国为民动用了先皇的私产，但并未能全用到边关，百万银两被奸宦中饱私囊，国家财产打了水漂，非常痛心。此诗意为：一是对朱常洛果敢决断，劳苦受累的疼爱；二是揭露朝中宦官专权腐败到何等地步，惋惜先皇五十年的积蓄化为泡影；三是可怜边关将士沙场效命，缺衣少食，生死不保，恨不得去定

陵（万历皇陵）大哭一场。接下来是送兵部尚书挂帅出征辽东，有诗一首：

送大司马熊公东征

元戎十乘启关东，闪日旌旗耀海红。
万姓欢呼迎塞上，九重赐命到师中。
青山徙构巢全扫，赤社分茅爵渐崇。
麟阁图行谁第一？须知再造是元功。

这是一首送熊尚书亲率征东的送行诗，以波澜壮阔的笔调流露出共同辅佐少主朝政的责任和感情。第一句交代大司马亲征，朝廷重兵出都，旌旗闪耀指向海疆，预示边民欢呼相迎的热烈场面。朝廷的赐命必定昂扬京师将士的英勇气概。后段写大军徒步涉水定扫尽贼巢，等待朝廷论功行赏。作为兵部尚书亲自挂帅，那是朝中卓越人物，此去定能旗开得胜。

此诗句对仗工整，风格雄浑刚健，用词慷慨激昂。直接抒发麟阁重臣亲征，全军将士的壮志豪情和朝廷的关注，以及等待佳音的心情，笔力十分雄劲。同时，还有一首寄丞相的建议为东事表决的诗，有"东山本为苍生起，猿鹤相窥莫浪猜""天生豪杰缘时出，整顿乾坤愿始酬"之句。暗含将相不和，相互窥探，圣主有忧愁，当断难断，中梁豪杰何时得以公平、公正之情。

为立公鼐的学生朱常洛为太子，经过了长达十几年的皇帝与大臣争辩拉锯，直到20岁才确立太子位。朱常洛被朝廷士大夫们视为国家的根本，大明王朝未来的希望。在接替神宗皇位到正式登基三个月的时间，做了三件大事：一是撤回神宗末年引起官怒民愤的矿税两监；二是动用神宗私产内帑赐辽东边关及北方前线；三是召回神宗一朝因上疏直谏受到免职处罚的大臣，委任官职补空缺位。这些满朝文武都看在眼里，预示新的政治面貌即将出现。短暂的执掌国政，令天下士大夫欢欣鼓舞，眼看大明王朝要走向大治。此时，西宫郑贵妃将李选侍选献，朱常洛每天退朝被封闭在内宫，以美女应洽，彻夜不能眠。一心做好皇帝的朱常洛，因贪恋美色十几日，身体渐垮，每日上朝带病态，形容憔悴，圣容大减，文武大臣们担心预料不测，也无力回天。在朱常洛登基一个月后的九月初的一夜，因服“红丸”暴毙身亡。满朝文武悲愤交加，公鼐更是痛不欲生，整日以泪洗面，还得强忍愤怒，料理朱常洛的后事。而后，住庆陵修陵护葬，不回朝廷。

光宗突然驾崩没有修陵寝，大臣们议将当初景帝朱祁钰修好未用的寝陵抓紧修复葬光宗，改名庆陵。所以，朱常洛于九月一日驾崩后，公鼐就去了桥山主持整修陵墓，有诗二首：

重阳前日霜降祇役山陵

其一

连宵寒雨促朝霜，乱树翻红菊绽黄。
玉殿翠华相向出，千山开镜作秋妆。

（原文注：古语云：“秋山如妆”。）

其二

近塞寒多雁阵遥，万松风雨晚潇潇。
已知明日重阳节，萸菊谁看倍寂寥。

此时，诗人心情无比沉重，来山陵调遣劳役为光宗朱常洛修陵。深秋寒雨交加，早晨的霜雪满山遍野，红叶伴着菊黄。陵墓旁边的华表高耸向上，如古语说的千山如镜，为大地装扮秋天的装束。还写了近在塞外风寒来袭，雁阵遥望，百株松林淋雨迎风非常凄凉。明日重阳不能佩戴茱萸、香囊，喝不上菊花酒，倍感万籁寂寞，整日心神不安。庆陵修好葬下光宗，他仍不回朝，住在桥山为光宗朱常洛护葬。在此期间心内翻江倒海，心想忠君报国，策划太平的远大理想刚到眼前又化为泡影。

护藏庆陵宿冷河作

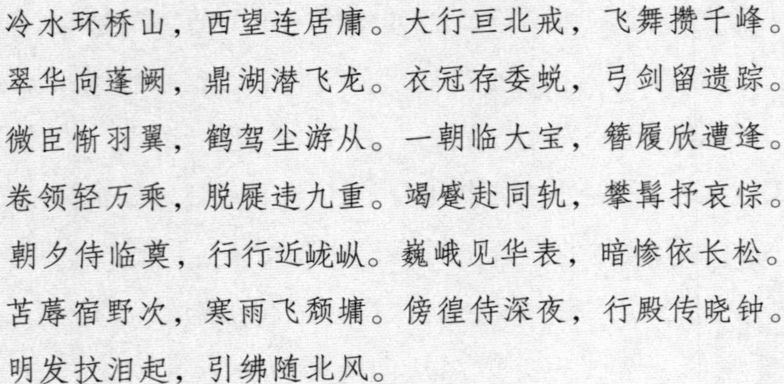

冷水环桥山，西望连居庸。大行亘北戒，飞舞攒千峰。
翠华向蓬阙，鼎湖潜飞龙。衣冠存委蜕，弓剑留遗踪。
微臣惭羽翼，鹤驾尘游从。一朝临大宝，簪履欣遭逢。
卷领轻万乘，脱屣违九重。竭蹷赴同轨，攀髯抒哀悰。
朝夕侍临奠，行行近巃嵸。巍峨见华表，暗惨依长松。
苫蓐宿野次，寒雨飞颓墉。傍徨侍深夜，行殿传晓钟。
明发抆泪起，引绋随北风。

说明： 这首五言古体诗，用纪实的手法描绘出桥山的环境、庆陵的位置、护陵的艰苦。心中诉说了无情的冷水环绕桥山，西边连接居庸关，光宗朱常洛的庆陵续接无终的、连续不断的千山峰峦。朱常洛的仪仗旗帜向着蓬莱仙境。鼎湖，是指皇帝升天之处，是潜藏真龙的地方。天子的躯体在这里，随身的天子宝剑在此遗留下世间的功绩。臣惭愧不能当好羽翼辅佐天子，只能陪驾尘游在此。刚刚登基的天子龙髯不幸遭横祸，万乘之君异常升华。想起君臣授学时朝夕相处、形影不离，眼前只见高耸的华表、漫天的黑暗惨淡，在此依偎松柏铺上草苫子被褥露宿棚地。寒风细雨飞，飘落在庆陵上面，深夜彷徨回旋，拂晓听到行宫的钟声。黎明擦去眼泪起身，心想作为伴驾扶灵柩左右引绋而来，暂不回去了，就伴随皇帝寝陵和那些悲惨的松风。

深秋之时来修陵，在桥山宿营度过严冬。半年后，光宗朱常洛的长子朱由校继位后召公鼐回朝，晋詹事府詹事，诰封朝议大夫。临行有诗二首：

护葬庆陵简同事诸大夫请教

其一

东朝出入愧浮沉，疏傅辞归有赐金。

今日重来攀鹤驾，桥山松柏惨秋阴。

（原文注：光宗皇帝在东宫，鼒备讲僚数月，移疾去。）

其二

一夜龙髯报上升，乌号影响事难凭。

孤臣洒泪沾秋草，愁向千官说庆陵。

其一写入朝东宫教太子朱常洛时官职晋升，还未做出大成绩，就因故辞归，临行时太子赐金送行。这次回来伴驾成为鹤驾，看整个桥山松柏惨淡阴凉。其二诉说圣主一夜间乘龙升天，臣心无能留住皇帝，只能抱弓箭哀恸号哭。虽然皇帝暴毙，事由明确可难于有凭证。老师今后成孤立无助，将成为远臣，只能泪洒秋草，怎么能面对满朝至天下千官，说明光宗突然驾崩仓促修旧陵改庆陵的来由。

朱由校继位为熹宗，年号天启，对公鼒也很尊重。公鼒自万历二十五年（1597）教朱常洛，四年后朱由校降生。由太监魏忠贤抱养看护长大。那时的魏忠贤深信，只要照顾好朱由校，日后立为太子，自己就能飞黄腾达。朱由校长到9岁，公鼒教了他两年，又奉旨西游请告回籍。第二次回朝伴驾辅佐光宗朱常洛继位，朱由校时已长到15岁，还没有被立为太子。朱由校小时在宫中根本不好好学习，整日跟魏忠贤玩。魏忠贤大字不识一个，教朱由校木工手艺、斗蛐蛐、玩禽鸟等。朱由校16岁时突然成为皇帝，这也是魏忠贤如何能驾驭控制朱由校专制朝政的原因之所在。

公鼒自庆陵护葬回朝，上疏执笔《光宗实录》，恩准兼任神宗、光宗两朝实录副总裁。但由于朱由校逐渐被魏忠贤控制，乱了朝纲。在詹事府事上处处设阻，《光宗实录》必须按阉党指意执行。公鼒坚

持“去其伪存其真”，表明光宗政绩，不陷害忠良，根本写不下去。为了经略辽东边事，公鼐联名举荐原户部尚书、万历年间引退故里的李三才，廷议不决。魏忠贤之流御史叶有声追论，公鼐与李三才有姻，被移职礼部右侍郎协理詹事府事，离开了朱由校。秉性耿直的公鼐赤心忠君报国，任他们降职移职，也坚决不与奸邪苟同。

天启二年（1622）四月，有朝臣追论光宗朱常洛的“红丸案”真相。公鼐为了还能秉笔《光宗实录》，继续写下去，忍辱负重暂不与奸邪抗衡，违心亮出持两端的态度，幸免于同坚持正义的忠良臣一起罢官。但还是一直受打击、遭排斥，一事无成。被迫上疏请辞，这时熹宗朱由校不理朝政，魏忠贤宣旨准奏。65岁的公鼐辞朝归故里蒙阴，有诗《壬戌得请出都入里作》为证。

天启四年（1624），熹宗又想起老师，下圣旨召回公鼐，晋“礼部左侍郎”，充“两朝实录副总裁”，兼“翰林院侍读学士”。接到圣旨，他已67岁，也看清了大明王朝大厦将倾，自己身体渐弱，时魏忠贤仍把持朝政报国无望，上疏请辞不出。“御批不免，奉旨闲住”。没想到魏忠贤之流再以举荐李三才之事为“徇私妄荐”“削鼐职”，如此，皇帝身边的重臣变为平民了。

第六章　文学主张　诗学影响

古今诸体皆精专，时代声情诗中传。
台阁复古归陈迹，激浊扬清出笔端。
博学兼通儒释道，宏文山左非等闲。
佳作自能垂千古，彪炳史册立文坛。

公鼐生长在一个重视科举与文学的名门家族，有家学渊源，自身学识渊博，勤奋一生。为国、为民、为家乡做出过非常的贡献，在国史、府、县旧志及家族旧谱中均可考。

他未成年时参加山东“毛公试”（童子考诗），考出奇绩，山东督学将他的家乡蒙阴由小邑升中等，每届乡试增加五六个名额。在明末清初，蒙阴考出的进士、举人、贡生，比相邻周边大县都多。

万历八年（1580），公鼐23岁，受父亲翰林院公家臣嘱托，写出宏文巨篇《东蒙山赋》，将原不见经传的天下美景东蒙山推向全国，使东蒙山知名度大增，引来不少文人登蒙山，并为后人留下铭文诗篇。

万历四十三年（1615），公鼐为山东请赈“通活全省”。

公鼐出仕入朝的最大功绩是顶着宫廷内斗的压力，教出了对大明有望的皇帝朱常洛。

公鼐是晚明杰出的文学家、诗人、“理学名臣”，一生文学成就最为突出。一是倡导齐风，成为“山左三家”之一的诗坛领袖人物。他对齐风的执着倡导、追求卓越，是继承其恩师李攀龙等山左文脉的延续，为实现山左诗坛的再次崛起做出突出贡献；二是反对复古模拟，继承优秀传统，发展时代风格；三是树立自己的诗学特色，影响明清，至今不衰，为晚明文学退败创立新的诗学主张做出重大贡献。另外，他在易学、佛道方面颇有研究。从他的游仙诗文中可看出，他对佛道修行已进入断除一切烦恼、超脱生死轮回境界。他身后留下《问次斋集》百卷，赋文诸多，为研究明代文化、历史名人，提供重要依据。他的诗学“齐风”，功在千秋，留名青史。

第一节　文学主张

作为“山左三家”之一的公鼐，首先倡导“齐风”，受到挚友冯琦及恩师于慎行的大力支持，积极响应，带头树立榜样，努力为拯救明代文化颓败、政治危机做出贡献，影响晚明、清代诗学风格向雅正发展，团结带领一批雅正诗学人物，为复兴“山左齐风”建立不朽功勋。

公鼐成年后的早期作品也是追慕“前七子”李梦阳、“后七子”李攀龙的格调风格的。他15岁时一首七律《拟秋怀》名扬京师，就是摹拟“前七子”李梦阳的格调。他16岁时在济南参加历下白雪诗社，专门慕名拜访李攀龙，对李攀龙的学识和文学观点赞赏有加，写下了《历下访白雪楼》四首。其一有“千秋大雅谁同作，虚负当年御李心”之句，其四有“池亭价重传齐鲁，文苑名高并李何”之句。

随着年龄增长，实践阅历日趋成熟，公鼐逐步认识到大明文学颓败、诗风不正现象，他认真反思，自强不息，倡导雅正的文学创作。提出了坚决反对复古摹拟之风的文学主张，有代表作《古乐府序》。

宋儒郑渔仲氏称：“继三代之作者，乐府也”，乐府之作，宛同风雅。今之行于世者，章句虽存，声乐无用。崔豹之徒以义说名，吴兢之徒以事解目。盖声失则义起，乐府之道几乎息矣。此言乐府原为诗乐之用，而事义则必有所由起，均不可废也。

愚谓风雅之后有乐府，如唐诗之后有辞曲，声听之变有所必趋，情辞之迁有所必至，古乐之不可复久矣。后人之不能汉魏，犹汉魏之不能风雅，势使然也。如汉《朱鹭》《翁离》之作，魏晋诸臣拟之以名其一代之事，易名别调，各极其长，岂以古今同异为病哉！后世文士如李太白，则沿其目而革其辞；杜子美、白乐天之伦，则创为意而不袭其目，皆卓然作者，后世有述焉。

近乃有拟古乐府者，遂颛以名其说，但取汉魏所传之辞，句模而

字合之。中间岂无陶阴之误夏五之脱？悉所不校，或假借以附益，或因文而增损，跼蹐床屋之下，而探胠滕箧之间，乃艺林之根蠡，学人之路阱矣。以此语于作者之门，不亦恧乎？夫才有长短，学有通塞，取古今之人，一一强同，则千里之谬，不容秋毫；肖貌之形，难为觌面。

若曰："乐府则乐府矣，尽人而能为乐府也。"若曰："必此而为古乐府，使与古人同曹而并奏之，其何以自容哉！"李于鳞氏曰："拟议以成其变化。"噫！拟议将以变化也，不能变化而拟议，奚取焉！余知其不可而不能不为也。第命曰："古乐府而不敢以拟称云。"

以上《古乐府诗序》集中表现出公鼐的文学思想、诗风主张，并自己尽力带头树立新时代诗的榜样，标举齐风影响晚明、清代至今。齐风来自齐学、齐诗，自古到今为文学派之一。汉书《艺文志》载谓辕固生（齐人）为此诗作传，汉景帝立他为博士。清代有"齐诗遗说考"，还曾加辑释。

明万历十七年（1589），会试得中头名状元、翰林院编修焦竑评公鼐诗论中曰："宜其诗之极度穷工，卒归大雅，斟酌中和，节度流兢。"这一评论概括了"齐风"之内涵。焦竑提出的"学道者当扫尽古人刍狗，从自己胸中辟出一片天地"。同公鼐的"一时代有一时代"的声情反对模拟复古思想是一致的。

"古乐府序表明了公鼐的文学主张"评论选录

（一）

蒙阴县政协文史委朱明秀先生于1988年就考论写出的文章中有一篇《公鼐的文学主张和诗歌成就》，文中写道：由于受封建理学和八股文风的影响，明代诗文创作数量虽然不少，但成就却不大。在永乐、正统年间（1403—1449），文坛上出现以内阁大学士杨士奇、杨荣、杨溥为首的"台阁体"诗派。他们的作品都是以唱和应酬、歌功颂德、粉饰太平为能事，艺术上呆板平庸，实无可读。明代中叶，在反对“台阁体”蝉缓冗沓的文风斗争中，又出现了以李梦阳、何景明为首的“前七子”、以李攀龙、王世贞为首的“后七子”雄踞文坛。他们以复古为号召，主张“文必秦汉，诗必盛唐”。企图以摹拟古代优秀文学为号召，来取代充满官僚习气的“台阁体”。但是，他们把摹拟前人当作创作途径，对秦汉以后的文章十分鄙视，结果食古不化，反而把文学创作引入歧途，一时抄袭之风充斥文坛，不以为耻反而为荣。据朱彝尊所编的《明诗综》统计，明代诗人多至3400余人，却很少有传世佳作。论其原委，前人多归咎于八股文，但“前七子”“后七子”倡导的复古摹拟之风，在诗坛上则更应承其罪责。

公鼐就生活在这种氛围中，从他早期作品中，我们也能看到摹拟的痕迹，如《商歌》《玉阶怨》《白头吟》诸作。早年他对李梦阳、何景明等人也很推崇。他在《问次斋闲居》中说“世业断歆向，明名谢李何”！这个李、何就是指的“前七子”首领李梦阳、何景明。对“后七子”中的李攀龙也是尊崇备至，而有“文章一代李沧溟”（李攀龙，号沧溟居士）的诗句。然而随着年龄的增长、艺术修养的成熟，在与他同时代的“公安派”“竟陵派”的影响下，逐渐认识到“摹拟之非”，公开提出了与李攀龙等人针锋相对的文学主张。

他的主张除以他的作品身体力行加以体现外，主要是以他的《古乐府自序》是为他自己编辑的一本《乐府体》诗集而写的序言。在此，他的文学主张概括起来有以下几点：

一、文学是发展的，历代文学的演变，各有其时代的特征和历史的原因。贵古贱今，蹈袭拟古，都是不承认文学发展与演变的原则

他说：“愚谓风雅之后有乐府，如唐诗之后有辞曲，声听之变有所必趋，情辞之迁有所必至，古乐之不可久矣。后人之不能汉魏，犹汉魏之不能风雅，势使然也。”这就是说“一时代有一时代的声情”，文学作品应该扣紧时代的特征，成为推动新思想发展的动力，正因为如此，他的一些诗也能反映现实，切中时弊。

二、文学是继承的，他主张学习和继承古代优秀的文化遗产，但应根据时代特征而革旧创新

文学既是发展的，对于古代的优秀文化作品、文学形式都应该学习，应该继承，这并没有错误。他说："如汉《朱鹭》《离翁》之作，魏晋诸臣拟之，以鸣其一代之事，易名别调各极之长，岂以古今同异为病哉！"这就是说，像汉代乐府《铙影》中的《朱鹭》《离翁》这些文字形式，后代文人加以继承借用，来反映当代社会内容，抒发作者的情怀，这不能说是毛病。为说明这一问题，他又说："后世文士如李太白，则沿其目而革其辞；杜子美、白乐天之伦，则创为意而不袭其目，皆卓然作者，后世有述焉。"他用唐代诗坛巨星李、杜、白为例，说明他们有的沿其目（沿用古代诗体、格式）而革其词（换上新词），有的创新意，不受旧体束缚，都成为流传后世的"卓然作者"。我们认为，他的这种既要学习古代文化传统，又要具有创新精神的文学主张，无疑是非常正确的。

三、反对摹拟仿古，公开指出前后七子所倡导的摹拟之风是"艺林之根蠹，学人之路阱"，是阻碍文学发展的罪恶之源

学习古人，本是必要的，若以抄袭剽窃为复古，劝人要读秦汉以前的文，不读唐代以后的诗，这就使明代文坛争以照抄古诗为荣，造成"一唱亿和"、字比句拟的局面，在这种文风的束缚下，"有才者诎于法，而不敢自伸其才；无才者拾一二浮泛之语帮凑成诗"。这样的文坛还有什么生气！

（朱明秀先生的全文载《临沂文史资料》《蒙阴文史资料》三四辑）

（二）

广西大学赵广升，在《问次斋稿》点校前言中，论述公鼐的主要建树在文学领域，部分章节中写：生当明季，宦官专权，政治黑暗，公鼐在政治上难有建树。他的主要建树是在文学领域。相对于先秦《诗经》、汉魏乐府所开创的风雅光辉传统，到唐诗达到光辉顶点，再到别开一路足可与唐诗并驾齐驱的宋词这一诗歌发展历程，明代诗坛显得较为靡弱，鲜有唐宋时期那样的大家出现。纵观明代诗坛，诗歌在复古摹拟与改革创新的争论中曲折发展。“大抵明兴只数家，瑜者从来不掩瑕。余子纷纷未易说，拟议原非吾所悦。丈夫树立自有真，胡为效彼西家颦”。在《长歌子愿席上》这首诗中，公鼐激烈抨击拟古主义者的虚假造作，鲜明地提出了“诗贵真”这一文学创作的灵魂。拟议将以变化也，不能变化而拟议奚取焉！在《古乐府序》一文中，公鼐明确指出了诗歌在继承中创新发展的规律，抨击摹拟复古主义者泥古不化的错误倾向。不仅如此，公鼐还从根本上提出论证了文学的发展随时代而发展变化这一命题，因此应顺应时代的潮流，不能逆潮流而动。“愚谓风雅之后有乐府，如唐诗之后有辞曲，声听之变有所必趋，情辞之迁有所必至，古乐之不可复久矣。后人之不能汉魏，犹汉魏之不能风雅，势使然也”。四百年前公鼐就提出了这些正确的文学主张，同今天的观点惊人的一致。

不仅如此，以公鼐为首的冯琦、于慎行、邢侗等晚明山左诗派，以历下为中心，结社为盟，反对摹拟，倡言革新，树起了提倡浑厚雅正的“齐风”的大帜。“竭蹶谨刍秣，偏师随前冲。主盟非吾事，愿君恢齐风”。《赠冯季韫》“一歌先齐风，大海扬波澜”。(《喜公孝与至赋赠》) 诗人好友冯琦在诗中极为钦佩地描绘了公鼐倡导“齐风”在诗坛的影响和卓历风发的姿态。清代著名诗人朱彝尊对公鼐极为推崇：“诗言于万历，则三齐之彦，吾必以公文介为巨擘焉。”(《静志居诗语》) 清代另一位著名诗评家王士禛，在所著《池北偶谈》里，更是对公鼐推崇有加：“吾乡文介公鼐，万历中，为词林宿望，诗文淹雅，绝句尤工。”认为他的绝句“不减唐人风致”。公鼐为万历诗坛上具有全国影响的诗人，这是不争的事实；公鼐是沂蒙历史上最杰出的文学家，也绝非过誉。因此，研究明代诗坛整体风貌，公鼐的文学主张及其以他为首的晚明山左诗派的创作实绩，是不可忽略的。

（三）

山东师范大学刘爱敏教授，指导硕士生魏龙撰写《问次斋稿》研究论文，第二章论述公鼐诗学主张和诗歌的风格写道：公鼐虽然早年对“前、后七子”极其推崇，也曾有过一些摹拟之作，但是后来随着阅历的增加和艺术修养的日臻成熟，他认识到了摹拟之非，猛烈地抨击拟古主义，提出了自己的诗学主张，这主要表现在《问次斋稿·古乐府序》及其诗文中。文学是变化的，文学是需要继承的，反对摹拟复古，倡导“齐风”，从三个方面加以深刻分析。特别是在公鼐提出的反对摹拟复古方面写道：公鼐极力反对摹拟复古之风的同时，提出了“诗贵真”的文学主张，他在《长歌赠邢子愿》中说：“大抵明兴只数家，瑜者从来不掩瑕。余子纷纷未易说，拟议原非吾所悦。丈夫树立自有真，胡为效彼西家颦。”同时，公鼐还大力倡导“齐风”，他在《问次斋稿》诗歌中多次表达“齐风”的向往，推崇和倾慕。如《赠将生》其一：“东海茫茫东岱雄，齐王旧国伯图空。斗鸡六博皆绵邈，惟有泱泱古大风。”又如《赠季韫》：“我也导齐波，君也扬其澜。主盟非吾事，愿君恢齐风。”同为“山左三家”之一的冯琦称赞公鼐诗：“一歌先齐风，大海扬波澜。”所谓齐风之质主要体现在气势宏大和格调雅正两个方面。焦竑在《问次斋稿序》中评论公鼐诗：“极变穷工，卒归大雅，斟酌中和，节度竞流，舍是将安归也？”这一评论揭示了“齐风”的主要内涵。公鼐面对当时诗坛上盛行的拟古之风，提出“齐风”的诗歌主张，可谓是在诗坛上的创新和自我树立。

（四）

上海师范大学张永恒在他的硕士论文《明代青州府作家研究》中称：公鼐推动“齐风”有功于世。公鼐提出“齐风”后，冯琦积极加以回应，他们以齐鲁厚重的文化底蕴，来拯救明代文化、政治的危机，以求救国复兴，像公鼐赠冯珣的诗云：“主盟非吾事，愿君恢齐风。”冯琦在《熹孝与至赋赠》亦云：“取筑为子击，取琴为子弹。一影先齐风，大海扬其澜。”在评公鼐《文学思想》一节中写：明代万历年间，是诗文较为活跃的一个时期，随着“后七子”的代表人物李攀龙等人相继离世，全国性的摹拟复古的潮流逐渐隐去，紧挨而来的是区域性的诗坛勃兴。其中以“独抒性灵”的公安派和“物有孤而奇”的“竟陵派”为代表的“楚风”，山左的“齐风”最为突出，而其“齐风”理论的发起者、倡导者就是一代鸿儒——公鼐。

（五）

山东大学教授王小舒、苏州大学教授袁鳞，对公鼐家族文化和代表人物公鼐、公鼒兄弟的诗学观与创作取向作了深层次的研究，从公鼐家族的文化背景，到对时代文学主张、影响等方面，发出崭新的论述和高度的评价。

第二节　指陈时弊　揭丑露腐

公鼐一生博览群书，学识渊博，诗文从幼年到终老，跨度时间长，涉猎广泛，涉及社会多方面，自朝廷到黎民，自家乡至祖国大江南北，主要包括关心国事、注重边防、体察民情，为民请命，吟咏祖国山水和海疆、吊古颂今、文学郊游、讴歌故乡、酬唱思亲等内容。还有一大特点，就是涉及时政，敢于用诗歌指陈时弊揭露明代世途险恶，与宫廷内外以及政治上的腐败、混乱，包括自己和先辈深受其害之苦。特别在其学生光宗朱常洛登基被害暴亡后，有已显大明无望，自己选择请辞归隐，大有再召不出、敢于抗疏保节的英雄气概。

如在《问次斋稿·训子篇》中，第五段写有“穆穆敬皇，临轩吁俊；侃侃中丞，逢时揆奋；衔节飚驰，持斧霆震；奸阉销萌，凶渠执讯；代北长城（指大同），汉南雄镇（指郧阳）。枢管方升，胡天不憖”等句，原文指出：明孝宗朱佑樘招贤选才，上四世叔高祖公勉仁官升中丞，在任刚正不阿，以准则办事，执掌法度，雷厉风行，被宦官刘瑾贬在外，刘瑾被武宗朱厚照判死刑后，起四川副使擒贼平叛保民安，累受战功，拜中丞官左都御史，奉旨巡抚大同，后抚治郧阳，在推南京兵部未上任时卒于南疆任上。

第六段写公鼐曾祖父公跻奎，有“曾祖嗣武，执宪二藩”之句，意寓曾祖，中宪府君，先为工部郎，历守潞安，晋副宪后先后于湖南、广西任副使兼军卫，平叛安民，破官匪勾结案，受嫉妒，上峰不公，挂冠归里。

第七段写公鼐父亲公家臣，有“烈考迈德，为世鸿儒；抡魁薇省，珥笔石渠；遭时汶汶，乃放三间。终天之恸，集于南滁（指安徽滁州）”之句。原文意寓：先父太史公在翰林院为张居正“夺情”案被谪官在外下放三级，张居正死后，左迁南京，赴任时病逝于滁州，乃终天之恸。

第八段写公鼐中进士入翰林接了父亲的班，“先职忝嗣，忍瞻其居”。“遗书在陈，宛山西室。奉以周旋，有严齐粟。老之将至，逡巡愿息”。指出，任职翰林院居父亲当年的馆斋，看到父亲亲笔写作、校刊的国史手泽，好似一屋金山，就像父亲还健在一样。以此教导子孙：“尔曹何心，玩岁愒日。谚诞简连，怀安游佚。恸感趋庭，瞿然自失。”

《双林寺歌》通过写大太监冯保，点明其嘉靖进宫，隆庆起职，万历少年登基，借于李太后的关系，横行宫廷内外，“忆昔兹阉附城社，狐鼠内外相纠结”。此处权重高于皇宫，“喜时重冥回融风，怒时薰夏飞严雪”。在双林寺，奴婢能得志，王公大臣受欺凌迫害。“司农为借饷边钱，水衡为罢漕渠役”。这里大兴土木，挥霍国库钱财，连边关粮饷都敢动，掌管钱财的大司农也得听用。为了私利建筑用钱，哪怕水利工程、漕运建设也得停工。

第二段写冯保借权势，为自己建活人祠院，用自己的字号命名“双林寺”，规模宏大，用料珍贵无比。有荆山玉石、邓林的树木，华丽高大如同仙宫，比京都天坛皇帝祭天的地方还豪华。“琳宫直与圜丘齐，浮图俯视都城小”。指出：佛塔占据位置，地域面积广大，俯视着北京城都，天怒人怨，行人不敢直言，游客到此惊异。

第三段有“谁知世道有变迁，可怜一旦成灰冷”“松柏摧薪荒草积，断碑仆灭长苍苔”等句，强调世道变迁，张居正去世，李太后还政于皇帝，万历十二年（1584）冯保受弹劾“十二大罪状”，明神宗朱翊钧多念及为太子时的“大伴伴”，朝夕相处伴随自己玩、习文，免其不死。圣旨批将冯保发配南京孝陵种菜，双林寺衰颓。“浚民脂膏民怨多，毕竟其身挂网罗”。向世人揭示了“双林寺”违背常规，祸国殃民，必有覆灭下场，也是对朝廷政乱腐败深刻和无情的批判。

公鼐有诸多涉及朝政，描写宫廷内外、官场相互勾结、瞒上欺下、尔虞我诈、奸阉当道、忠良受害方面的诗歌，如《望蒙山吟有寄》是在他因疾请告故里时写。蒙山东接东海西连泰岳，峰连云海，绝顶擎天，大气磅礴，雄伟秀丽。山林间猿猴、野兽出没，禽鸟自由飞翔，俯视齐鲁大地广大辽阔。“眼底不生京洛尘，物外自由烟霞想”。在这里远离京都世尘喧嚣，隐居净地，想念京都友人恩师，盼望与君同游蒙山，行走在林壑之间，曲径通幽的小路上。避开那“豺狼昼出当道卧，一望使我摧心颜”的世界，眼不见心不烦，没有忧愁恐惧、悲愤痛苦。接下来引经据典怀远以德，从京都到此书信往来不便，盼望在春暖花开之际，我的朋友、恩师能从京门来见我并与我握手长谈。

还有描写世态炎凉、人心难测的乐府古体诗一首：

天可量

天可量，海可测，惟有人心无终极。山可平，川可塞，惟有人情多反侧。翻云覆雨不移时，系风捕影查无迹。锋镝之来尚易防，伏匿

之端殊难识。圆如环，曲如钩，屏风转折船两头。身如痌瘘口如蜜，引经下石虚绸缪。康庄阛阓掘陷阱，平风静浪生阳侯。蔽日漫空朝见沫，飞霜布雪春如秋。妆点有无变苍素，能使亲信为仇雠。见机识微苦不早，欲求涉世今已老。一任揶揄自块然，谓我朱愚我亦好。闭关偃仰睡高舂，起看春庭长芳草。

此首诗把官场、社会一些人的丑恶嘴脸，封建政客的变化无常、凭空造事、黑白颠倒、两面三刀、落井下石、险恶狠毒之能事，用笔墨描绘得淋漓尽致。诗末尾表示自己已老，自嘲人老糊涂、愚昧迟钝，需安居故里，两耳不闻窗外政事，高枕无忧。诗的写作时间应是公鼐第二次隐居故里，为万历末年，载《问次斋稿》卷之二乐府一。因《问次斋稿》万历刻本是其外甥吕邦耀于万历四十七年（1619）在河南任督学期间刻印，时公鼐60岁。

第三节　儒道佛缘

公鼐，大文学家，儒学派诗人，他的故里蒙阴，山峦起伏，松柏广布，风景秀丽，自古佛寺多座，几处寺院办学，公鼐自少年入学南竺寺院，写出有关寺庙、道观，如“南竺寺”“圣寿寺”“中山寺”“龙岗寺”等诸多游仙诗篇。他42岁前为诸生，历时20多年，曾参与《山东通志》编修；文学郊游，走遍齐鲁大地的山水名城、佛寺道院。他出仕入朝后，两次奉旨出使巡游祖国半壁江山。从他的《问次斋稿》《问次斋西游稿》《问次斋续稿》中可发现有关拜谒著名道院、佛寺，写出游仙诗、佛学诗百余篇。可见他对道家、佛学的知识深广。这些诗篇精彩地记载了他以描写神仙、仙境、佛修来抒发自己的思想感情，表达了畅游拜谒道佛胜地，向往人间平安善济、世界和平的理想。颂扬古老文明，揭露社会现象，并且也展示了他的文学特色和诗歌风格。

游仙诗《古风》五首

（选三首）

其一

芳桂映初月，金凤肃清秋。馨香浮天宇，余辉垂南楼。
爱此奇丽质，百卉谁能俦。
……
不如桃与李，多为世珍求。彼独爱高洁，擢秀层岩幽。

第一句向读者交代此时乃秋季，桂花开放清香飘浮，地点是在蒙阴县城的南楼，是曾祖公跻奎的家府。诗人不为投桃报李自己的利益，但为世间求珍，要高风亮节，洁身自好，有学问有才能，成为国家有用之才。

其四

仙山在东海，相传是蓬莱。山中有琪树，千岁一花开。
翩翩倚玉宇，灼灼映瑶台。移根入尘境，枯槁不可栽。
贤哉陋巷子，岂是春秋才。

诗人以想象之笔登上东海仙山蓬莱，有玉树开花，鲜亮无比似玉女，在玉宇琼楼间翩翩起舞。诗人用彩笔描绘出一个优雅缥缈的神话世界。接下来要把此花移植到人世间就会枯萎栽不活。后一句说贤人才子，心怀匡世济民之志，却流落狭陋的街巷里，不能施展才能，愧对自己“倚马才”之名，表现了诗人怀才不遇的情绪。

其五

大慧张平叔，世称紫阳翁。早闻海蟾诀，著书合参同。
我本尘埃士，奔走途已穷。倦极求归路，遐想揖玄风。
依稀梦羽客，骖鸾下云中。把诀一指授，旷然若发蒙。

玉华生恍惚，金光露太空。仙师拂衣去，从此契真宗。

但为尘纲累，戢翼委樊笼。何时婚嫁毕，决策方誉东。

此诗首句引据北宋道教宗师、世称“紫阳真人”的浙江天台张平叔，少壮中进士，通三教典籍，自称在成都遇异人刘海蟾，授以金液还丹诀。张伯端，字平叔，著书《悟真篇》，论述内丹修炼和道教、禅宗、儒家三教合一理的思想。

第二段说自己本是世俗之士，穷途难忘，科举不顺，已厌倦求仕途之艰难，求回归故乡之路。遐想高远，玄妙虚无，本人也曾遇见名道师托梦指教，使我“心开目明、旷然发蒙”，仙师拂衣而去，从此学古论今轻而易举，心中大道默契相合，同时看到现实世间之尘纲，成为束缚人生的罗网，心想待吾婚嫁后有人照料老母亲，自己可以脱身走上实现自我决策的目标。实际是初生厌离之心，已种修行之种。

这是一首游仙古体诗，大约作于公鼐20岁后，其在京读书时，父被谪官外放，自己乡试不中，在《己卯放榜后作》一诗中有“北极诚难忘，东山欲早归。到来招隐日，婚信昔年非”之句，二者有相似之处。

其五表现诗人稍有欢快不消沉，表现出自己的政治抱负和怨恨现实不公平的思想矛盾。诗引据道家典故，语言表达忧国忧民沉痛的思想感情。

万历四十五年（1617），公鼐60岁，奉旨观风西游，登上华山时遇大雾天，不能往上攀登，只能夜息玉泉院，作七律诗一首：

息玉泉院

松桧交阴水榭凉，琮琤宛转应清商。

九霄光彻银河影，万叠泉承玉井浆。

置屋岩端云入户，开尊池面雨飞觞。

蘧然一息清尘梦，便是希夷枕上方。

“华山自古一条路”，登游者都知。而一条路的起点是玉泉院，也是华山第一个大景观。

玉泉院始建于五代时期，内有回廊迂曲，绿树环绕，十分幽雅静谧。正如诗中首句：“松桧交阴水榭凉，琮琤宛转应清商。”接下来形容院中夜景，抬头望银河，低头看泉水玉浆，屋顶天殿内飘进云彩的感觉。据传院中清泉与华山顶峰镇岳宫中的玉井相通，真可谓“万叠泉承”。

玉泉院洞中有雕刻希夷仙人的卧像，名为“希夷洞”，是五代时期陈抟，字希夷，号扶摇子，赐号白云先生，曾高官不去任，归隐此山建玉泉院，后人为纪念他，雕刻一尊巨石卧像，有“洞里睡仙”之雅称。诗的最后，作者意寓为进院瞻洞，给人一种惊喜，眼前出现了清洁尘嚣污浊的梦幻，原来是仙人希夷睡卧在此。

万历三十四年（1606），公鼐奉旨持节观风，行至湖北，登游武当（道教名山），遇真宫瞻张三丰遗像，以此为题，作七言绝句二首：

遇真宫观张三丰遗像

其一

辛苦十年未遇真，故宫何事有遗身。

文安造膝承天语，信道真仙是此人。

其二

嵾山峻绝俯房陵，金碧千山日日增。

但说仙言兴此地，来寻遗像问飞升。

说明：张三丰，明初道士，名全一，又名君宝，号玄子，其不修边幅又夸张邋遢。辽宁阜新人，史籍写他龟形鹤背，大耳圆目，须髯如戟，读书过目成诵，严寒苦暑一衲一蓑。曾在武当山幽栖，创武当派拳法。明太祖朱元璋、成祖朱棣多次求见不遇，至英宗时封“通微显化真人”。有《三丰全书》，《明史》有传，为道教武当派起源，诗

中的嵾山是指武当山别名，房陵是山下的房陵县。

公鼐登到武当绝顶瞻“真武大帝”，观张三丰遗像。武当绝顶天柱峰是张三丰修炼之地，真武大帝在此修炼 42 年后得道飞升。作者在此没有重笔写景物，主要心思是身临其境，寻仙学道，前后两句对应“辛苦十年未遇真”“来寻遗像问飞升”。

少林观初祖面壁石影

其一

少室开初地，悬崖面壁真。纵然经浩劫，长是寄微尘。

宝月威仪好，空华色象新。谁知心印后，犹有未抛身。

其二

初祖开先处，崎岖始一游。九年犹是幻，片石岂应留。

住相非无想，观心似可求。西来果此意，何必问源流。

说明：少林，在河南登封少室山北麓五乳峰下，始于北魏孝文帝年间，由古印度高僧菩提达摩来此传授佛教、禅宗，并建立少林寺，成为“禅宗祖庭”。唐代以后，僧人习武以少林派拳术著称，博采众家之长。寺内有很多唐宋以来的石刻壁画、金属铸造器，有我国最大的住持、和尚墓塔群。还有初祖庵，达摩洞是菩提达摩面壁的地方。少室山主峰玉寨山海拔 1517 米。

这首诗写佛教禅宗，60 岁的公鼐于万历四十五年（1617）奉旨西巡经河南登嵩山，游观少林寺时所写，诗文引据经典佛教词语，结合少林寺景物而成。题目点明“初祖面壁石影”，是说禅宗达摩在少林寺石洞面壁九年，对面石上留下了达摩身体姿态的形象，好像一幅水墨人物画，后人称这块石壁为“达摩面壁影石”，历代僧人瞻礼供奉。明万历年间在此面壁洞外，建一座双柱单孔石坊，前额刻“默玄处”，后额为“东来肇迹”。

这首诗构思巧妙，以少林寺景物风貌及僧人生活，颂扬佛教初祖

创始少林寺佛教文化悠久、博大精深。同时还写了《嵩山》《少林寺观僧徒比试武事简唐府》《嵩山天中阁》诗篇，以遥相呼应，表现出作者对佛学的学习了解大有成果和对仙佛生活的向往，“西来果此意，何必问源流”。此诗言语偈颂，体现了公鼐学佛闻思修的境地，特别是知见上的境界。

万历三十四年（1606），公鼐奉旨持节观风，初秋时节行至杭州，在西湖逗留近十日，写下描绘西湖美景、佛门寺院抒情等诗近十篇。有西湖、南北峰、龙井灵隐寺、三天竺、金山寺等，“风灵隐月，都忘秋色是天涯”。表现了作者来到西湖名胜、佛国洞天，因景物抒情，精丽缜密。其中有五言古体诗一首：

灵隐寺至三天竺

西湖南北峰，琳宫如错绣。灵隐接三天，一鏊界前后。
嵌空类滴乳，擘云耸飞鹫。颔岈长槎蘖，嶕峣盛结构。
名泉表奇绝，寰中信希觏。潜瀊涌金田，凝碧漾瑨甃。
即席垂竿纶，搴窗就枕漱。行行陟崖岸，棼楣互逗漏。
象三列鼎足，夹拱攒心宿。门堂恰中分，水云亦选凑。
尚方排阊阖，湖光驻檐霤。朗咏白傅诗，炎风爽清昼。
缅怀前贤踪，不改祇林旧。我来限归程，寓目怅邂逅。
小憩禅房深，花竹竞娟秀。淅沥听松声，九里来金奏。
得句聊纪游，何能对雪窦。

这是一首游记诗，前六句写西湖南北峰之间，佛寺仙宫一个接一个檐牙错落，灵隐寺宏伟高大，接天连碧，天空中云朵玲珑玉秀笼罩鹫峰（飞来峰别名），深山徒涧中游出竹筏，山洞出清流，入井进地，灌溉着良田，此景诗情画意相映成趣，乃是宇内最美好的地方。

第二段六句，写秀美的西湖成为佛门、隐士居住佳境，佛室窗外枕石漱流，佛寺内院，门堂中分，水云迭奏，似玉皇行宫，与波光潏

涟的湖面相映，远处传来唐代诗人白居易任杭州刺史写西湖的诗歌，可以说佛门净地同美景爽情融为一体。

第三段五句，写奉旨出使，西湖观风，同时还缅怀了先辈曾此观风的行踪和留下诗篇的地方，"咫尺西天"的佛教圣地，寂静肃穆，面貌依旧。这次来观风行程有限，有幸过目，不期相看，未尽如意，得诗句纪此游。结尾句末的"雪窦"可能是指浙江奉化的"雪窦山"，有雪窦寺、御书亭、千丈岩等著名胜地。

全诗34行17句，古体五言一韵到底，引用典故、佛教语表达现实，抒发作者情感，也展示了作者对佛门崇仰和对佛学知识的深刻领会。

万历四十七（1619）正月初七（人日），公鼐刚过62岁生日（正月初一），时乃第二次"引疾归"，在故里修养，写诗、儒、佛、道三教合一三首诗，题目并序：

己未新春，年六十二矣，人日愁中感事，诗以纪岁，取三教成语，皆用人字为韵，共成三首

其一　儒

镂金剪彩竞呈新，一岁通灵是此辰。

卦数推排当小过，时日谈笑得同人。

（小过：为《周易》第二十二卦。杜诗：此日此时人共得，一谈一笑俗相看。）

弃官每欲称吴市，应召还耽卧海滨。

白傅心情多少在，看花不减去年春。

其二　释

波王过二又逢春，梅柳成摇已浃旬。

金粟欲行方便力，月光未证病缘身。

眼根依旧恒河水，心地全平要路津。

几向无生参妙理，习心尤恋日为人。

其三　道

蒙山曾过羡门真，玉室丹台许作邻。
蓬岛漫疑云路渺，曲江时见月华新。
三千功行思重积，二八调和尚隔尘。
佩剑匣琴聊放却，吹笙只学得仙人。

此诗写三教成语。在题目并序中向世人交代写诗的年号月日，古时世间有金箔纸刻字、剪影图案贴在窗户和室内屏风上的习俗。古人称正月初七为人日，“晴明温和，为著息安春之候，阴寒惨烈，为疾病衰耗。”

自万历四十三年（1615），公鼐奉旨西巡祖国大好河山，同年请告回故里养病，也就是他入朝任职后第二次“引疾归”。写此诗时面临休养假期将满，是该应召还朝了。对故乡有无限的眷恋，同时还疏请延续假期，心中正有愁肠之意，遂成诗。

其一写新春刚过，万物复苏，正逢人日神灵相通之时，引据《易经》第二十二卦“小过”，卦文意寓如何防止超越自己的界线，回避灾难，“小者遇而享也”。“时日谈笑得同人”一句借用唐代诗人杜甫“人日”诗“此日此时人共得，一谈一笑俗相看”之句。“弃官每欲称吴市”之句，引据《史记·范雎蔡泽列传》中伍子胥过昭关，夜行昼伏至于陵水，吹笙乞食典故，也比喻过着艰苦的流亡生活。“白傅心情多少在”一句是说唐代诗人白居易 68 岁隐居会昌后，整日与花木为友，性情如旧，73 岁高龄还到赵村赏杏花，留下《游赵村杏花》一诗，有“七十三人难再到，今春来是别花来”之句。短二八句七言律引《易经》，借唐代两位诗人诗句充实自己，格调清新，自然天成，给人以美的回味、深思。这是一首写儒诗，连用易之小过、同人、两卦，一者，易乃群经之首，善儒者必研；二者，联他诗之易用，知公鼐精于易学。

其二写佛门释教，60 岁过后又二年春，梅花正放，杨柳发枝时刻，

这段引用几处佛门教语名称，如金粟为佛士名“净名大士往，古金粟如来”；眼根，为佛教六根之一；恒河，印度的大河。还有与人日内容相接的教人约束自己的释语。这首诗充分表现出作者对佛教大有研究，理解深刻。

其三写道教，首句描写故乡东蒙山最早的道家名士羡门子。作者在23岁时的巨作《东蒙山赋》中就有“神禹因之以艺淮徐，鲁公有之以荒大东，尼父登山以俯东国，羡门居之以越蓬瀛”之句。曲江：证明故乡道教文化悠久。引用道教圣地玉室、丹台之仙人居处与我家乡为邻，景色好比唐代著名的皇家曲江园林。三千功行：养精蓄锐，待厚积薄发，勤学善思，重积诚信，沉着创佳绩。二八调和道教经典，古时计量一斤为十六两，两个八两故称“二八”，说丹道在人身，阴阳二气配合，二者平衡之意。“尚隔尘”之语出自明嘉靖年间大文学家王阳明《寄邹谦之五·丙戌》中“随事体认天理，即戒慎恐惧功夫，以为尚隔一尘，为世之所谓事事物物皆有之”。末尾“吹笙”句引用周灵王太子王子乔得道成仙的典故。统观此诗，虽序称取成语，但皆是公鼐以自己实修所得之表达，可知此时公鼐佛修已渐深入，只是尚未证见本来，除习更未究竟。

自公鼐早期诗篇中能看到他对道教仙人的知识渊博，还有一首游仙诗题目：

王子乔

王子乔，爱神仙，七月七日云中还。
白鹤声咽人青冥，手把芙蓉吹凤笙。
朝玉清缥缈，云鹤羽衣轻。
攀望长烟断，汉津秋月明。

说明：王子乔，神话传说中的仙人，是周灵王的太子，名晋，喜欢吹笙作凤凰鸣声。一次在河南伊洛游山玩水偶遇黄帝时期的仙人浮丘公，引他往嵩山修炼。三十年后告诉家人，七月七日在缑氏山见面，到了七月七日这天，家人们在缑氏山上果然看见了王子乔，只见他骑着一只白鹤立在山头，远远地看着家人们，举手致谢意，后来挥手告别，驾鹤升天而去。

公鼐的三祖父公一扬，号亦山，进士，历官大理寺评事、河南尉氏知县、晋河南裕州知府，调回朝廷任工部郎中。一生潜心研究“玄学”，任知县时用仙术智断民冤。写出不少游仙诗。公鼐有诗五首：

游仙诗奉和三祖水部

五首（选一首）

其二

琪树参差几万重，庐敖东去更无踪。

如今浅却蓬莱水，欲上三山第一峰。

说明：琪树，指人们想象中仙境的玉树。庐敖，古代燕国人曾游历北海，探寻月亮进入玄关，最后到了蒙谷山。浅却，指岁月经年。蓬莱水，指山东半岛蓬莱仙山屹立在海上。三山，人们想象中的海上仙山。

在一篇公鼎晚年写的一题十四首七言绝句中，能看出他的佛道情缘已达极高的境界。

闲居偶作杂诗以当偈言

十四首（选四首）

其一

明经献赋猎虚声，炼药烧丹久未成。

已向迷中加一倍，随人老病学无生。

说明：诗写科考进士献给皇帝的文赋或讽谏（向君主的进

言）。有些不切实际的空想、虚幻的东西。无生：佛教语，不生不灭之意。

其二

为厌红尘求去喧，却辞冠盖入丘园。

只因未断行阴想，致使幽清扰动元。

说明：已厌倦了人间世俗、官场险恶，离开喧闹之处，脱官服，停官车，隐居深山乡里。一生的追求一直未断，研学《楞严经》，前念去后念来，恳求善知，慈悲为怀，反复思索而不得。

其六

民安国富起兵争，亲长无乖世自平。

不是赤符归白水，云台四七有谁名？

（原文注："民安国富"出仙家语。）

说明：民安国富还有争战，一家人的长者大度包容能和睦友爱。赤符归白水：指帝王受命的符瑞。"白水"指刘秀与严光先生的典故。

其十四

空华二月总悠悠，争奈骑牛未识牛。

黑漆恒河无筏渡，谁知到岸不须舟。

说明：首句"空华"是佛教用语，比喻纷繁的妄想、假想。（出自《楞严经》卷四）悠悠万事，言语荒谬。"骑牛未识牛"出自《净得传灯录·福州大安禅师》，是说大安禅师深谙佛经，对禅道心性玄极之理还不能入门，去问百丈怀海禅师，禅师一语道破天机："就像骑牛觅牛。"又说："只要把牛骑回家就可以了。"寓意只要将佛陀的佛法牢记心田，融化至血液，哪怕到印度恒河，不用坐船也能到达彼岸。

公鼐对佛道参悟顿悟，已进入大彻大悟的境界，同时把他对佛学的顿悟运用于他的诗学艺术中，也影响了其诗学主张。在实际文学创作中表现雅、趣，并汲取佛教思想相互激发，表达个人情感，达到诗歌影响时代发展，同时带动一批诗友成为晚明山左诗坛复兴的重要文学力量。

当今族内某研佛者对公鼐学佛修行的评语为："鼐公以'理学名臣'，居帝师之尊；以'山左派主'，领文坛风骚；儒学之成就，自不待言。儒基之上，旁涉释道，以圣人之修为，研理实证，佛行有成。"检索公鼐诗文，常涉佛修，突出表现还有《少林寺观初祖面壁石影》《过聊城迂道不及吊伯俊赋此寄挽》等，尤以其偈言十四首为其精华。

第七章　逸文、遗迹、遗存

《问次斋稿》海外存，中山大学馆藏珍。

“西游、续稿”明刻本，赋辨宏著贯古今。

三齐巨擘主山左，等身著述纪风云。

旧址百年湮风雨，尚有诗文兴辞林。

公鼐著述诸多，因年代久远、时代变迁，遗失严重，除历代图书馆、博物馆有藏外，东蒙公氏家族在其弟公鼒居里，蒙阴县公家城子村小东园，档存先辈著作，在官画像、散集文稿、画轴，等等，遭清嘉庆十三年（1808）火灾，所有纸质文物和版牒均化为灰烬，令人扼腕痛惜。

清代诗人安箕在一首五言古体诗中写道：“高枕东蒙间，寝食研图籍。撰书卷帙繁，与身同寸尺。”借著作等身以赞公鼐。

《蒙阴县志》《青州府志记》：“有《问次斋集》一百卷行世。”

北京图书馆原馆长、北京大学图书馆学系主任王重民，曾在美国国会图书馆工作过，他在《中国善本书提要》中记载：“《问次斋稿》三十一卷为明刻本，八册九行二十字藏美国国会图书馆。”

曲阜师范大学教授相龙本校勘清代手抄本《问次斋稿》八册三十一卷，由齐鲁书社影印出版。

广东大学图书馆藏《问次斋稿》三十一卷、《问次斋西游稿》七卷、《问次斋续稿》五卷，分别为明万历、天启年间刻本。

山东省博物馆藏公鼐《尺牍补遗》明万历刻本四卷，与其外甥、河南督学吕邦耀合著《国语髓折》明刻本二十一卷。

临朐冶源镇，明万历礼部尚书冯琦后裔存公鼐为冯琦写上疏行状全文。

《名门望族东蒙公氏》一书收录《东蒙山赋》《重修龙泉观记》《募修寿圣寺疏》《清源观三官庙记》《明万历沂水县县志序》《姑募辨》《阳都辨》《东蒙辨》八篇。

本书选载逸文五篇、遗迹三处。

第一节 逸 文

一、明资政大夫礼部尚书兼翰林院学士赠太子少保琢庵冯公行状

公讳琦，字用韫。其先自临朐徙实辽左，至公曾祖宪副公复自辽左归临朐。宪副公讳裕，正德戊辰进士，生四子，皆举制科，有文名。仲子讳惟重，嘉靖戊戌进士，官行人，以出使卒，是为公祖。行人公生一子讳子履，隆庆戊辰进士，官河南参政，为藩臬名臣，是为公父。公未育时，祖母蒋夫人梦伟丈夫朱衣当户，问其名曰“我韩琦也”。母宋夫人梦有光如日入其室，旬月而生公。公生而状伟，颖慧绝人。授书日记千言，十岁能文章，嗜学昼夜不辍。父母以劳禁之，乃悬帐翳灯，默诵达曙。十六（岁）补郡诸生，余司马立督学，试为山东第一。丙子举于乡，丁丑成进士，改翰林院庶吉士。时同选者二十八人，公齿最后。江陵张公严峻，少所许，可公每进揖目，河中张公曰：“幼而硕者，国器也。”乙卯授编修，用大庆恩授封敕。辛巳直史馆纂修《大明会典》上方加意文翰内出。词臣撰次耦语诗馀，日以千数，公取急立就，无一不称旨。寻授中贵人书，训以礼法，中贵人奉之惟谨。壬午册封代藩，代直云中地，参藩公备兵云中，公甫卯未数岁，以金马近臣持节为王国上介，观者塞途，呼曰：“天使，吾郎君也。”代王及文武大僚雅重公，享有加礼。公癸未满三年，考充经筵展官。丙戌同考会试，寻编纂《六曹奏章直起居注》。丁亥《大明会典》成，升侍讲，赐金帛，掌文官诰敕，训辞典雅，受命者以公当制为幸。戊子主考湖广，得俊独多试士，数千卷翻校无遗。拔落卷，吴君化首解额，果全楚名士，程录尽出公手。其文以意为主，通达无佶屈，精覈切事情。录行海内诵习，文体为之一变也。己丑充经筵讲官，寻补日讲官，

与交河余文恪公曰："前代经筵以资献替，今日讲取训释耳。上久之不御讲，臣安所关其忠？当稍引古治乱证时政得失，此古人讽谏意也。"今集中《通监分解》规成措注皆有用之文，成一家言。是岁升右春坊右谕德。辛卯主考顺天，所得士及程录一如楚中。时边费不足，有议开五台矿税以济用者。公寓书云中抚臣云：五台岁议矿税千二百，何济缓急？无论聚众启事，异日朝廷闻而厚求，中贵慕而营使，祸且安穷？数年后矿事遂大起。壬辰升左庶子，值宁夏乱卒戕抚臣，协虏拒守久天下。倭入朝鲜，迫辽左，朝廷旰食。公居常念世受恩厚，仕十余岁，坐致华贵无所益。今国有急，思得驰驱自效。时参藩公为易州兵使，台臣荐其材，宜在行间。参藩公谓公："内外臣鄙报亦均，吾边吏也，戎乃其职。吾宣力疆场，尔颛精论思分谊。"庶几各尽会事，宁皆不果？先是征西诸将叶大司马、李将军，夙知公有文武才，每进战，辄驰骑问方略，公策者用间，无数攻河，无轻决河水，恐薄多杀士卒。川壅猝难自保，以摧镇百万生灵，易数贼命，非完计。是秋，公主武举会试，以东西事发，策备陈利害，放榜，宁夏平，前后言皆奇中。癸巳三月，大计京朝官，时论称充。而考功郎旋削籍去，言者力争，至引左庶子冯某谓：二百年无此考察以为重，东宫未建，上下三王并封议。公奏记太仓王公曰："是必不可。"王公急上章已之，亦称得冯某尽云然其为时所推如此。无何，升少詹事兼翰林院侍读学士，掌院事。参藩公自河南入贺。公日夕侍，参藩公顾衣带曰："物忌太盛，父子而一时共此，岂凉德所堪？"即日上章致仕。公随请觐省。上赐以文绮，给道里费，乘传去，旌麾金紫，项背相望，都人以为荣。公既归，奉二尊人欢甚，晨昏上食，视藩寝无间寒暑。参藩公晚年豪于酒，巾车匹马，逍遥郊野间。公入则佐觞筹，出则鞚引导，从娱戏色笑，比於婴孺。或时休沐去左右则必向谁侍翁得无不适。自官府及戚里，酬应一切谢绝。人罕睹其面曰："某以仕官早离膝下，幸主恩许侍居一日，则侍吾亲一日，他非所知也。"假瞒，以亲老移病再告，不许予宽假半岁。会廷推阁臣，公资未及，且家居，当选者以公遂重望，遂越

次列公名。假满时，复请，参藩公曰：“岂可以故数孤上命？”辅臣奏修《国朝正史》起公为副总裁，不得已，就道。乙未升礼部右侍郎。时倭报纷纭，大司马石公主封贡，公曰：“倭跳梁海外，安所需吾封？”阻之不能得。丙申乾清宫火，公从礼部上疏修省。又约日讲诸臣别疏同上，夏参藩公病，戒家人勿使公知，此公闻，已疾革矣。乞叩阙三疏乞归，并引讲臣侧，请封父母，上悉报可，赐金给驿如前，封参藩公如其官，母为淑人，公拜表宵驰，至齐门千二百里，沿途置骑道左，衔尾而易，不解衣四昼夜抵舍，致恩命榻前泣不能止，参藩公笑曰：“子若是，此不足翁所耶！”为公强举一匕箸。又三日乃卒。公毁顿欲绝者数四，丧制务遵礼法，而仪物之丰，哀戚之至，四方来观者，谓全齐从所未有。三年杖而后起，戊戌除服。廷臣而推入内阁，不果。公虽家居，见朝政士论有不便者，辄忧形于色，时中使四出，百姓嗷嗷，庶寮比见斥逐，缙绅之势愈轻，而士大夫意见复多有同异。公谓群臣自相猜阻，何由见信于上？不信则不任，不任则权且旁窦，移尽朝士必以至。公血诚息争，绝疑共济国事为主。其有以己意水火者，皆极譬解，闻者亦自为融释。杨西事初议剿，旋更议，勘数年无成画，公以贼旅拒命，法宜必讨，第厚集兵威迫，而间之，贼将自歼。时多主勘者，而酉畔益甚。后卒用大兵而后平。自庚寅河西创后，谈虏者争言罢款。公谓：不量力而骤绝虏，胜算安在九边？无所不备，奚恃而无虞？且我曷不问内修，而亟挑衅乎？所与边镇抚督，尽权关右，宣大缓急，不失铢两。数年边事以羁縻少息，无能易公言者。王师救朝鲜，或谓我不当代受兵。公曰：“非救朝鲜，乃争朝鲜也。我于朝鲜如周汉人保西域，以制匈奴。岂可使折而入倭以为用？”经略邢司马公将济师，异议者持之急，公致尽邢公曰：“今日事如唐讨淮蔡，惟天子与裴晋公断之，故能底绩耳。若如老兵费财之说，捷于何有？”及倭遁去，异议者犹不已。公谓釜穴既空，属国完复，此何可谓非功？诸臣久羁异域，转战数千里，即有所亡失，讵可谓罪？天下皆以公言为平。公辩析诸事，具见全集，叙中文

不载。己亥以原官充玉牒副总裁，寻进吏部右侍郎，誓墓而行曰：非报国无以宁吾亲也。时公浸用，天下想闻其风采，故事翰林佐铨者多优游不与事。公曰：惟才济世，惟宰任才。天子不以臣不肖，俾贰均统，岂敢以尸禄卒岁。太宰李公于公为父执，尤爱重公虚以听之。启事须公属草，诸司章奏悉付公裁正。公知无不为，入省则铨叙流品，研审其贤不贤，出则延大夫咨吏治察民隐，剂量人地之宜，而上下其任，一时官无失职，人无滞才，天下莫不喜公之得尽其用，亦莫不多李公之能惟心于公也。往时铨司迁转论俸，而资望或相兼淹速不能无疑。且嗜进者，易怀缴倖。公申议于部疏为定格，月朔，则于一月之内俸最深者揭尽壁间，次第题补。不尽则开入下月之首。其以地之远近，才之繁简，有所低昂者，总于本月应升员数斟酌。即有欲行其私厚营求者，势不可得铨路称平。山西税监孙朝诬奏臣魏公允贞，下部院参看，公具疏魏公清正于天下，抚臣无两，愿以百口保之，上置不问。张忠论知县韩薰当调，高寀荐布政陈性学为巡抚，公力言中使不可侵黜陟权，事得已。故纳粟入监，乃吏人请假者，例出金若干为部费，积金千余。公曰："此无名钱不可蓄。"白宰公，罢之。而以其余修考功官署，后言者，指为部寮私橐，而不知其有前奏。公用都给事中王公德完上疏，下诏狱，公忧之，至废寝忘食。疏救不省，及王公被杖去，公为延医护出，视其无恙，乃已。辛丑计吏条奏约教，一出于公，比往例倍为详审。旧制外考当左降者，悉署不及。公以不及者，谓其才力劣耳。若轻佻周章，岂尽无才者？今以有余为不足，非裁抑成就之意，乞如京察增浮躁一款从之。饶州通判沈榜以墨转王官，缘税珰保留旧任，公谋于太宰，大计后特疏谤罪，上立命削籍。广东税使李凤乞为参随官，入赀加轶事下户部，公移书大司徒陈公，力止得罢。旋主考会试，衡艺必以典正不悖经训为准。制额三百人，卷皆亲阅，诡异者悉置不录，所取号为得人。既复虑士浮侈，乃于《肃官常疏》中备言士慎始进，而近日奢靡相高，实长贪竞，乞严加约束。于是士稍慕为淡泊，浸浸有崇雅之风。文选郎中以推钦降官忤旨陈状，公为太宰具疏请罪，且言选司之难，乞令郎中落职供事。上褒嘉允行，嘉靖中总督尚书张经，以馋死，事久无为言者，公疏白其冤与恤典。山西布政麻溶有清操，卒于官，请赠太仆卿。公勤劳职业略无停晷，而遇事心言，或非本部职掌事，有关系者，即阖门草奏，反复论列，不烦聒。佐政仅二年，请建诸，止《矿税疏》无虑数十上，又善以微词纳约，言必中窾。上谕户部有君臣一体语。即具疏为群臣引咎以动上意，税使陈奉激变楚民，罢还，即请释奉。所诬逮诸臣罪中，行轶满及行取官，有先授职者遂乞并下散官及台谏之。命兵部职方司官合署被黜，主司朱君化孚以奉差特免。医备列十九年后，各部司属未承行而并罢者，宜加甄，叙其因事纳忠，皆此类。上或听或不听，而诚悃所发毫无隐情，孜孜马惟恐不及尽言为媿，疏词剀而畅，类苏氏父子；而加疏每一疏出，都人相竞传录。满三邑考赠封如制。荫一子入胄监，复推入内阁不果，进左侍郎，协理詹事府事，教习庶吉士。旬日拜礼部尚书兼翰林院学士，疏辞不许. 时将举东宫典礼，特简公为宗伯，中外相庆得人。公入部三日，具上仪注行礼有期，忽司设传经费不给，当改卜，公曰："此万世计，岂容旋踵？奈何一时费稽大典？度支即匮极，他处万万可缓，必移以佐。"此时，公弟户部君瑗辇辽饷四万出都矣，驰檄追还，给司设而礼成，逾月皇太子冠，上慈圣黄太后徽号。明年春，皇太子婚。未半岁四举大礼。是时，三殿未成，修朝仪旷废掌故。多阙公仓卒受命，随宜斟酌，无一不称上意，舆情大服。覃恩封三代，皆尚书学士，诰词备极褒美，郊庙罢享者十余年。公以大典告成，此可言之机，疏谓皇上：以大典之行归德圣母，躬荐徽号，愿以事圣母之心，事天躬行郊祀，诏以三殿未建，礼仪不便，躬亲已之三月，上体违预。公方以积瘁致病，朝夕走问起居，彷徨不寐，日不再食。如是者狭旬，病日益进，公不为意也。忽奉旨停矿税，雪冤狱，录荫臣，及罢诸役之不便者。命下，远近欢呼。越二日，上疾间有诏仍旧。公上言："圣体危而复安，圣德光而复晦，布二三之令，失亿兆心。后有缓急，诏令将不可信。"

黄河涸竭，运道塞。公言："黄河亘古巨浸，岂容竭泽？今中使播恶，几遍海宇。土崩瓦解，所在见告。天心仁爱，灾沴已多。而复示以河竭，谆谆恳恳不啻耳提。皇上宁无动心愿？亟罢矿税，撤中使，以答天意。已复陈救急易行之策，谓陈奉一易，全楚帖然。今天下行事最酷，为怨太甚者，不过四五人，愿皇上召还民之所愿者，以畀民之不怨者。即中使之中宽猛相代，庶几可救苍生倒悬之半。"疏上，皆不报。公见士习异说以二氏之语乱经传注几废，疏请厘正。上嘉纳之，令部具条例，乃酌为十五款条，上悉下所司议行。宗藩日盛，虽定有分限，而格外请求者多。公曰："裁以义，不若齐以法。"乃修同姓诸王表亲疏爵名，递以其等。月朔，据某府某爵应得之序，立成大书榜之，通衢毫发不可逾越，觊觎者自销。秦王由中尉入继国统，惟世子得袭亲王。余子仍当如中尉制。王以妃久无出，乞先封庶长子郡王，以待嫡，上下部议。公曰："庶长子今封郡爵，他日嫡子生则庶长子爵如故。一子业已可封，诸子虽非可封者，滥恩于何所底？且秦藩既得清，诸藩以旁支继者不少，请者纷然而起靳之，将何辞？"持不上。久之，王再疏清，上复下部趋报，公竞寝其事。崇王为世子请封继妃，已得俞旨。俄复清封再继者，公执奏勿与，上内批与之。通政司使陈公，子木奏复建文祀。公曰："是当者言。"复请立建文庙于懿文太子庙侧，以时享祭，不果行。时公病愈深，累疏乞休，再乞补左右侍郎。上勉留不允，元辅诸公密疏，称公为圣世宝臣，宜许暂归就医，以待他日大用。亦不许，公念上眷厚，非旦夕可去，且无贰卿，不宜久驰部务，力疾出厅、事司属、关白裁决如常。旧礼曹岁终类奏灾异止应故实，公以今年灾变特甚，上《弭灾疏》亹亹千言，见者不谓其病也。福王婚礼择日，上命中使召公，蒲伏入长安门，颠仆不前，仪制郎中捧敕出，扶掖以归。除前数日犹执笔理薄书，务完一岁事。癸卯元旦，晨起衣冠，拜行庙寿太夫人成礼。又二日鼐入视之，则声咯咯在咽喉间，病不可为矣。就与语绝，无黯惨可怜之色。且见太夫人忧甚，故为宽容。时命进食，食不入，则匿其余。告太夫人曰："儿小愈，今食倍他日也。"至是乞归疏凡十五上，元辅诸公又为代清者二，卒不报。清明前五日，处置后事，书遗嘱，井井无剩语。二月晦，鼐见其委顿，执手泣失声，公曰："无为怛化，命数已定。所关者大纵费心力何能为也？"问其所欲言，俯首称"老母"二字即止。已谓诸弟曰：吾且死，第报国之心，不能万分一，日前有疏未就，愿附古人尸谏之谊，可补缀上之。三月二日，漏下二鼓，公延康侍御，及鼐并门下士人入卧内，尚俨然正冠，徐曰："行状在子。"又曰："启予足启予手。"乃拱而称谢，众出，令侍者执笔书碑，诸文曰：乞言某公，某公书完犹有所改易，鸡初鸣，问左右："疏上否？"曰："已上。"遂命盥沐，顿诸弟曰："可矣！吾不死于妇人之手，弟当为吾更衣。"衣竟，移榻就中堂，方至而没。越数日，榻后得诗草曰："浩渺天风驾海涛，三千度索问仙桃。翩翩一鹤青冥去，已隔红尘万仞高。"盖绝笔也。呜呼！异哉，公天姿杰迈，词采英发，可以雄视一世。而接宾客，当事和易周慎，常若不及。孝友笃至，而不为曲徇姑息之爱。扶弟珂如少子，教之如严师，惟恐拂其意，又虑不达其材。其家居诗鹡鸰诸篇，大抵惓惓友于所为作也。录荫意在弟曰："与吾子不若与吾父之子。"弟不受，迟久始定。尤重雍睦喜施与，慕义若饥渴。宗党婚葬不克举者，则曰："于我手给。"自礼部侍郎归，积俸不满三百金。以其丰置义田、义学，而训族之子弟，立为约戒以垂永久。授业师张先生揭选入京道侮缇帅，缇帅令逻者以旁事证引，欲置之死。公以室居先生，自为先生营救，誓以官赎先生，事卒得白。杨民部文裕亦公在固安时所授业，殁而无子，托邑令厚恤。其丧为之立嗣，余司马故粤西人，其少子兄弟不相容，出居孝感。臻书孝威，令延师而教之。为寄束修费，故相高公拱与公从祖光禄公有隙，柄铨日格参藩公选取。高恤典久罢，子务观疏请下礼部。公以高有筹边功，复给恤典，且与赠谥，葛太史曦临殁托公以其子，出橐中付公藏。公外为治丧，令姜夫人内伴其配任氏，调护元余力。求给谏杨君士鸿女妻其孤，后任氏亦卒，而太史兄尚宾公适辞官归里，乃还

之橐，共谋所以教孤者。岁必问其何业，至今未已。童子时塾师二人，居里中已老，则月出钱米给饔飧以养。故交一日之欢靡有不报。不于其身，则于其子孙。尤喜奖籍后进，士出其门，以文名者甚多。料事深远，能言人所不能不言。忠于人谋而不肯居德。邑令吴君宗尧为税使所中，逮系连及郡守丞以下，齐人汹汹。公时家居，约阖郡士民保持令至济上赍书，都中亲密为之营救。后令卒得全。郡守臣不至重谴，公与有力人无知者。甲午齐大饥，出粟临朐、益都二邑间，全活数十百人，性淡泊无所好，而独喜佳山水。东方之胜足迹皆遍。素不嗜酒，宴会未尝卜。夜至与之论风雅、辨古今，沛然入万斛之泉，终无意世故者，及临大事，持正议则凛不可犯。在礼部一切贵宠陈请，无丝毫假借。中使以监造乞易关防，公执勿给。上以御前牙关防给之。后有乞者复然至，以上怒动公，亦不移也。公于学无所不窥，而以实用为主。常曰："性命渊微，奥宊未易测，名物象数耳目未易，该博古期于可行。穷经要在致用。故其文章关于世务者为多。鼐每谓历代文学之臣，必有以议论为功业者，如汉之董贾、晁错、唐之魏玄成、陆敬舆、宋之欧、王司马，其文皆端于经世而有用与不用。"公之在我朝，当比于数子，惜用而未尽其贾。长沙陆敬舆之俦乎，公于治术，尚名法主请议，而不为苛缴。尝语：所厚善今天下睽隔人才销落，论政当以体国奉公为先。别白是非为后事，君当以诚意感通为先，犯颜触忤为后。若能随分尽职殚竭心力，宽一分则受一分之益，为一事即有一事之功。此可谓识救时之机，得解纷之要者矣。公幼喜为诗，其诗贵见情真，而用意远格。虽师古，法在独造。常与友人书曰：有吟咏之诗，有著作之诗，如杜子美者，所谓著作之诗也。故其长篇诸什，往往以用世之志自见意。盖愿本杜氏近体和雅，不为亢厉峭急之语。今所存者，犹为未竟之业，而即其所造与横拟，形似流连光景者，固不可同日而语也。以早达未及著书，仅有《通监分解》《经济类编》《两朝大政记》《唐诗类韵》藏于家。文集十卷尚多散佚，后世必有传之者。公生于嘉靖戊午十一月二十三日，卒于万历癸卯三月初三日，春秋四十有六。配姜氏累封夫人，太医院医士岚女。男三：长士杰，聘南京刑部侍郎王公基男庠生世鹤女。次士楷，聘兵部武选司郎中高公桂女，二子皆荫入国。子次士椝，聘吏科都给事中钟公羽正女，俱侧出。女一字右府经历石公恂男之营夫人姜氏出，鼐与公居同里，生同庚，阀阅相比世好相及，而又与公少同笔砚、晚年通籍，又出公门下。公谓鼐颇为知己，故属纩之际，以状见托。小子其曷敢辞？然当公从仕之后，鼐方幽居一壑，其立朝大节，概未有闻。而辞之芜陋又不足以阐物德美，掇拾仿佛十不得其二三。若夫嘉铭贞石，光贲九京则有大君子之鸿笔在矣！

翰林院编修同郡公鼐谨状

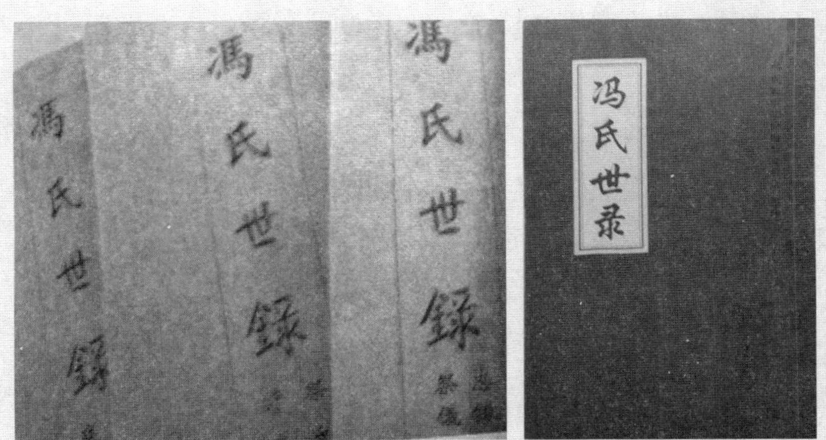

本行状文载临朐冶源《冯氏世录》左为原版，右为重印版

二、池阳来先生《自愉堂稿序》

太史公称："虞卿非穷愁不能著书。"而欧阳永叔又申之曰："诗必穷而后之。"此其原出于《小雅》《楚辞》。《小雅》以怒诽兴，《楚辞》以骚愁作，盖其变也。而后世遂有以变为常者，当食而叹，无病而呻，居平世而为乱仳离之语，履亨途而有蠹伤堙郁之思。此非

但人情之逼反不弘，而世道日以衰散，无熙皞舒长之象，可知也。盖人以有欲无涯之心，而所遭之世，或靡常不可，必当其直行并进之时，盛心满志，期于必遂。而诗人有龃龉坎坷之境，以拂乱其所为，彼既不能深陶于中和粹然之德，而又不能尽达于穷通自然之理，以致势有所逆，时有所抑，则叹生于不遇，怨起于无聊。于是高才好奇之士，摅幽发愤而穷愁之书作焉，非故乐此而蹈之也。余尝不概于是，乃今读关中来先生之集，而旷若发蒙也。先生幼而颖异乡里，号曰奇童，趋庭有闻，精思不辍。时师岁计之业，旬日而兼之，稍长即能诗及文词。家藏万卷，靡不抟综而犹曰不足，闻他方有异书，必重购远致，得则闭户，兀兀终日，家人事无足以属耳也。初罢春官，辄慕司马壮游，逾河济，溯江淮，遍历中原、江东诸名胜，所见益广，文思日益进。又从豫章邓文浩公叩情命之学，意若不屑屑于枝叶帨帨之枝者，故其蓄奥密浑涵，而无锲急肤末之习；其出博大冲融，而无流僻憔悴之态。每探其邃而味其腴，大抵多仁人之言、有道之旨，不觉器之自澄而臊之自释也。至于有韵之文，尤其颛挚，元本风雅，襄驾汉唐，会通乎温乐敦厚之教，而传播为涵濡讽咏之章。近代之剽摸，流俗之俚诡，不惟洗而空之，真可回而障之矣。盖先生受愿居易，适已天营，故名其堂曰自愉，其书即曰《自愉堂稿》。夫愉者，和乐也，《礼》曰：“愉愉乎其忠，斯善玄愉矣。”先生以受中之和，而鸣其由中之蕴，故能撷百氏之繁而协于平，调七情之适而轨于正。《乐志》所谓：“阳而不散，阴而不密，四畅交于中发于外者，亶乎其备焉。”故能使人瞻企乐玩，欣怿善已，如庆云明霞，仰其高远而说其明丽；如瑞麟威风，骇其灵异而爱其吉祥，又何取于揪敛憯悽，慖然无复居安履顺之意者乎？昔人之称李太白诗曰：“自适其适，不知其然而然。”白乐天自叙诗曰：“闲适有余，酣乐不暇。”无一苦词，无一叹声，二子可谓得愉之深者矣。余生也晚，不获执鞭于先生，得友先生冢子计部君，因得读其文而想见其人。冢子，天下士也，余之相埙篪者有年，虽异代而有拜亲之谊焉，辄取其集序之，且以广夫进之文士以穷愁自隘者云尔。

左春坊谕德、通家后学东蒙公鼐谨叙

明·来俨然《自愉堂稿（十卷）》

编者注：池阳，是指池阳之水的古县名。治今陕西经阳西北方，俗名迎东城，汉朝建池阳宫，西晋、北朝时先后为扶风国，咸阳都治所。池阳来先生，指池阳籍来俨然先生。

此文是公鼐为来俨然先生所著《自愉堂集》题写的序言，写作时期应为万历四十四年（1616）以后晋升左春坊左谕德、东宫讲官期间。

来俨然，字望之，古池阳（今三原县）人，万历己未进士，兵部主事，著述《自愉堂集》，见于中国社会科学院文学研究所藏明万历四十七年（1619）刻本《自愉堂集》。

三、大司成即墨砺斋周先生集叙

昌黎韩子曰："仁义之人，其言蔼如。"是语也，闻之矣，未见其人也。于以求诸古，惟颜子足以当之，颜子以知十之资、几庶之昭，发而为言，固足以经纬二仪、旁罗万象，何所不具而颜子无是也，其在圣门，请试弥勇而常苦仰钻瞻乎之艰，所见即卓而欲从末繇之叹，退焉如有所表逮者，岂非若无若虚，如遇，非助之，真体也哉。后世学术有几于是者，惟汉皇叔度，时所推为颜子，而独陨然其处顺渊乎？其似遗言，论风旨罕，所传闻，故处右文之际，班张马郑之流，辞赋章句，骛长竞华，炜烨自表，而叔度闷然其间，问出片词，诸子相顾詟服，无能加其上，何也？叔度之异于诸子者，有意无意之间也。余于是而有感于吾师即墨周先生之文也。先生无质粹美，敦笃沉睿，其授简缀文之初汉皆因为长孙、王仲宣之俦。及长博记群书，家故富缥缃，连屋克栋，先生寝处其中披吟，昼夜不辍，于是遂无所不窥。得第后，入承明著作之庭，朝省洪篇大制率就，先生以为粉黼词林，前后莫不延伫而推逊之，繇是即墨言语文章遍天下，余虽及门其久，而于庙百官之观，盖阙如也。先生既殁，其文之留传大者远者，故以沾溉宇内，而其仲子取笥中所遗藏于家者，间以示余。余收而卒业，拊膺叹曰：“吾师泰山梁木之思，意在兹乎，意在兹乎？”盖思其德而知其文必肖，今读其文而益信其德之无涯也。夫先生之学，广大精微，如隥林祀梓，于材无所不备，如武库戈戟，于用无所不精，而又运以班输，郢匠之巧，风胡、熊渠之技，安所不穷其瑰玮、极其犀利者？而先生之意，勿宁尔也。今观其所为，诸体虽靡所不有，而一发于性灵，大率先生以孝友之性、沉挚之诣，多与人为善，且凿凿经济石画然，而含蓄雍容，坦夷简旷，此虽精能之至，复于平淡，抑亦颜氏之善言德行也。夫昔临朐冯宗伯每谓余曰：“君师之文，冲而不盈，淡而甚远，遂为一代贵重之为。”余深服其言，则韩子所谓“蔼如”之言，舍先生其维与归哉？余于是益幸其得为颜氏之徒，而几不欲复立文字也。

赐进士出身、通仪大夫、礼部右侍郎兼翰林院侍读学士、两朝实录副总裁、经筵讲官、前詹事府詹事、掌府事、国子监祭酒、司业、门生东蒙公鼐顿首拜撰。

载明周如砥《周季平先生青蔡馆集（四卷）》

编者注：周先生，即周季平（1550—1615），明代进士，字季平，号砺斋，青岛即墨人。大司成，唐代国子监祭酒，掌儒学训导之政，相当于西汉的博士仆射、东汉的博士祭酒。明朝国子监祭酒为国学校长职。本文的周先生为公鼐在国学读书时的老师，后升为大司成之职。即墨：今青岛市北郊区，战国时居齐国之邑，隋朝设置即墨县，乃国子监祭酒周季平先生的故乡。

本文在赞颂老师的遗作，同时也表现出公鼐的文风主张，并表明同挚友冯琦倡导文风观点是一致的。

四、明贤令前解元进士徐公墓表

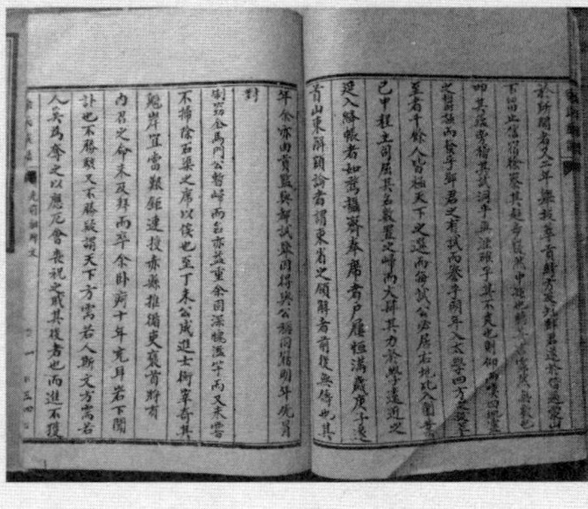

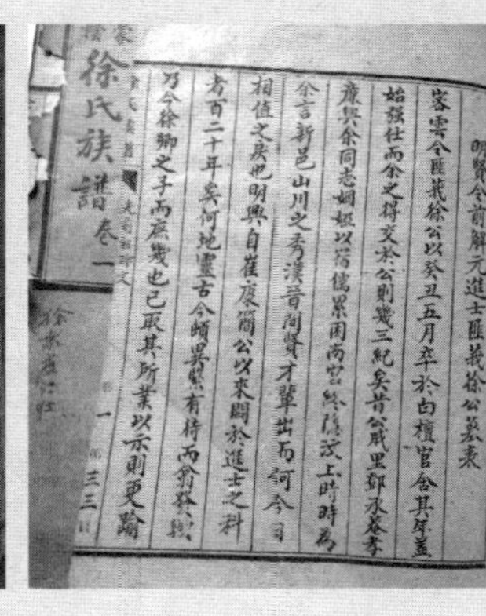

明賢令前解元進士匪莪徐公墓表

萬曆四十一年歲次癸丑十一月初六日　吉旦

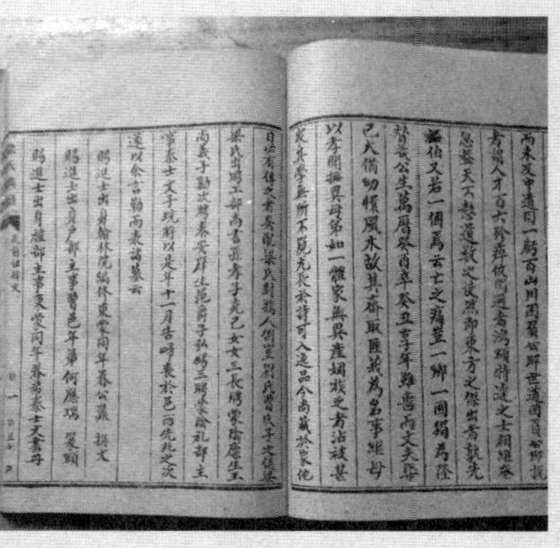

徐嘉庭提供

蒙阴将军堂徐居之家族徐光前，山东解元，万历丁未年（1607）进士，授密云县令，英年在任上去世。与公鼐是好友、亲眷关系，诗作多有往来，称徐文学。万历癸丑公鼐为其撰墓表，由其亲眷弟进士秦士文书丹。

五、新建石桥碑记

君子之政，有非常之功者，必有非常之举。夫树功以宜人，而骤举以动众，损益之相较，不容以间。然而，世之有所缔造者，其志又未能以尽符也。盖其中必有余、不足之患，人歧而域之，何也？人情，宿名之心有余，致果之志不足，汩于名则其衷多迂曲而不畅，歉于果则其外多濡苒而少决。故不有非常之举，而欲臻晏如之成，若泽舆陆楫，力倍而势阻矣。昔子产济溱洧之车，王尊顿阿滨之驾，岂不称惠泽勇烈哉！若以语于大人，德施之普，永赖之仁，犹有遗议焉。夫张弛日变也，缓急时有也，且必啬而取诸独，危而从诸已，心思既竭，力任不继，则难矣。人之取适，谁不资我？事之当建，何不在我？如功，恶其不出于身；迹，恶其不骇于世望者，积而应者穷，则又难矣。况于蘧庐视官，秦越视民，前者委后而姑待，后者视前而习常，又奚足语于久大可传之业哉？

鲁之北境东阿者，两畿午道也。邑居济汶之会，狼溪划城而中分之，两涘之民，如居半玦。秋霖积盛，山泉四集，则濩減不可渡，徒涉厉深而病行，旅狎至而阻。旧有桥稍通往来，积久且弊，万历壬子遇涨尽倾，岁余无任修者，民艰益甚。癸丑郏鄏李侯至，见之闵然，召邑士庶而谋之，曰："阛阓之间，为阱弗治，若庶务何？"众曰："唯唯，侯下车即为一邑设长利，诚便第所规者大，将无难，必合力，必广储，必请台檄，为众乃可即功。"侯曰："否否，以济民者劳民，吾不忍；时诎而耗公帑，吾不敢；吾突尹兹土而工是烦，又所不欲。吾业思之熟矣，必得其植，乃可为民望；必图其费，乃省公需；必身先且劳，可无慢期。”乃诣紫薇舍人于君，而告之曰：“闻先文定之出入此行也，不忘兹举，君盍为植，以光烈考之绪？”于君受教，即先众往，远近望而赴者，如骛矣。复召耆老曹吏之精勤者，课直授规，曰计料几何，工几何，予取予求，不尔靳也，浮食愒日则尔宾尸之。侯乃减冗滥，缓交接，至捐阙日之资以为助，间则躬自精励，暴衣露盖，星出晦晏而后独已。阖境安堵，若不知有役者，会府台司亦为造请征发之扰。凡四月，功竣悉易木以石，合三甃为一，完壮坚密，中亘数十武，水流益阔而平，秋潦汹涌，万众从枕席上过，可谓有殊功而过举者矣。盖侯以实心运坚志，视民隐如身图，不求赫奕之名而亦不为迁延之役，故费啬而功速，有以也。于是家户颂祝，商旅欢呼，相与勒石纪之，以垂不朽。于君谓不佞右史之隶也，告而命之铭。铭曰：

济渎浩浩，东国之纪。伏流支分，出鱼山址。
贯墉而东，其激如矢。架木为梁，频兴频圮。
贤侯来牧，丕绩响臻。讼庭置水，饭甑生尘。
顾兹病涉，痛瘟在身。济川之略，宜民宜人。
乃告冠练，乃集耆艾。征发无烦，役籍不再。
助顺乐成，于征于迈。五月奏功，百世攸赖。
襟带午道，关钥严城。地严增委，河北效祯。
飞雁排云，长虹配月。华国驷车，交轮错辙。
户颂家尸，商歌族悦。惟侯之政，岁积日新。
三方洽德，十载如仁。敷明简在，观光利宾。
为霖作砺，由豫享屯。舆梁之功，洪原沥泽。
遗爱弥长，垂统维则。标识中州，焜耀方国。
琬琰勒棠，庆流罔极。

东蒙公鼐

［注］原文载于《续修东阿县志》，写于明万历四十二年（1614），公鼐时任翰林院编修兼任国子监司业。石桥，即东阿古城狼溪河“永济桥”，建成已有405年，清代乾隆年间维修，今又在维修。

本书主编、副主编在“于慎行故里”东阿古城永济桥上合影

明隆庆四年（1570）修木桥，礼部尚书于慎行有碑记，残碑现存于东阿镇文化站。

《名门望族东蒙公氏》于2011年4月由北京西苑出版社出版，已收载公鼐文章8篇：

《东蒙山赋》（第294页）

《重修龙泉观记》（第298页）

《募修寿圣寺疏》（第299页）

《清源观三官庙记》（第300页）

《明万历沂水县县志序》（第301页）

《姑募辨》（第303页）

《阳都辨》（第304页）

《东蒙辨》（第304页）

本书主编在东阿古城与学者、文化站站长王化琦合影

第二节　遗　迹

一、公鼐故里：蒙阴县桃墟镇前城子村现状

前城子村国际文化旅游度假村规划图

二、故居遗迹

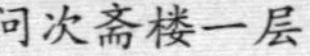

问次斋楼一层

后花园的紫藤树

家祠土灰大砖门墙

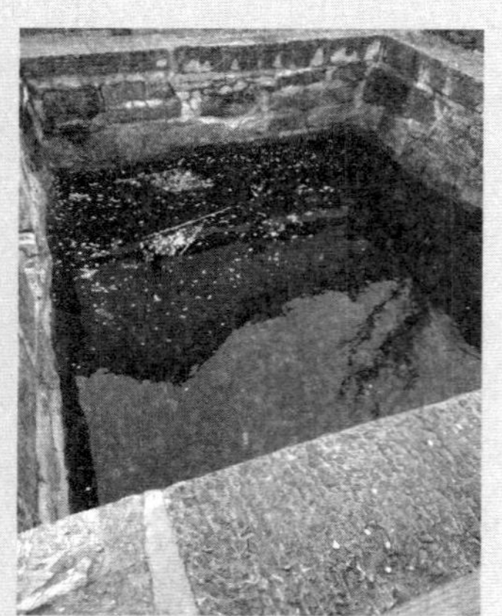

院东泉池

三、前城子村访谈录

公丕轩，现年 86 岁，《问让次斋稿》手抄本珍藏人。

公惟汉，现年 84 岁，公鼐后人，世代住在前城子。

第一，先祖公鼐在官画像。据公方洽 83 岁那年说：“先祖公鼐画像一直悬挂在家祠，逢年过节时祭拜，家族有大事时祭拜。”问：“家祠在何址，哪年毁坏的？”答：“在紫藤树前三间西屋，里面有供桌、太师椅，可能在‘文革’刚开始、‘破四旧’时烧了。”

第二，问次斋书楼。公方洽在世时说：“问次斋书楼为三间三层木石砖结构，石条八九十厘米长，石条之间有铁耙子连着，民国年间为学堂，1945 年后是小学校，土改后拆了。”答：“记着是学堂，可能是比土改晚，六几年拆的。”

第三，关于果庄别业。公方洽说：“也是三间三层与前城书斋同时，在公鼐第一次请告故里时所建，两处样式相同，当地人称‘翰林府’，在明朝末年遭火灾毁了。”问：“你们见过遗址吗？”答：“年轻时这边老人领着去过几次，那里和这边是一支，是甸公之后。没见过别业楼，旧址有残留的石块，前城子这边也叫翰林府。”

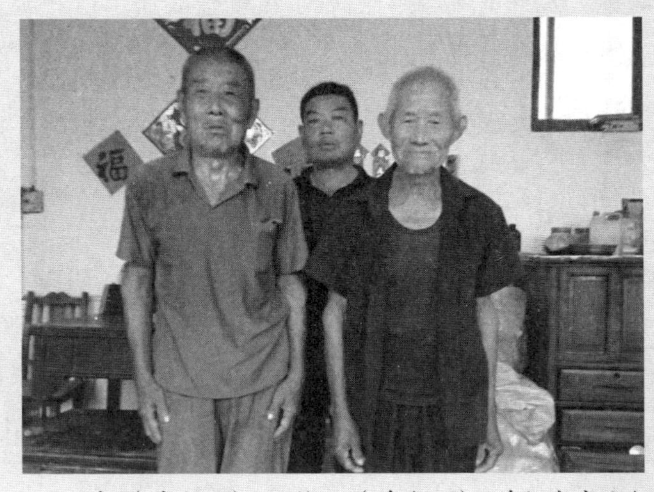

参加访谈人：公丕轩（前右一）、公惟汉（前右二）、前任支书公衍进（后）

问：“据传，前城子有座明朝的石牌坊叫支门林，哪年拆毁的？”答：“有座牌坊叫贞节坊，不是明代的，是清乾隆年间二十一世廷芳祖为母亲刘氏请旨建立的，高大威武，破旧立新时被拆毁砸碎，有完整‘圣旨’二字的那块垒在河南坝上，后被外人买走。”

同时，他们还谈到，他们小时候看一出戏，有奸官公延龙大

反徐州，在蒙阴不敢唱，外边都传说前城子有地穴养兵，可把咱祖上糟蹋苦了。有一年在费县唱这出戏，被公家大闹了场子，后来不敢唱了。据老人们说，那时因为在明末光国公镇守徐州协理地方时，惩治了几个贪赃枉法的官吏，到了清代出了这一出戏，是草台班子演唱的，那是贪官污吏的后人瞎编的，上不了大台面。

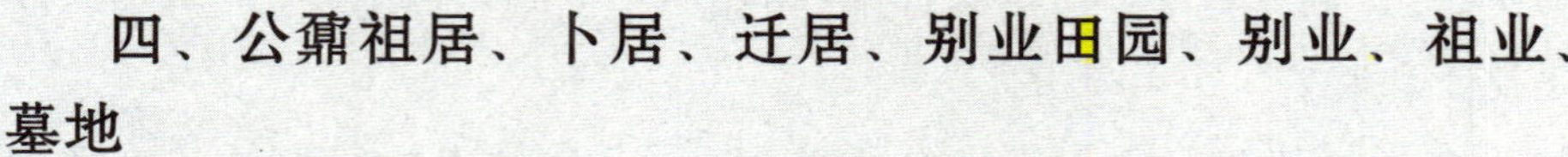

四、公鼐祖居、卜居、迁居、别业田园、别业、祖业、墓地

1. 出生地：祖居蒙阴上东门村。

2. 卜居地：父亲公家臣购置蒙阴晋蒙城（时称“城子”）冯家楼一座，称“来青楼”，全家居住。弟公鼒举官后买下冯家全部楼、房、田产，建成小东园。

3. 迁居地：20 岁时移蒙阴前城子村创建故居。后花园紫藤树，家祠、问次斋书楼楼基等尚有残迹。

4. 别业田园：汶南果庄有良田二顷，楼房一座与前城书斋楼相同，当地人称“翰林府”。明末遭火灾，年久已毁。无存。

5. 别业：蒙山南费县西南有春秋古镇武城，在武泉边修建有休闲别业。

6. 祖业：蒙阴城里有其曾祖父公跻奎府第，有祖父公一载房产（南楼）。公一载兴济告归回上东门旧居，父亲公家臣有书屋。滕州夏镇有商铺，平邑颛臾有店馆。毁于明天启年间山东白莲教起义。

7. 墓地：蒙阴城东曹庄凤山前，庄西河东平地。全祭国葬，百米神道有文武官员，石马、石羊、石兽排列两边，前有华表、世荣坊，墓前矗立雕龙碑。毁于 1964 年之后的“破四旧”及整地改土运动。

第三节　遗　存

一、御敕“五世进士　父子翰林”牌坊照片

蒙阴县县志办副县级副主任、县志主编胡振华珍藏和提供的1959年山东省水利厅及其他单位机关干部来蒙阴参加劳动锻炼，期满回济南时，在“五世进士　父子翰林”牌坊南面与县委、组织部、宣传部领导合影。

照片中前三排：县委书记王显宗（右起第五位），副书记王宗正（右起第四位），组织部部长李瑞生（左起第五位），组织部副部长贾万顺（左起第四位），宣传部副部长沈为顺（右起第三位），组织部干事刘京玉（左起第二位）。

说明：珍藏、提供照片的人为胡振华（第四排右起第七位），现年85岁，江苏连云港人。1958年，由山东省水利厅来蒙阴劳动锻炼的带队者。时年26岁，后留在蒙阴，历职县委宣传部、县教育局、县委组织部，后下派至蒙阴新华书店任经理。1982年，受命组建蒙阴

县史志办，从事蒙阴县史志工作 30 年，为副县级副主任。2011 年，曾担任《名门望族·东蒙公氏》副主审。

二、遗著

1. 山东省博物馆藏公鼐著作《尺牍补遗》。

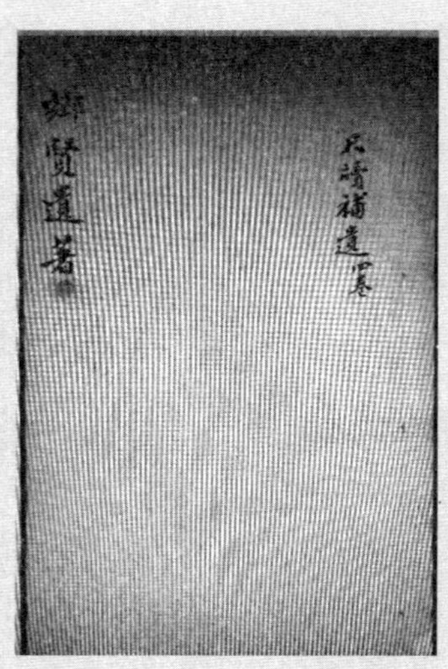

2. 山东省图书馆存《山左明诗钞》(三十五卷)，收公鼐诗 86 首。

3. 公鼒与外甥吕邦耀合著《国语髓析》《续宋宰辅编年录》行世。

三、蒙阴县文物馆存

1. 1999 年，蒙阴县文化局抢救保护的公鼒墓志铭额石碑。

公鼒墓志铭额石碑

公鼒墓志铭额拓片

2. 2018 年，在蒙阴县县委原机关大院施工现场发现了“五世进士　父子翰林”牌坊第一层石匾。

（蒙阴县文物管理所所长苏建军提供）

3. 2019 年 9 月，在公跻奎家旧址（蒙阴县县委原机关大院）建筑工地发现“五世进士　父子翰林”坊底座构件。

蒙阴县文化旅游局局长张元奎（左一）在现场指挥

发现的用于砌下水道的“五世进士　父子翰林”坊底座构件（1961 年）

四、蒙阴县前城子村公鼐后裔存清代手抄本《问次斋稿》照片

《问次斋稿》书影（蒙阴县政协提供，影印本）

五、尉氏县“啸台”边公鼐《啸台吟》石碑

2010年，河南省尉氏县老城东关门外阮籍啸台新建，正面底座（中）为公鼐万历四十五年（1617）持节西巡过河南，由外甥吕邦耀（时任河南督学）、知县李鹏南陪同瞻仰“竹林七贤”之一的阮籍啸台，写《啸台吟拟李赠吕甥》一诗，知县李鹏南立石刻碑。

公鼐作《啸台吟》、李鹏南立石原碑，此碑镶嵌在新建“啸台”碑底座上，即在“啸台”二字下方。

尉氏县史志办原主任、人大办公室主任位上退休的老干部韩丙寅，讲述了收藏“啸台吟”石碑的经过：

韩丙寅与夫人阮秀荣

2004年，尉氏县文史爱好者王广成在距县城3千米多的大桥村王秀枝家门前的街道盖板中发现一块石碑，掀开一看，是明代公鼐登啸台诗碑。王广成告诉了我。我喜出望外，马上赶到大桥村，找到王秀枝问她石碑弄到家里多长时间了，王秀枝说：“我从出嫁到这家，就是我们家的捶布石。”（估计可能是清代的刘半县“刘耀德”家修祠堂时弄过去的）我用了一块同样大小的水泥板，把公鼐登啸台诗碑换了回来，放在家里保存。2010年，是历史文化名贤阮籍诞辰1800周年，世界阮姓捐立纪念碑，为了文物不再丢失，就把公鼐诗碑镶嵌在纪念碑基座上，永久保护。

韩丙寅

2019年10月30日

六、冯兆娜提供的公鼐印模

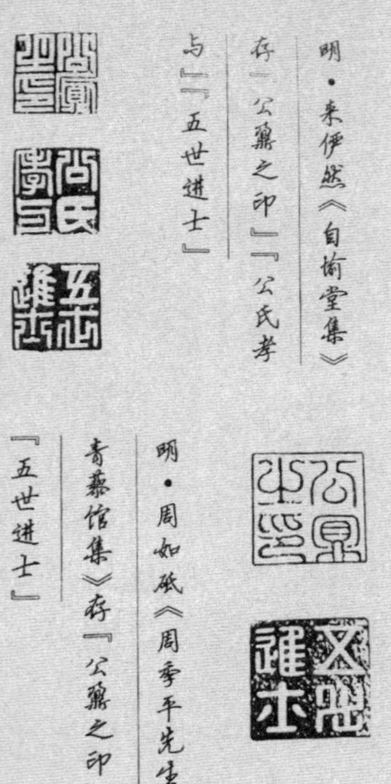

冯兆娜，女，山东省费县人，兰州大学中国古典文献学硕士毕业，现就职于唐山学院，主要从事明清时期地域性文化研究工作。《公鼐年谱》是其硕士论文，毕业以后经历资料裒辑之难后，据新得资料多加增益，成此一书。

第八章　附　录

学典赋诗提素养，当代研论多华章。

文界研究兴热潮，齐风鲁韵继弘扬。

论古鉴今增动力，继往开来莫彷徨。

先贤文化多箕裘，泽润文坛世业长。

公鼐的文学思想、诗学主张对挽救复兴晚明诗坛之危起到重要作用，影响自清，至今不衰。明万历末年，受到焦竑、赵秉忠、冯琦、于慎行等政要重臣、诗坛重量级人物的肯定和鼓励，主导山左文学复兴，带动出邢侗、李季重、公鼒、钟羽正、王象春、冯珣等一大批杰出的诗学人才。自清至民国，受到著名文学家、诗学家王士禛、朱彝尊、钱谦益、陈田等大力弘扬。1997 年，时任蒙阴县政协主席薛庆德组织、寻访、整理《问次斋稿》清代手抄本影印出版。2000 年以来，山东大学、山东师范大学、临沂大学、泰安师范学校、华中师范大学、枣庄师范学院、曲阜师范大学，乃至兰州大学、广西民族大学、上海师范大学、苏州大学等均有研究文献、著作面世。特别是广西大学学人赵广升先生不负使命，寻访到《问次斋稿》《问次斋西游稿》《问次斋续稿》明代刻本，并苦心进行点校，于 2008 年由中国戏剧出版社发行后，逐步把公鼐文化研究推向新高潮。

作为公鼐故里的蒙阴，自 1988 年县政协创办《蒙阴文史资料》以来，收集了公鼐及其家族七代先人的诗歌文赋，汇编成专辑发行。蒙阴县的老领导刘宗元、胡家利、薛庆德、傅家传和李长义等都亲自上阵，写诗撰文，带动起县委宣传部、县人大政协科教文委室、蒙阴一中、蒙阴县史志办、文史委、文化局、文化馆、文学创作室、文物管理所等有关单位和多位专家、学者、教师纷纷创作出一批又一批诗文作品，多有被知名报刊选载，从而引起了地方政府的重视，组织了积极开发保护历史乡贤名人公鼐的遗迹和文化研讨活动。2017 年，蒙阴县委宣传部、文化局、民政局帮助协调成立了蒙阴县“公鼐文化研究会”，使公鼐文化研究有了乡基支撑的主阵地。

附录一　当代文选

摘自曲阜师范大学教授相龙本的《问次斋稿》校记

毋庸讳言，这部《问次斋稿》的手抄影印本不是很理想的本子，它需要进一步地完善。据《青州府志》、康熙《蒙阴县志》载，公鼐有《问次斋集》一百卷行世。我们期待着这部全集重见天日，倘若能找到一个比较好的底本，如《问次斋稿》三十一卷本，再参以手抄本与散见于各种典籍的公氏诗作的零金碎玉，则我们便可得到比较理想的公鼐诗集了。

海内孤本《问次斋稿》面世了，它的面世为公鼐研究的进一步开展，为整个明代文学、历史、哲学、文化研究的进一步深入，提供了一份新的极其罕见的珍贵资料，必将在学术界引起强烈的反响。

《问次斋稿》影印本的面世，是蒙阴县政协领导和全体同志不懈努力的结果。蒙阴县政协一向注重乡邦文献的搜集、保存、整理，成绩斐然可观。在今日商品经济大潮的冲击下，他们毅然出资印制这部先贤的诗集，以嘉惠学林、遗泽子孙，真堪称胆识超卓，举措非凡，是值得称颂的。

桑梓后学相龙本

一九九七年七月三十日挥汗写毕于仲尼故里之半床书屋

广西大学文学院教授张廷兴为《问次斋稿》赵广升点校本题序

张廷兴

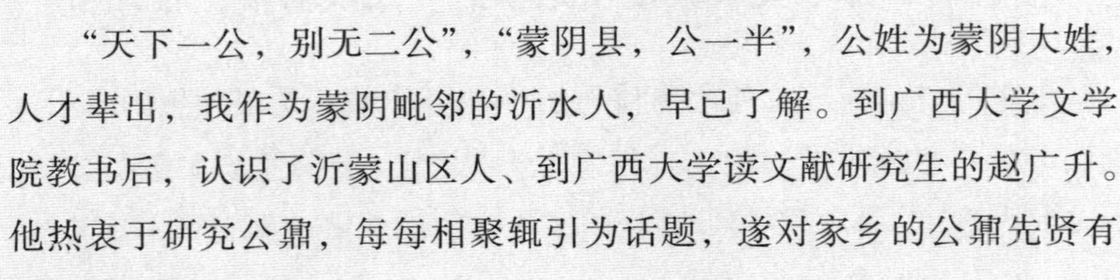

“天下一公，别无二公”，“蒙阴县，公一半”，公姓为蒙阴大姓，人才辈出，我作为蒙阴毗邻的沂水人，早已了解。到广西大学文学院教书后，认识了沂蒙山区人、到广西大学读文献研究生的赵广升。他热衷于研究公鼐，每每相聚辄引为话题，遂对家乡的公鼐先贤有了一些认识。

公鼐温良恭俭，外柔内刚，是继公勉仁、公跻奎、公一扬、公家臣之后公姓的第五位进士，被授为翰林院编修，光宗、熹宗两帝的东宫讲官。天启初年任礼部右侍郎，处在帝党、后党、宦官、朝臣的党派斗争中，曾两次引疾归乡，至终被削职罢官。著有《问次斋集》一百卷，还有很多诗、赋、散文散见于史籍，散存于民间。崇祯皇帝继位后，追封公鼐为礼部尚书，谥“文介”，授予“全谕祭”“崇祀乡贤”的荣誉。为褒扬公氏家族功德，明末在蒙阴县县署附近修建了“全荣坊”（在其墓地曹庄）和“五世进士　父子翰林”的石坊，可惜于 1961 年因工程建设被毁。

研究公鼐的著述对研究晚明史特别是明末的宫廷历史、政治斗争有一定的价值。公鼐不愿陷入党派斗争，但绝不允许宦官魏忠贤诬陷忠良，成为冤史，便上疏熹宗，要求主持编纂《光宗实录》，秉笔直书光宗政绩、阉党劣行和宫闱中的委曲隐秘之事，“存其真不存其伪”，“以成一朝信史”，但得到的是“谯责”“忤旨”“群小恶其害已尽力打击”，不得不再一次“引疾归”。五年后，因推举为东林党说情被罢职的李三才任用辽东大吏，被阉党御史叶有声“追论鼐与三才为姻”，弹动李三才徇私妄荐，被免去官职，不久病死在故乡。其著述对明末复杂的政治斗争、人民群众的疾苦都有所反映，如《双林寺歌》《天可量》《望蒙山吟有寄》等。公鼐在理学方面，也有造诣。从现在存录的《国语髓析》二十一卷、《尺牍补遗》四卷（明万历刻本）中，可见其思想精华，故光宗赐其“理学名臣”的御匾。

研究公鼐的著述，对研究明末文学特别是诗坛流派风格等有一定价值。公鼐对前后七子的拟古主义推崇中又有扬弃，甚至叛逆，主张不可贵古贱今，不能蹈袭拟古，应积极革旧创新，但要继承古代的文化传统和文学形式。他提出“齐风”的诗歌主张，古乐府、古诗、律诗各种体式无不尝试，政治、经济、军事、文化等各个方面无不涉及，故与于慎行、冯琦被称为万历前期“山左三家”，在晚明诗坛中占有重要地位。其赋气势恢宏，有两汉余韵、唐宋流风。

研究公鼐著述对了解明末蒙阴的历史状况，研究蒙阴文化与沂蒙文化有一定的价值。清《蒙阴县志》载：“（鼐）生有异才，龆龄能诗，读书一目即记，载籍靡不腹笥之。弱冠文名炳著海内，直指毛公试而奇之，升蒙阴为‘中邑’。”即由于公鼐异才，主考官把蒙阴由“小邑”升为“中邑”，每届增加五六个秀才名额，这在历史上十分罕见，可见其影响力。1615年（万历四十三年）山东遭天灾，“卖儿贴妇苦不售，时当盛夏家无粮”。公鼐上疏请求赈济，得到允许，崇祯皇帝在《谕祭公鼐文》中曾提到公鼐“发粟赈济，仁殚乡闾”。万历年间，公鼐还为《沂水县志》作过序。在蒙阴，蒙恬能武，刘洪善算，公鼐治文，遂被誉为“文化三公”。诗歌中触景生情的大量反映沂蒙历史文化的诗影，都有一定的史料价值，如《宿东莞古城》《阳都辨》等，后者以自然地理环境为标志，对古阳都县进行了比较翔实的考证，认为“蒙山以东，葛沟以北，皆县界也”，“阳都在县境（指沂水县）内无疑”。

研究公鼐著述，对于研究公姓家族史有重要意义。蒙阴为公姓家族发祥地与主要聚居地，有明代公勉仁成为公家第一代进士，著有《东山集》传世。后来公家数代接连有进士出现，并涌现出公鼐这样有明一代有影响的文士，使得公家在蒙阴成为大族。

研究公鼐的著述，对今天蒙阴的旅游发展有一定的意义。他引疾归后，酷爱蒙山，从他的山水诗中，我们可以看到，蒙阴山清水秀，苍松翠柏，花草繁盛，百鸟鸣啭，生机盎然。蒙阴的名山河流、胜景古迹，在公鼐的诗文中几乎都被描述过，如《东蒙山赋》等。

对公鼐及其著述的研究也一直没有停止，从《明史·公鼐传》、万历《蒙阴县志》《青州府志》辑录的诗人和后进诰命、谕祭文、葬文、条目，到《辞海》《中国古代文学词典》《中国人名大词典》的简介，到今人朱明秀的《公鼐家族世系考》《公鼐家族著述考》《公鼐家族墓地考》《明代公鼐家族世系表》。公鼐研究在国内改革开放以后达到高潮。

蒙阴无疑是收集、辑录、整理公鼐文物、著述，研究公鼐的主阵地。清康熙二十四年所修《蒙阴县志》称其“有《问次斋集》一百卷行世”。他“撰书卷帙繁，与身同寸尺”，但传世很少。王重民《中国善本书提要补遗》载：《问次斋稿》三十一卷，为明万历刻本，藏于美国国会图书馆，国内版本的《问次斋稿》则毁于战乱。1979 年，蒙阴县在进行地名普查时，在桃墟镇前城子村发现了公鼐二十九代孙（东蒙公氏二十九代，公鼐第十三代）公丕轩珍藏的《问次斋稿》手抄本，为清抄本，全书 20 多万字，收有文 4 篇，诗歌 2015 首，明万历十七年状元焦竑、万历二十六年状元赵秉忠，及公鼐挚友李季重、公鼐外甥吕邦耀所序言 4 篇。后蒙阴县政协同志多方辑录，在 1990 年印成《蒙阴县文史资料》（第三辑：公鼐诗文专辑），收录公鼐诗选（25 首）、公鼐诗辑（87 首）、公鼐文辑（6 篇），其他为另外四位进士的诗歌辑录，以及历代评论史料、当代研究成果。1985 年，齐鲁书社影印出版发行了清手抄本。1992 年在公家城子发现了他的八册名为《问次斋稿》手抄本，与史料所载相比，大概只是公鼐所有文学作品中的一小部分。其后，县政协的薛庆德、朱明秀撰有《公鼐传略》，曲阜师范大学相隆本教授的《初读海内孤本〈问次斋稿〉零札》，李大晋、李平的《试论公鼐的文学主张及其诗歌成就》等著作先后问世。

最近几年，来自沂蒙山区的学子将公鼐作为研究对象，写出了一批有影响力的硕士论文，如冯兆娜的《公鼐年谱》(2007年)根据手抄本《问次斋稿》和有关史传、方志、文集等资料，对公鼐的家世、生平、创作、郊游等作了全面整理。

广升也是其中一位。他性情质朴、勤奋好学，虽五千里之外求学于广西大学，仍心系家乡先贤名流，多方打探万历刻本《问次斋稿》，并想通过自己的努力，整理出版，为推动公鼐研究尽绵薄之力。作为一名研究生，这样的任务无疑很艰巨，其中的酸甜苦辣，他几次欲言又止，但我已经心知肚明。多亏众多仁人帮助，广升的愿望才得以实现。

明万历刻本《问次斋稿》三十一卷、《问次斋西游稿》七卷、《问次斋续稿》五卷的发现、校注、整理出版的重要性自不待言。他共收赋4篇、小序1篇、诗2315首，为公鼐研究提供了最早的、最原始的、最全面的、最可贵的、最权威的研究文本。透过《问次斋稿》，我们才真正感到明清文人焦宏、朱彝尊等对公鼐"绝句尤工""诸体咸妙""晚年山居诗尤得真趣""不藏唐人风致""能宀笼载籍之菁华，不为靡曼而剥夺之语""言诗千万历，则三齐之彦，吾必以文介为巨擘焉"的评价，是为精当公允之论。

本书的整理、点校、出版，一为赫赫大公，一为区区书生，比之前者，我不敢妄论；比之后者，我也汗颜。盼望随着明万历刻本《问次斋稿》的整理出版，使得对公鼐的研究再上台阶，也期待广升能百尺竿头，为家乡的文化研究做出更大的贡献。

恭为是序，以共勉之。

二〇〇八年八月于南宁

晚明山左公氏昆仲的诗学观及其创作取向

王小舒　袁鳞[①]

山东大学文学院　苏州大学文学院

（选载一、二）

摘要：蒙阴公氏是明代山左重要的科举与文学家族。公氏家族的文化品格在道德操守、家学渊源与文学活动中有着鲜明的体现。以公鼐、公鼒昆仲为代表的家族诗人对晚明诗坛展开认真反思，但各有侧重，相互补充。公鼐以不朽自期，提倡雅正的文学创作，扩大师法对象，吹鼓"齐风"以期实现山左文学的复兴。公鼒提倡自由的书写态度，重视个人情感的表达，汲取佛教思想，执着于文学内在规律的探索。昆仲二人凭借鲜明的诗学主张和突出的创作成就，成为晚明山左诗坛一支不可忽视的家族文学力量。

关键词：公鼐；公鼒；家族文学；昆仲；晚明诗坛

公氏家族"五世进士、父子翰林"，是明代山东地区重要的世家大族，但学界对此关注很不够。即便是研究较为深入的晚明诗学，也主要关注公鼐其人，抑或偶尔提及其弟公鼒而已。公氏家族本身的意义与价值长期以来未被重视。究其原因，一方面是经历明清易代，公氏家族诗文流失大半；另一方面，对晚明诗学整体反思，清人除钱谦益、王士禛、朱彝尊，民国初陈田等人对于公氏昆仲有过论述外，关注者不多，这不能不说是一个遗憾。本文以公氏昆仲作为主要研究对象，深入分析各自的诗学主张和艺术成就，对于了解山左明代世家的文学发展轨迹有着重要意义，由此亦可从一个特定视角窥见明末诗坛的发展动向。

① 王小舒（1953—　），男，上海人，山东大学文学院教授、博士生导师，主要从事中国古代文学研究。袁鳞（1992—　），男，河南省驻马店人，苏州大学文学院博士研究生，主要从事明清文学与文献研究。

一、公氏昆仲的家族文化背景

蒙阴公氏家族是明代山东重要的科举家族、文学家族。据《东蒙公氏族谱》记载，蒙阴公氏家族始祖名公蕃，在宋朝宣和年间自沂州迁到蒙阴，定居于上东门，人称“东蒙公氏”。公蕃信奉儒学，具有相当的文化素养，《蒙阴县志》载：“祖讳蕃者笃行力学，劝掖后进，故宋称‘真儒’。”公蕃亦从事诗文创作，著有《定园集》，其子公怀远，著有《松石草》。公氏首位进士是第十三世的公勉仁，第二代进士是十四世的公跻奎，第三代进士为十五世的公一扬，第四代进士为十六世的公家臣，第五代进士即十七世的公鼐。至此公家获得了显赫的声名和地位，世称“五世进士、父子翰林”。有明一代，东蒙公氏通过家族的群体努力，在科举上世代连捷，除五位进士外，以科举途径进入仕途的公氏成员有 28 人，至明末时，俨然成为青州地区名副其实的仕宦大族、文化世家。

公氏家族虽身处僻邑，但产生了五位进士和公鼐、公鼒两位杰出的文学家，其家族的文化地位之于蒙阴是空前的。故《蒙阴县志》称：“(蒙阴)士多质朴，不谙浮夸；民知急公，鲜逋赋税。但土瘠物拙，人劳而贫……邑虽褊小，而前朝甲第相望，公氏兄弟尤以文学著。今则求通帖括而博一第者，已如晨星落雁，矧其他乎？”厘清蒙阴公氏家族的文化背景，是研究公氏昆仲文学成就的前提与起点。下文从人格塑造、家学教育和文学活动三个方面进行论述。

人格塑造。蒙阴地处齐鲁之间，公氏家族成员深受儒家文化浸润，坚持读书应举，奉儒守官的立身道路，故而科第连绵，人才辈出。在仕宦生涯中，公氏家族成员始终保持了独立不迁、不畏权贵的道德品质，展现出强项不屈的一面。

公勉仁曾任太仆寺少卿，立朝刚直，因忤宦官刘瑾，左迁任四川参议。公家臣同样睥睨权贵：“先生在禁，近不事奥贵，疏于将迎。及江陵公夺情，吴中二太史上书。先生善二太史。江陵公曰：‘公生得无有疏。’二太史与出潞河先生遣子鼐送焉。侦者报状，以是著睚眦，不能解，又莫为请，遂及于适。然先生不自失也。”公家臣胆气超越时流。于慎行评云：“志称齐俗舒缓，阔达而好经术。故仕者工自操持，不工迂世。太史之不究有以也夫”，可谓的论。

以勉仁、家臣为代表的公氏家族成员，其刚正清高的人格魅力具有深远的家族示范效应。公鼐云：“先君赍志泉壤者，垂三十年矣，徼有天性。辛丑之役，家兄孝与备员馆僚，蹇继先人之业，不肖穷途落魄，复得承乏内制。拜官之日，缅思先德，因赋一律，既以纪事且以志感。”在祖辈和父辈的影响下，公鼐、公鼐均为官清正，立身有节，虽拮据清贫，但不改初衷，颇有风骨。公鼐年少即以不朽自期，具有高远的人生定位。公鼐清高之风一如乃兄，其《艾山庄杂诗》云：“吾爱嵇中散，当涂尽绝交。已将汤武薄，那问俗情嘲。龙性轻鱼网，鸿飞失燕巢。竹林称七子，钻核恐相淆。”公氏昆仲以雅正立身，不同流俗的性格对其诗歌创作与诗学主张影响深刻。

家学陶淑。公氏家族所在蒙阴地区并非通都大邑，文教不昌，有明一代仅出进士 20 名，其中有 5 名来自公氏家族。究其原因，与家族特重文化具有密切关系。早在明洪武年间，公氏先祖之一的公犹：“征任广宗丞，一年移疾归，仅有二驴载其书籍，妻子皆徒步。”公勉仁之父公恕亦重文教：“天性贤明，酷嗜诗书，受学于诸生阚姓者。入庠后，力劝一乡之子弟从学，不索束金。继而科贡蝉联，遂称文丛，东鄙人文实始于此。”正是在笃志尚学的精神坚守之下，公氏家族逐渐成长为山左重要的科举世家。

公氏家族重视文化资本的投入，“来青楼”作为公家臣修筑的藏书之地，成为后人怀念祖德、自我砥砺的重要场所。公鼐《问次斋闲居》其四：“先子龙门令，遗编手自摩。轩书禹穴秘，秦典西山多。”公鼐《冬日登来青楼书旧先太史读书处今以祀观自在》：“雀噪空梁四壁虚，经年不到为山居。杨柳水冷观音偈，蠹简尘封太史书。”《青社先贤杂咏》称赞公鼐：“高枕东蒙间，寝食研图籍。撰书卷帙繁，与身同寸尺。”公氏家族成员世代浸润于浓郁的文化氛围之中，即便如戎旅出身的公鼐之子公光国，亦有诗篇传世，其家风文脉可见一斑。

难能可贵的是，在“齐鲁重时文”的趋势之下，公氏家族并未盲从于科举应试，而是显示出多样化的取法格局。公志绪，“衡府长史勉仁次子，博学精医”。公家臣“博及群书，于诸子百家无不涉猎。至六书、乐律、天文、医卜之术皆钩其要指，而不以自名”。公鼒，“博学工书，以经济自负”。广博的阅读研习，拓展了公氏家族的学术视野，也为其在诗歌创作、诗学主张的新变打下了坚实的基础。

文学交流。公氏家族成员科第辈出，立身刚直，因而政声往往掩其文名。事实上，公氏家族在文学创作方面几乎达到了人人有集的盛况。据记载，公氏家族别集有：公勉仁《东山集》，公跻奎《中岩诗草》，公一扬《闲音集》，公一柟《东墅集》，公一载《田居稿》，公家臣《柳塘集》，公家邻《蒙山集》，公家相《南游草》《锦江集》《关中杂录》等。但上述文本大多亡佚，仅在方志、家谱中还存有几十首诗，选录如下：

舟行忆东蒙旧庄

公勉仁

野馆篱边秋水清，竹阴深处掩柴荆。
渔灯乱集澄潭下，樵唱时闻隔浦声。
泉石梦中千里远，烟波江上一舟轻。
何年了却人间事，静向云林问养生。

中山古刹

公跻奎

古寺几番更世代，石文断烂傍山隈。
晴烟袅树昏将敛，新月随僧明欲来。
风过猿声鸣翠蘖，雨余鸟迹印苍苔。
红尘一点飞难到，尽兴登临跨鹤回。

中山寺题

公一柟

行踏千峰鸟道悬，藤萝曲护石斑斑。
山坳暮雨归樵湿，松顶巢云放鹤还。
欲脱尘襟寻静土，谁将灵药驻朱颜。
龙函半偈都无有，寥落残僧补衲闲。

庚午致政

公一载

拂袖归来气未平，无官且喜一身轻。
睡红门外三竿日，遮莫风波逐浪生。

江陵张阁老

公一扬

邯郸原不悟，行止亦徒劳。驻世金银气，浮名鸿鹄毛。
生前扶日月，身后卧风涛。堪笑机心客，何如钓叟高。

游合泉

公家臣

蹑足访沧浪，岩花夹道香。茂林围帐幕，幽鸟奏笙簧。
倦卧石为枕，临流水荐觞。相看殊不厌，归鸦背夕阳。

上述作品中，公氏诗人们透露出对于官场倾轧的厌恶和向往山林闲居的情感态度。由仕到隐的人生转变，在公氏家族的作品中留下鲜明的思想印记。无论是“无官且喜一身轻”的肺腑之言，还是“欲脱尘襟寻静土”的出世之思，使得公氏家族在儒家出世致用之外，又兼具了释与道高蹈通脱的精神气度。公氏家族在自然与人文的沟通之中，

更加强调生活中的真、趣体验，保持了重自然、重本心的创作倾向。

公氏家族成员之间经常举办的唱和雅集成为家族文学的重要场域。就公鼐、公鼒的现存作品来看，父子、兄弟、叔侄、甥舅之间有着频繁的文学交流，如公鼐有《奉从太史公游蒙山海螺寺》《同家叔、张、徐二子重至蒙山》《丁亥至中山寺，随三叔、徐丈小饮禅房》《奉题家叔自怡园》《族叔文学廷试暂归，诗以送之》《弟读书晚对亭，自济上写寄》《留别吕甥》；公鼒也有不少这类创作，如《山楼与家兄坐话》《同吕汝成兄弟游草桥地为元时旧城》《送外弟秦木成应省试木成是质之弟质之与余幼同学有璧人之目云》《和家兄雪中险韵诗四首再赋两章仍求属和》。家族成员之间赠答、求和、奉题，虽极为传统，也难免格套，但锻炼了公氏昆仲的创作技法，也成为考察公氏家族文学上崛起的重要背景。

不可否认，公氏家族的早期诗人与主流话语距离相对较远，并未出现卓绝一时的重要诗人，其文学交际活动也多集中于家族内部以及乡梓友人，影响相对有限。但正如四库馆臣评《海岱会集》所云："盖山林下，自适性情，不复以文坛名誉为事，故不随风气为转移"，公氏家族的文学创作活动同样具有这样的特点。联系明代诗坛派别林立、格局分明的文学环境，我们可以这样认为，公氏家族与主流话语保持了适当的距离，并未被各种观念所左右。这种不立门墙的写作态度也在一定程度上促成了公鼐、公鼒的诗坛革新。

二、公鼐的"时代焦虑"与诗学主张

晚明政局波谲云诡，翻云覆雨。传统道德世界的失落，使得更多士人在世俗世界中寻求补偿，享乐之风盛行于世。而文坛伴随着复古派的衰弱，对主流话语权的争夺也日趋激烈，各种诗学势力一时竞起。激荡的社会思潮产生了多元的诗学理路。事实上，晚明诗坛并未形成统一的诗坛宗尚，诗学势力之间的交流与竞争倒使得晚明诗坛显现出活跃的态势。各种政治势力与思想力量的交锋，不可避免地使诗人产生了时代焦虑，而雅正与庸俗、继承与新变、传统与现实三种关系，

成为公鼐所面临的突出问题。

1.崇雅去俗：不朽为期的自我定位及诗学投影

公鼐所处的晚明之际，正处于政治形势日趋恶化的阶段："由于世宗后期之荒淫，导致官僚集团的贪污腐败，故而攻讦以为私、倾陷以利己成为惯常现象。争权夺利的过程中因均须求得皇帝支持，故又争相媚上。于是士人人格表现为：对上逢迎媚软，对下骄横跋扈，对敌手凶狠残忍；内含私欲，外饰忠直。至此明代士风真正大坏。"而公鼐已然选择了砥砺品格、以古为师的立身道路，其《己卯屏居山寺有述》诗序表现出他继轨前哲、敏而好古的立场：

夫岘首兰亭，风流之弘致；庐山莲社，定慧之高躅；并称曩哲，千载如存；每用遐思，神交忽往。予冲年好古，不朽为期；本非不羁之才，又乏乡曲之誉；然犹磨研刻画，高自标持；矫翼厉翮，度长絜大；摅意六极之外，流目八纮之表；探深测远，忘忧忘食；孜孜一纪，专乎勤哉！

作者时年二十二，已然以古人自期，尚文重德的家族传统是其"不朽为期"崇高感的源头，《己酉卧病感怀五百字》云：

去日五十载，茫茫残梦积。……余本神明胄，陵夷值离析。遥遥久旷寮，维新际鼎革。簪笏及百龄，蝉联颇舄奕。皇考播清辉，金华早登陟。诗礼遵过庭，趋步奉矩尺。

除家学渊源之外，故乡自然与人文所带给公鼐的精神熏沐也值得一提。其《武城南山诗》序：

藤、费之间，有地曰："关阳"，鲁之武城也。子游、澹台祠在焉。其城跨开明山而下，遗址宛然。诸山连邹泗、兰陵，绵亘百余里，雄峻玲珑，穷态极变，真宇宙之奇观也。曾、孟二子及子羽诸贤悉生于此，斯地灵之明验矣。余家邦域之中，乃出创见，因为长句，拟诸形容，亦名曰《南山诗》。

崇高的生命意识与深沉的历史思考是公鼐所处的晚明诗坛极为缺乏的，与之相对的是，晚明社会风气日益走向迷乱甚至趋向庸俗。据万历《通州志·风俗》载："弘、正之间，犹有淳本务实之风。士大夫家居多素练衣，缁布冠……今者里中子弟，谓罗绮不足珍，及求远方吴绸、宋锦、云缣、驼褐，价高而美丽者，以为衣……故有不衣文采而赴乡人之会，则乡人窃笑之，不置上座。"出于对复古派的反拨和个性解放的需求，这一时期的文人更多关注于个体的生命体验，创作着力于标新求异，不与人同。正如李日华所云："顾今世所为诗，古选律绝，牵缀风烟，渲染月露，雕绘不越青黄，栉比无关宫征，只用写悰绨素、娱弄楮墨而已。"

这种脱离社会现实、信手雕绘娱弄的态度，与公鼐的主张格格不入。

公鼐对于诗歌创作有其内在规范，他在《池阳来先生〈自愉堂稿〉序》称赞来俨然云：

至于有韵之文，尤其颛挚，元本风雅，襄驾汉唐，会通乎温乐敦厚之教，而传播为涵濡讽咏之章。近代之剽摸，流俗之俚诡，不惟洗而空之，真可回而障之矣。

在儒家家国情怀影响下，公鼐讲求诵雅讽谏的严肃写作，具有鲜明的现实观照，其《卢延让诗》表现出对诗风日下的不满：

自古诗律推有唐，望洋向若知大方。
源流初盛迄中晚，后先接武登坛场。
形质稍易神理在，民到于今称典常。
长庆以降渐萧索，浅俗寒瘦滋滥觞。
延让涂抹藉猫狗，夸诩饼饺犹扬扬。
习染成风趋愈下，龌龊何足污缃缃。
悲哉土运值标季，斯文将丧终沦亡。
声音关政甚可畏，明哲见几宜深藏。

公鼐重提以风而观政的传统，体现出深切的时代焦虑。

在艺术风格上，公鼐欣赏体国经野、义尚光大的鸿篇巨制，而不满于纤细软媚的闲愁书写。其在《读〈诗纪〉偶书》云：

相如歌郊庙，子云赋长杨。东平颂祖德，班掾庆明堂。

杜夔创魏雅，傅咸[illegible]晋章。永嘉迄江右，婉丽极隋唐。

庸音悦里耳，淫哇抵滥觞。希声追浑噩，衰响思激扬。

颓波逝不返，怀古意茫茫。朱弦怅三叹，清夜独彷徨。

除此之外，公鼐身为翰林的文化职能也自然影响到诗歌创作，其《都门春望》云：

岁狩尧歌满，春游舜乐薰。

双龙时作御，五马昼为群。

愧乏阳春曲，年年诵圣君。

公鼐认识到当时诗坛的两难困境：一方面，既有的复古派创作路径日益受到质疑与批驳。王世贞云："师心而务求高，以阴操胜于人耳目之外而骇之"，一味以壮语豪言自我标榜，借古人以自重，往往令人生厌。另一方面，晚明诗坛求新求变的创作思路又走向另一个极端——俚俗。在尊重经典与自我抒情二者之间，如何实现平衡无疑是公鼐面临的一个棘手问题，其《作〈武城南山诗〉，后读韩集有述》云：

名山诗格两争雄，吏部文章敌化工。

小有故知非太乙，庸音安敢望韩公。

世情厌饫巴渝曲，古道沦胥郑卫风。

欲障狂澜追大雅，却将篆刻效雕虫。

诗歌创作追求高雅无可非议，但能否获得感动人心的审美享受则对诗人提出了更高要求。

2.唐宋兼宗：兼容并蓄的取法格局

晚明诗坛诗歌流派的新兴乃基于对复古派的反思和批评，而公鼐虽然也认识到摹拟之弊端，但诗歌理论的贡献有限，改革的方式主要体现于创作实践，其多元的取法格局本质上顺应了复古派后期自我更张的趋势。"后七子"的代表人物王世贞就已经在诗歌中有意识地参考诸家："歌行自青莲、工部以至高、岑、王、李、玉川、长吉，近献吉、仲默，诸体毕备。"在家族的培育引导之下，公鼐具有了良好

的知识储备，形成了较为宽广的诗学视野，在创作中进一步扩大取法对象，正如赵秉忠论其诗云："其诗若走丸决流，纵横无端，曲备诸体，而不专学一。"

公鼒对于唐诗相当熟稔，这从其现存诗作中可见一斑：《遣兴拟杜集五首》《拟杜十八首》《衍元和诗六首寄用韫》《读李氏〈唐诗选〉》《和唐杨巨源〈圣寿无疆词〉四首》《齿落，读韩集，客适有忧余形瘠者，自嘲答之》《卢延让诗》。公鼒兼综百家的格局视野使其在艺术创作上亦取得不小成就，清初王士禛盛赞道："吾乡公文介公鼒，万历中为词林宿望，诗文淹雅，绝句尤工。如《习家池》云：'岘首岧峣汉水长，习池烟树野亭荒。羊公流涕山公醉，并枕残碑卧夕阳。'……《南竺寺》云：'晚霞挂重塔，微月碧殿空。林壑松桧响，十里闻秋风'，皆不减唐人风致。"

除取法唐诗外，公鼒一改崇唐卑宋的诗坛习气，于古体诗中融入宋调，这在当时颇为不易。同为晚明山左诗坛代表的于慎行对宋诗则持保留态度，他在《冲白斋存稿叙》云："歌诗春容遒雅，取裁盛中，以为学杜不成且落宋人恶趣，此固卓有所见，非拾人咳唾者。"卷一二相比较而言，公鼒对于宋诗态度持平而客观，创作上不避借鉴，或以文入诗，如《南游篇送景和之合肥，遂游南都》："子好游乎？吾与尔言。天地郁浡瑰异之气，乃在吴楚之会江汉之间。"或在诗中杂以议论，如《夏日与诸子集东园，饮食谐笑，无时不至也，作歌以纪之》："君不见世人畏寒复恶热，吾独爱夏之修洁。"《上章后待报作》："倦游甚矣吾衰也，从政于今久殆而。"学宋倾向在此可见端倪。

公鼒援宋调入诗，为晚明诗坛的发展注入新活力，固然有解放文学思想束缚的内在要求，也符合文学流变的内在规律。但公鼒的作品过于直白，流于浅俗，缺乏诗味。如《园居纪物杂言》："持荷不可以作柱，折芦不可以作椽。"《佚老吟》："奴耕婢织各有人，男婚女嫁愿已毕。阶庭孙枝长二三，颇识之无与六七。"这些诗作艺术性不高，学宋未得精髓。马星翼《东泉诗话》批评道："公孝与论诗亦不满李

沧溟者，而其五七古皆不免伧气，是殆所谓未入其蕃者，如《遣兴拟杜》一首：‘人苦不知足，愿欲何终极。当其入天门，犹未厌八翼。’此何等语。”此处已经注意到公鼐力主新变而力所未及的一面。

但公鼐在复古派风气笼罩下勇于做出某种转变，有助于打破故步自封的创作生态，符合自由抒情的文学本质，因此其不弃宋调、唐宋并尊的先导性是值得注意和肯定的。公鼐在《古乐府序》中批评李攀龙云：“李于鳞氏曰：‘拟议以成其变化。’噫！拟议将以变化也，不能变化而拟议，奚取焉！”从创作过程来看，公鼐后期的诗歌又有一定变化，好友李若讷评价其诗云：“所得趣者似尤在晚年山居诸什，此又不必乐府而皆乐府意，蝉蜕世变之外者。”随着年龄的增长、阅历的增加，公鼐晚年的心境日益成熟、内敛，其关注点转向田园自然，步履在唐宋之间徘徊。

3. 呼唤齐风：在地域先贤旗帜下重振诗坛

公鼐热爱乡梓，对于地域文化的弘扬不遗余力。在文学创作方面，公鼐对齐风的弘扬已经得到了学界的关注，如李圣华认为：“公鼐提出‘齐风’诗歌理论见解，并以积极的创作实践这一诗学理想，代表着山左诗人对自己地域文化传统和诗学统续的清醒认识，也包含着其独特的诗学理想和审美情趣。”从源头来看，“齐风”这一概念与李攀龙的大力弘扬有着密切关系，李攀龙《广齐讴行》云：“季札本荆蛮，华夏多夷犹。泱泱叹大风，观采不能休。五伯桓称首，四豪文其尤。”《送历城李明府入计》：“三齐郡国推高第，百里弦歌播大风。”彰显着鲜明的地域文化特征。

观察公鼐之于李攀龙的态度，必须将其置于特定的诗学语境之中加以把握。李攀龙作为明代“后七子”的领军人物，无论是其诗学造诣还是人格魅力均对年轻的公鼐具有很强的吸引力，公鼐曾云：“我明东方之业至庭实而始，至于鳞而大著……嘉隆以来能诗者日益盛，大抵多于鳞氏言也，而卒无卓然自立称名于天下如于鳞氏者”，已透露出绍先继武之意。在创作层面上，李攀龙侧重选择雄浑刚健的意象群，展现博大劲健的气象格局，其对山东地域历史的书写饱含着强烈的地域自信。公鼐自觉将其发扬光大，成为晚明山东文学创作中独特的景观，如其《登云门山》云：“齐右名山跨海东，云山独压万山雄。漫言四塞环青土，更有重阁近紫宫。宇宙尽归明镜里，乾坤疑是小壶中。登临一望狂歌发，独酌潇然忆大风。”《戊子至青作简石、冯诸子》：“左思虚作齐都赋，伧父安知大国风。”

公鼐对于齐风的呼唤，一方面固然源自对乡园天然的情感，另一方面与山左诗坛日趋凋敝的现实有关：“济南文学营垒因李氏的下世实际上趋于解散，而且北方地区一时缺少像李攀龙那样能发挥强力影响的引领人物，难以形成吸引各方文人士子新的文学据点。”明中期以后诗学重心日益转向南方，山左地域文学传统如何延续、走向何方，成为迫切需要解决的问题。公鼐《胶西道中》云：“琅邪齐旧境，此地昔多才。今日凋残甚，清风遍草莱。”出于现实的忧虑，公鼐通过树立李攀龙这一旗帜，将冯琦、李若讷、于慎行等一批山东籍诗人团结在其周围：

论文湖上夜深时，从此逢人说项斯。咫尺济南遗响在，谁言白雪少人知。（《历下送季韫东归·其四》）

关右辞宗起庆阳，济南白雪照东方。愿君珍重成三李，一代名家总赞皇。（《赠季重诗·其八》）

文章一代李沧溟，唐室开元汉两京。今日见君操白雪，恍然身对济南生。（《赠于子充兵宪，时迁河南参藩未行》）

地域认同往往杂糅着地缘、血缘、心理等诸多因素，一旦形成便具有一种潜移默化的力量。作为地域文化先辈，李攀龙之于山左文坛的重要性是显而易见的。在山东诗坛面临衰微之际，公鼐重新唤起对李攀龙时代的记忆，意在实现山左诗坛的中兴。在地域诗群的建构、齐风诗学的振兴上，李攀龙是一个标志，公鼐借此大张一军，也使自己成为地域诗歌发展的不可或缺的一个环节了。

结　语

“文学家族，乃基于亲缘关系而形成，而亲缘组合相当多元，代际性关系也颇繁复”。汉魏以还，祖孙如杜审言、杜甫，父子如“三曹”“三苏”，叔侄如“二潘”“二阮”，兄妹如左思、左芬，鲍照、鲍令晖，夫妇如孙原湘、席佩兰……均在文学史上留下浓墨重彩的一笔，但在众多亲缘组合之中，成就最为突出的往往属昆仲关系。

就我国家族文学的发展历史来看，昆仲文学现象具有数量多、影响大、范围广的特点。魏晋时期，在文学自觉与士族门阀共同影响之下，出现了昆仲文学的第一个高峰时期：“六代兄弟齐名者，晋为最盛。‘二陆’‘二张’‘二傅’、士衡、景阳煊赫词场。”唐代以来，昆仲文学的数量不断增加，广泛分布于江南、山东、关中等区域，著名的如孔绍安、孔绍新，王维、王缙，沈佺期、沈佺交、沈佺宇，白居易、白行简；等等。宋代的昆仲文学现象更为普遍，诞生了诸如“二宋”（宋庠、宋祁）、“二苏”（苏轼、苏辙）、清江“三孔”（孔文仲、孔武仲、孔平仲）、“四洪”（洪朋、洪炎、洪刍、洪羽）等一大批昆仲文学群体。明代以降，昆仲并著的文学家族兼具极高的文学造诣和理论修养，如太仓“二美”、公安“三袁”“皇甫四杰”等兄弟组合，均活跃于主流文坛。在山左众多家族诗人集团中，东阿“二于”、临朐“四冯”亦为一时之选。而公氏昆仲之所以在时人中脱颖而出，原因是多方面的，其中既有山左地域文化传统的浸润，也是明代以来新旧诗学势力博弈的结果。更为重要的是，公氏昆仲自觉担负起山左文学复兴的历史责任，反对拟古提倡新变，适应了时代潮流，而两人的诗学主张互相补充，并以创作实践引导了诗风转向。

公氏昆仲的出现，使得由边贡、李攀龙、殷士儋、许邦才等人所形成的山左文脉得以延续，并在清初由宋琬、王士禛、田雯诸人推向高峰，实现山左诗坛的再次崛起。公鼐崇尚雅正的诗学主张，随着清廷统治地位的确立与稳定，也日益为主流诗学所接受。而公鼒及其同道王象春对于禅宗思想的吸收与提倡，对于王士禛的“神韵”诗学亦有不小影响。总之，理清公鼐、公鼒昆仲的诗学主张与创作实践有助于进一步廓清晚明清初文学的发展轨迹，也为我们进一步探究家族群体与文学发展的内在关系提供了借鉴。

参考文献

[1] 蒙阴县地方史志编纂委员会 . 蒙阴县清志汇编 [M]. 北京：中华书局，1999.

[2] 公丕勤 . 名门望族东蒙公氏 [M]. 北京：西苑出版社，2011.

[3] 于慎行 . 谷城山馆文集 [M]. 明万历于纬刻本 .

[4] 公鼒 . 浮来先生诗集 [M]. 四库禁毁书丛刊：集部第 160 册 . 北京：北京出版社，1997.

[5] 公鼐 . 问次斋稿 [M]. 赵广升，校点 . 北京：中国戏剧出版社，2008.

[6] 卢见曾 . 国朝山左诗钞 [M]. 韩寓群 . 山东文献集成：第 1 辑第 41 册 . 济南：山东大学出版社，2006.

[7] 钦定四库全书总目 [M]. 清乾隆武英殿刻本 .

[8] 左东岭 . 李贽与晚明文学思想 [M]. 北京：人民文学出版社，2010.

[9] 沈明臣 . 通州志 [M]. 明刻本 .

[10] 李日华 . 恬致堂集 [M]. 赵杏根，整理 . 上海：上海古籍出版社，2012.

[11] 来俨然 . 自愉堂集 [M]. 四库全书存目丛书第 177 册 . 济南：齐鲁书社，1997.

[12] 胡应麟 . 诗薮 [M]. 上海：上海古籍出版社，1958.

[13] 王士禛 . 池北偶谈 [M]. 文益人，校点 . 济南：齐鲁书社，2007.

[14] 马星翼 . 东泉诗话 [M]. 清刻本 .

[15] 李攀龙 . 李攀龙集 [M]. 济南：齐鲁书社，1993.

[16] 李文藻 .[乾隆] 历城县志 [M]. 清乾隆三十六年刻本 .

[17] 郑利华 . 前后七子研究 [M]. 上海：上海古籍出版社，2015.

[18] 成瓘 .[道光] 济南府志 [M]. 清道光二十年刻本 .

[19] 李若讷 . 四品稿 [M]. 四库禁毁书丛刊：集部第 10 册 . 北京：北京出版社，1997.

[20] 王象春 . 问山亭诗 [M]. 韩寓群 . 山东文献集成第 1 辑第 28 册 . 济南：山东大学出版社，2006.

[21] 成复旺，等 . 中国文学理论史 [M]. 北京：北京出版社，1987.

[22] 周裕锴 . 中国禅宗与诗歌 [M]. 上海：上海人民出版社，1992.

[23] 罗时进 . 家族文学研究的逻辑起点与问题视阈 [J]. 中国社会科学，2012,（1）.

[24] 李圣华 . 论明万历时期山左诗人公鼐的诗歌——兼论晚明万历山左诗风 [J]. 泰安师专学报，2000,（4）.

注释

在山左地方诗歌选本中，公氏家族的入选数量高于同时期的新城王氏、莱阳姜氏、东阿于氏、临朐冯氏等，其中清乾隆朝宋弼所编的《山左明诗钞》收录公氏昆仲诗歌共 144 首、民国赵愚轩《青州明诗钞》收录昆仲诗歌 156 首，均为入选家族之冠。

怀念王小舒教授

2017 年 12 月 18 日山东大学发布：

山东大学文学院博士生导师王小舒逝世，享年 64 岁。

山东大学文学院中国古代文学研究所博士生导师王小舒教授，因病医治无效于 2017 年 12 月 17 日在上海中山医院去世，享年 64 岁。

王小舒教授于 1953 年 8 月出生于上海，1982 年毕业于扬州师范学院，获文学学士学位，1987 年获山东大学硕士学位，1993 年获山东大学文学博士学位，后留校任教至今。曾任山东大学文艺美学研究基地兼职教授，中国古代文学研究所所长。

王小舒教授曾参与撰写 3 种中国古代文学全国教材，担任国家教育部人文素质培养模式创新实验区负责人，为国家级精品课程《传统文学修养》主编，该教材荣获国家教学成果二等奖、山东省教学成果一等奖。他还获得过山东大学第四届教学名师、山东大学首届“我心目中的好导师”、第六届“山东省教学名师”等荣誉称号。

王小舒教授于2015年在上海治病，回到山东大学后，身体还没有康复，期间坚持为学生上课，同学们在讲台上放上一把椅子，要求他坐着讲，直到2017年他二次去上海治病，再也没能回到讲堂。

王小舒教授科研成果丰硕。主要著述有《神韵诗学论稿》、《神韵诗史研究》、《中国文学精神的轨迹》、《中国审美文化史·元明清卷》、《中国现当代传统诗词研究》(合著)、《王士禛诗选译》(合著)、《中国诗歌通史·清代卷》等。

王小舒教授在山东大学文学院学习、工作逾30年，勤勤恳恳、兢兢业业，为学院和中文学科的建设做出了重要贡献。他一直工作在本科和研究生教学第一线，热爱教学、关爱学生，成绩卓著，深受学生的爱戴；他倾心学术，从20世纪90年代以来孜孜不倦沉潜于清代诗学的研究之中，其清诗研究著作在学术界产生了一定的影响。

王小舒教授将一生奉献给了高等教育和学术事业，爱国敬业，是我们永远的榜样、师长和朋友。

我们怀着十分沉痛的心情，深切悼念王小舒教授！

2017年12月18日

责任编辑：张岩

临沂大学教授汲广运论“东蒙公氏文化”

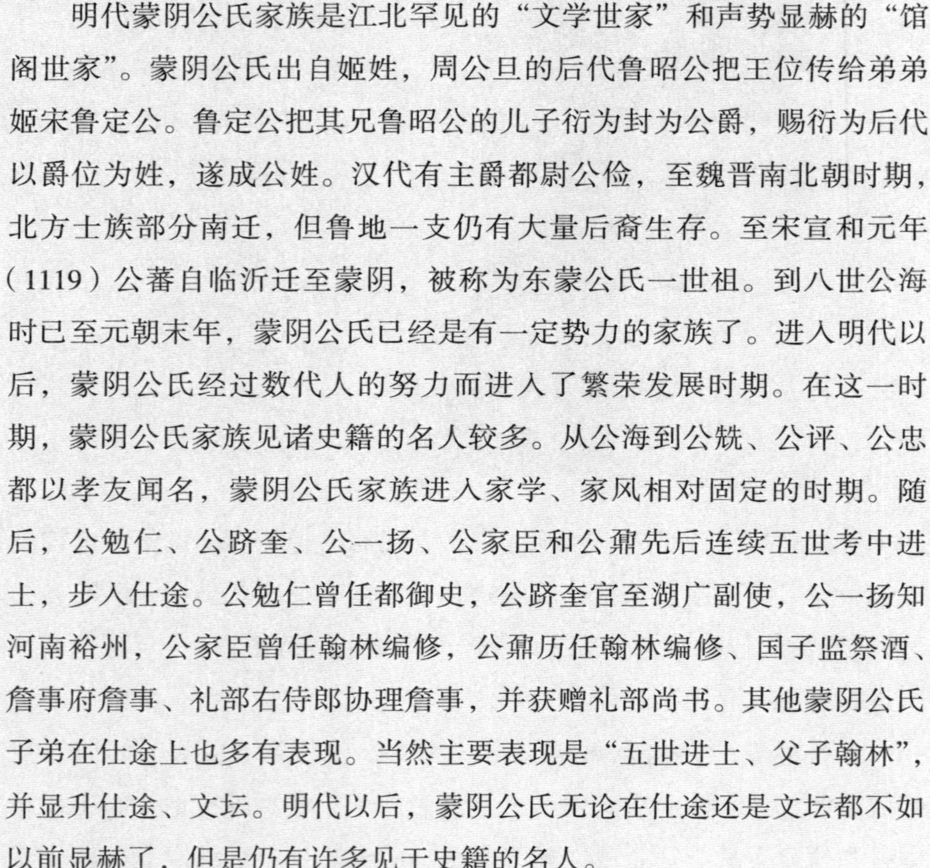

明代蒙阴公氏家族是江北罕见的“文学世家”和声势显赫的“馆阁世家”。蒙阴公氏出自姬姓，周公旦的后代鲁昭公把王位传给弟弟姬宋鲁定公。鲁定公把其兄鲁昭公的儿子衍为封为公爵，赐衍为后代以爵位为姓，遂成公姓。汉代有主爵都尉公俭，至魏晋南北朝时期，北方士族部分南迁，但鲁地一支仍有大量后裔生存。至宋宣和元年（1119）公蕃自临沂迁至蒙阴，被称为东蒙公氏一世祖。到八世公海时已至元朝末年，蒙阴公氏已经是有一定势力的家族了。进入明代以后，蒙阴公氏经过数代人的努力而进入了繁荣发展时期。在这一时期，蒙阴公氏家族见诸史籍的名人较多。从公海到公鱿、公评、公忠都以孝友闻名，蒙阴公氏家族进入家学、家风相对固定的时期。随后，公勉仁、公跻奎、公一扬、公家臣和公鼐先后连续五世考中进士，步入仕途。公勉仁曾任都御史，公跻奎官至湖广副使，公一扬知河南裕州，公家臣曾任翰林编修，公鼐历任翰林编修、国子监祭酒、詹事府詹事、礼部右侍郎协理詹事，并获赠礼部尚书。其他蒙阴公氏子弟在仕途上也多有表现。当然主要表现是“五世进士、父子翰林”，并显升仕途、文坛。明代以后，蒙阴公氏无论在仕途还是文坛都不如以前显赫了，但是仍有许多见于史籍的名人。

蒙阴公氏家族鼎盛期于明代，满门风雅，在家学、家风等方面留下了许多宝贵的精神财富。明代蒙阴公氏家学以宋明理学为主，兼修文学、历史、医学、农学、道教、书法、易学等。在理学传承方面，蒙阴公氏的一世祖公蕃被宋朝称为“真儒”孔子学派人物，直到十七世公鼐以精通理学闻名，被光宗皇帝封为“理学名臣”。蒙阴公氏家族家风以孝友纯厚、睦族好善、以忠尽孝、刚直不阿、平恕尚端等为主要内容。

明代蒙阴公氏家族从五世进士到州府县令、边关将领，笔耕不辍，多有著述。其中最数公鼐著作等身，其著述文学具有体裁多样、以诗为主、爱国爱民、文以载道、寄情山水、钟爱家乡、标举“齐风”、显名诗坛等特点。

蒙阴公氏家族以重孝、友善、正直、重教为主要内涵的家族文化，对其家族产生了一定影响。例如在“孝”的方面，从公守敬、公铣父子“以忠尽孝”闻名于世的影响下，成为公氏族规家风的主线。在正直方面，从公勉仁不为权势、秉公办案、请命为民、效命沙场，代代相传；在友善方面，自公评“富而好施，睦族和善”成为蒙阴公氏家族传统。在重教方面，更为明显，史载公勉仁的父亲公恕乃重视教育的典型，教育儿子为官之道、为监察员之道，至今不过时用。到清朝时二十世的公咏、二十一世的公廷芳，皆捐田为县学，自办义学至民国不断，授徒四方。此外在诗歌创作方面，自一世祖就著书立说，明清两代名人诗辞至今多有，脍炙人口，对后代子孙影响甚巨。

蒙阴公氏家族文化是我国传统文化的组成部分，与中国传统文化有许多共同之处。但“以忠尽孝”、重视教育等是蒙阴公氏家族文化独特的核心内涵，其对丰富和发展我国传统文化做出一定的贡献，并影响至海外。

公鼐两访织女洞

李大晋　王庆安

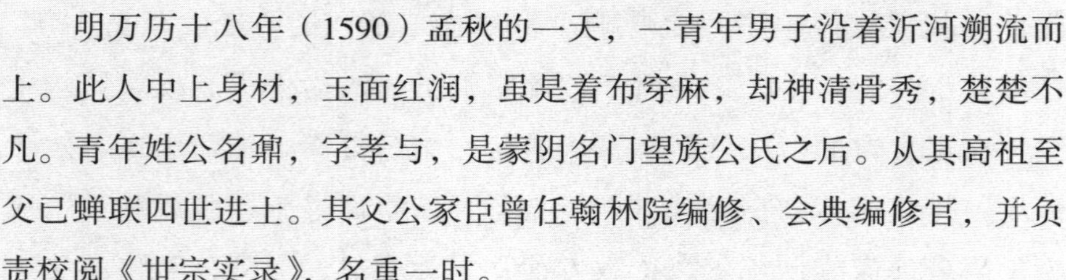

明万历十八年（1590）孟秋的一天，一青年男子沿着沂河溯流而上。此人中上身材，玉面红润，虽是着布穿麻，却神清骨秀，楚楚不凡。青年姓公名鼐，字孝与，是蒙阴名门望族公氏之后。从其高祖至父已蝉联四世进士。其父公家臣曾任翰林院编修、会典编修官，并负责校阅《世宗实录》，名重一时。

生长于此等家庭的公鼐，自幼便以“异敏”著称，弱冠之时文名便炳著四方。由于他的奇才，蒙阴考取秀才的等级由下升为中，每届增加六名秀才名额，一时成为美谈。公鼐因而被视为公氏家族的后起之秀，龙驹凤雏。可惜的是，家族显赫、少年成名，并未给公鼐的科考带来好运，已过而立之年的他依然未有考取功名。加之父遭谪病死滁州，近几年，家庭显赫不再，门庭几可罗雀。公鼐情绪低落异常，他厌恶科考，又不得不借助科考，一次次的落第使他开始怀疑自己的才能和命运。近来，听闻北乡沂源织女洞织女神祈愿灵验，有求必应，家人劝其一试。对于神灵，公鼐疑多信少，对于牛女却怀有好感。他从小便稔知他们的传说，多少个七夕之夜，瓜棚之下，他曾举目天河，侧耳天音，欲见之闻之，虽未如愿，凄美的故事却活在了心中。而今，这故事融会到家乡的山河之中了，是应该前往瞻仰、祭拜和祈求的。

织女洞位于大贤山刀削似的绝壁之上，洞口怪石嶙峋，几株松树英姿飒爽，铁枝如翅。贴着绝壁有阁楼式二层建筑，青砖灰瓦，朱门绿窗，门洞上方“织女仙洞”四字红光闪现。洞口时有云雾流出，缥缈神奇。其南一绳路蜿蜒盘下。与其相对应，河东岸建有牛郎庙。

七夕辰时，公鼐到达织女洞口，放眼望去，但见沂水飘练，遥接蒙山；群山如海，浩浩渺渺。鸟起茂林，落沙汀之金滩；羊舔蓝天，散翠冈之草场。村落处处，炊烟袅袅，山光水色，应接不暇。好一幅天然图画，好一处世外桃源。把牛郎庙、织女洞建在这里，再现古老的爱情神话，是牛女相托？是沂蒙百姓心善意良？触景生情，公鼐这样想、这样问。

祭拜从洞外开始。织女洞两侧建有焚纸池，大沓大沓的火纸、大把大把的香烛在池内焚烧。纸是冥钱，香是串钱棍，二者缺一不可。公鼐在洞外烧完纸，又进到庙内供香许愿。

王母织女庙建于洞内左侧，洞顶用红色方木支撑。庙不大，朱门绿窗，丹楹刻桷。王母端坐于香案之后，模样慈祥，一副笑纳香火和接受跪拜的样子。织女凤冠霞帔，珠围翠绕，娟好静秀，含情脉脉，透过圆形绿纱窗，梨花带雨般望着河对岸的牛郎庙。公鼐先祭王母，再来到织女塑像前。织女的模样，公鼐似在哪里见过，举香过头，眼内泪水湿润。他如见织女下凡，浴天池，失罗衣，嫁牛郎，操机杼，生金哥，添玉妹，男耕女织，夫妻相敬如宾……插了香，公鼐伏地磕头，口中念念有词："王母仙女，冥冥之中保佑我吧！再来时让我着锦衣、插花翎，吹吹打打给你们上香吧！"祈拜毕，公鼐绕着洞看，辨读洞内的石碑。

公鼐的到来和举止早就引起了一个人的瞩目，他便是织女洞住持，姓孟名宾，字敬之。他曾为塾师，因与东家之女恩爱不成，不再结婚。后来，索性搬出村子，择大贤山南麓，搭三间茅屋、种几畦菜、几垅庄稼为生；平日里也占卜，看手相、风水。人们称他"住持"的不多，大都叫他孟先生。

见公鼐向洞口走来，孟宾迎上问询。公鼐一一回答。孟宾如见故亲，亲热异常，邀公鼐到洞口房内饮茶叙坐。孟宾说："观君相貌大富大贵，只是时运未到而已，切勿烦躁。依吾之见，七夕拜七仙，不出七载，君定能蟾宫折桂，满袖春风。"公鼐苦笑道："黄杨厄闰，原早弃黄。"孟宾一个劲儿地劝慰。

之后，公鼐、孟宾同往山前茅舍，共进了午饭、晚餐。孟宾留宿

公鼐，公鼐说：“吾意宿织女仙洞，再上一次香。”孟宾赞同并支使侄子孟苗前往陪宿。少年俊美，仙童一般的孟苗欣然前往。

翌日晨，孟宾早早来到织女洞。公鼐告别。孟宾取出一宣纸册子向公鼐求诗。公鼐说一声“献丑了”，将册页摊于双膝之上，略加思索便工整地书写道：“宿织女洞，洞在沂河西岸，牵牛庙在河之东。”

古洞临流万树荒，依然牛女日相望。
山横远黛时凝睇，水咽鸣环欲断肠。
孤枕梦魂清漏寂，半岩风露晓窗凉。
可怜石鼓声如诉，应为黄姑隔两方。

诗末又记下一行小字：“洞中有响石，其声凄然。”

孟宾读罢赞许道：“骨劲貌丰，端庄肃穆；立马可待，秋月华星，公乃朝之鼎矣。”三人作揖相别。孟宾将诗册交于侄子：“鼐公还会回来的，届时可好生接待。”

光阴似箭，日月穿梭。七载之后，公鼐果然考取举人，在科考的道路上登上了关键台阶。再后四载，公鼐中进士；再后两载，授翰林院编修，屡迁左谕德、东宫讲学。光宗之时，公府门第悬皇帝亲书“理学名臣”匾额，“国有大事，公卿咸就裁”。熹宗之时，亦对公鼐器重，以“两朝帝师”视之，加封公鼐为礼部右侍郎、詹事府詹事、两朝实录副总裁，詹事府是专管后宫和太子府的官员，公鼐可谓进入政治权力的中心，成为皇帝信任的人物。

相比从政，公鼎在文学领域更有建树。他一生创作了 2300 多首诗歌、多篇赋及文序，一度成为“三齐诗坛”盟主。连公鼐自己也这样说：“主盟非吾事，愿君恢齐风。”清朱彝尊这样评价：“言诗于万历，则三齐之彦，吾必以公文介为巨擘焉。”公鼐逝后，思宗追封他为礼部尚书，谥“文介”。清王士禛说：“吾乡公文介公鼐，万历中，为词林宿望，诗文淹雅，绝句尤工……皆不减唐人风致。”时至今日，著名作家李存葆将军读了公鼐的作品后说："公鼐的诗文并不比公安派、竟陵派差。只不过南方经济发达，个人出书、家庭出书，宣传得广泛；而我们北方经济落后，宣传不够，又加上战事连绵，使公鼐的诗文没有得到应有的传播和评价。"李存葆将军的话极是，即便现在，能见得到公鼐《问次斋稿》全集的人不也是少而又少吗？

公鼐把公氏家族推向了"五世进士、父子翰林"的巅峰。但是，置身于政治旋涡的他日子却不好过，在帝党、后党、宦党、朝臣、东林党的白热化斗争中，天天心惊胆战、踏天跼地、如履薄冰。尤其在炙手可热、气焰熏天的魏忠贤面前，公鼐五内欲焚，却又无力回天，权思再三，只得又一次"引疾归"。《明史·公鼐传》说："见魏忠贤乱政，引疾归。"这一次"引疾归"是"落职闲居"，职务、薪水全没有了。

在归隐的途中，公鼐第二次拜访了给他留下深刻印象的织女洞。这次，接待公鼐的只有孟苗了。昔日的少年郎，人称"仙童"的孟苗，今已46岁。孟苗说："叔父在世时常言大人还要来访的，果如其言。"二人相坐，饮茶叙旧；话稠如珠，诚欢诚喜。

午时，公鼐焚香膜拜。王母、织女依然是30年前的模样，只是进香的旗匾更多，各色绣花小鞋林林总总，目不暇接，看来这织女洞的名气更大了。

祭拜毕，公鼐要去孟宾墓地。孟苗说："叔父在世时有言，不许劳驾大人的。"公鼐说："吾与先生，浅交深言，灵犀相通，当祭拜矣。"孟苗坚辞："叔父之命难违。相求者唯先生墨宝锦文尔。"公鼐说："也罢，改日专程祭拜。"

说话间，孟苗将一诗册从一红木柜中取出，双手递于公鼐。公鼐接过诗册，见内唯有自己30年前的题诗，墨迹犹新，墨香缕缕，宛然余有手温。睹物思人，公鼐感慨万千，连连叹息。他将诗册摊于桌上，缓缓而坐，徐徐写来："庚申，自沂上归，过织女洞，自庚申（寅）一游，三十年矣。"

沂上寻源觅旧游，榆花会合几经秋。
闲情已共青春往，好景翻为白发羞。
梭化机虚石自在，鹊归鸾去水空流。
仙童细指前题问，却数年华动客愁。

辞别织女洞，公鼐久久没有上马。回首北望，织女洞悬壁问天，牛郎庙树木森然。别意悠悠，凄情依依，公鼐在心中默念：“孟兄，我会回来看你的。”

沂河匆匆南流，一晃三十年啊，唯有这天这地这织女洞这牛郎庙一如昨昔。再北望，仿佛看到京师栋折榱崩，一片狼烟。踩了路边的石头，公鼐转身上马，马蹄嗒嗒，秋风萧萧。漫山遍野中如回荡着公鼐的呼喊声：回故乡吧，故乡山高皇帝远！回故乡吧，“花近故园春”！

——摘自《蒙阴文史资料》（第九集）

作者：李大晋（蒙阴史志办原主任）

王庆安（蒙阴一中教师）

公鼐惠及乡里事略

张　震

明季光熹间，国是日纷迫。
侃侃公陈疏，补牍弹寇客。
运极枭啄凤，言忠水投石。
嚣然弃组归，见几不终夕。
高枕东蒙间，寝食研图籍。
撰书卷帙繁，与身同寸尺。
殁后有余荣，恩伦逮窀穸。

这首诗是清代诗人安真吟写的《青社先贤》组诗中的一首。诗中写到的这位“青社先贤”就是公鼐。他生于明嘉靖三十六年（1557），字孝与，山东蒙阴人，万历辛丑进士，选翰林院庶吉士，编修，累官至礼部侍郎、协理詹事府詹事，明光宗誉之为“理学名臣”，熹宗以“两代帝师”视之。谥“文介”，追封礼部尚书。他是明末著名的文学家，如诗中所说，他博学广闻、著述甚丰，当时有《问次斋集》一百卷传世，可惜现仅存三十一卷。他也是一位正直耿介的名臣，有“宰相之器”，胸怀天下大局，如诗中所说，他不畏权势，疏陈国是，直指时弊，绝不和奸臣同流合污，毅然辞职回乡。他是从蒙山汶水间走出去的读书人，无时不挚爱着这片故土，在他的一生中，做了一些惠及乡里的事情，有的是无意为之，有的是有意为之，不管怎样，他都是传颂后世、令人敬重的一位“先贤”。

少年异才，造福桑梓士林

这算是他无意而为之的一件好事。公鼐自幼以“异敏”著称，龆龄能诗。读书一目即记，“载籍靡不腹笥之”。他在15岁时随父入京读书，从师当时的名宿大家，学业日臻精深，诗名也崭露头角，他的一首七律《拟秋怀》如下：“阅实三臣出帝京，居然九塞属长城。秋

风笳鼓燕山满，晚色旌旗翰海清。国计连年称款虏，连防此日重销兵。有怀投笔非吾事，愿学龙门策太平。”他在题记中写道：“壬申秋，初读《空园集》，适有三司马阅边之命，因拟作焉。”壬申年是明穆宗隆庆六年（1572），作者时年15岁，虽是仿拟诗人李梦阳的派风，但不论写景，还是抒情，都不是童言稚笔了。近从《问次斋稿》中读到另一首《壬申与冠氏文学汝晦汝南何公子从楚夏先生之门初试为诗作七言绝句得支字》（卷二十七）：“裋褐乘秋寒不支，御街人静夜深时，万家砧韵乘风远，几处槐阴逐月移。”单就诗而言看不出是一少年之手笔。这也就怪不得他“弱冠文名，炳著海内”了。所以他参加院试，一考即中，才惊四座。据《蒙阴县志》（康熙十一年版）记载：“直指毛公试而奇之，升蒙阴为中邑。”蒙阴县虽然西汉置县，但毕竟地僻人稀，“赋入单俭，土地硗埆”，秀才名额只能算在“下邑”，直到由于公鼐的慧敏惊人，才令时人对蒙阴刮目相看。升“下邑”为“中邑”，每试增加五六个秀才名额，这不单为“五世进士”的公氏家族添了一段佳话，更为家乡的读书人创造了更多求学出仕的机会，应该是一件大好事。

上疏请赈，仁殚乡闾百姓

这是公鼐在外为官为家乡父老办的一件实事，这件实事不仅惠及蒙阴，也惠及了全省灾区。明万历四十三年（1615），山东大饥，泰安、蒙阴一带灾情尤为严重。在《蒙阴县志》（康熙十一年版）记载：“万历四十三年，大饥，斗米钱二贯，蒙民多死。”公鼐回乡路经泰山，在《夏日行岱野书所见》（《问次斋稿》卷十）一诗中真实描绘了百姓受灾的惨象：“夏日之日一何长，晨经岱南午汶阳。欲息嘉树不可得，枳棘刺眼弥路傍。徕松甫柏半秃缺，流沙覆地白如霜。比年亢旱民居尽，剔屋伐木绝村庄。今春多雨禾始起，斛麦钱百民反伤。卖儿贴妇苦不售，时当盛夏家无粮。敲扑疮痍几欲死，朝求纵舍暮逃亡。前限未完后限急，吏卒叫嚣人走藏……”百姓之惨，历历在目，卖儿贴妇，何至于此？！天旱民饥，苛政又猛于旱魃，这首诗实在是晚明版的《捕蛇者说》。公鼐慨然上疏请求赈济，正是他的疏表引起了皇帝的重视，灾区百姓得到了救济。可惜他这份为民请命的疏文现在没法看到，但家乡的百姓没有忘记，在《蒙阴县志》中记着呢。“乙丑山东大饥，疏请允赈，全活通省”（《蒙阴县志》康熙十一年版），“乙丑之岁，东人大饥，鼐疏请发赈，一路赖以存活”（《蒙阴县志》康熙二十四年版）。不仅如此，连皇帝也记着呢。在崇祯皇帝《谕祭公鼐文》中提道：“发粟赈饥，仁弹乡闾。”

诗若东蒙之云，千古秀气常芬氲

这该算是公鼐对丰富蒙阴文化做出的贡献。公鼐是一位“真修卓名，博学宏词”的名儒学者，也是一位很有才华的诗人，这不是溢美之词，连朱彝尊在《明诗综诗话》中都称他为诗坛“巨擘”，王渔洋称他“万历中，为词林宿望”，“诗文淹雅，绝句尤工”，其诗“不减唐人风致”。仕途困窘出诗人，公鼐因为耿介不阿不容于朝，被迫三次退隐，他把一腔忧国爱民的激情和满腹才华倾注到诗文创作中去，给后人留下了大量家乡题材的作品，成为蒙阴文化的重要组成部分，现在读来，仍让人吟咏再三，掩卷而思。他对家乡的一草一木充满了深情，对家乡父老视若自家亲人，或歌或行，或律或绝，或赋或文。他对家乡的山、家乡的水乃至山寺野泉、飞瀑流水、春草秋叶、黄菊翠松、狐台荒亭，都尽情歌咏，一次次充满激情的游历留下了诗的印记，一场场雨晴雪霁让诗人欣喜不已。当我们翻阅《问次斋稿》时，就看到了诗人的蒙阴，蒙阴的诗人。他的《田居答邻叟》（卷十三）写道：“偶阅田家日，犁然开客颜。秋天真似画，霜树未全斑。白鸟方塘静，黄梁清书闲。无求应羡汝，笑我未知还。”他的《郊居喜雪》（卷十五）写道：“万壑寒烟积，层楼玉宇明。游思交缕细，弱絮着衣轻。乍合林光见，旋铺石径平。皎然深夜色，乘兴泛舟行。”他在诗题下加了一个小注：“时不雨雪者五月。”当时天旱，他和当地百姓一样盼望天降甘露，等到大雪纷纷扬扬降下来时，怎一个“喜”字了得，于是诗兴从中来，其视雪如珍，喜不自胜之情溢于诗外，这其中少了一些风花雪月的浪漫，却多了一些诗人与百姓的同喜同乐的质朴，或许这也是诗人的一个特点。他还有《蒙山瀑布》(卷二十六)：“岂是银河落，飞来万丈余。谪仙如可见，不复问匡庐。”还有《丁亥汶南田居得绝句五首》之四(卷二十九)：“禾黍收余秋草青，夕阳与客坐荒亭。徘徊不觉初弦上，风露满天凉满庭……”他歌咏家乡的诗文首推《蒙山赋》。《蒙山赋》洋洋洒洒数千字，采用传统的主客问答形式，以客问“名山”开篇，用铺张扬厉的大赋文势，尽情渲染，词采飞扬，蒙山的山势之险峻、飞泉之急湍、草木之丛杂、飞禽之辉艳、走兽之千万、璇台龟峰之神幻迷离，尽现笔下。其势壮阔，其情奔涌，其辞富丽，虽经数百年至今，仍是一篇歌咏蒙山的大作。文中“予”的一番夸耀，虽是赋体的传统笔法，但其中包含更多的该是诗人的爱山爱家乡之情。情之至，遂有此文，不算是笔者妄测吧。

——摘自《蒙阴年鉴 2004—2008》

(张震：现任蒙阴县委宣传部文明办主任)

公鼒为政考略

公丕刚

公鼒自44岁考中进士始从政，至69岁去世，官涯历神宗、光宗、熹宗三朝，宦历25年，在官仅为十载。期间，历经“三辞一罢、三复一追”之官场戏剧人生。因其在官时短、且履职性文，故为政无显迹；唯其博学清正、耿介古风而为古今所称颂。崇祯帝谕祭公鼒曰：“惟尔真修卓品，博学宏词”；《明史·公鼒传》曰：“鼒好学博闻，磊落有器识”；同僚杨大洪睹公鼒避魏忠贤乱政而告归，赞叹曰：“事事从君父，大处起见、微处着心，有古大臣风，而拂衣而归，为可惜也！”清人安箕诗赞公鼒曰：“侃侃公陈疏，补牍弹冠客。运极枭啄凤，言忠水投石。”1999年版《辞海》“公鼒”条目记曰：“天启初，官礼部右侍郎。见魏忠贤乱政，引疾归。”20世纪60年代，有人开挖公鼒墓，仅得一金坠子，称为随葬贵物，清贫如此。

公鼒为政，在官时短而职历颇丰，盖为六段：（1）以进士改庶吉士、授翰林院编修；（2）一辞而一复，升任国子监司业、转左谕德充东宫讲官、进左春坊左庶子；（3）二辞而二复，升国子监祭酒、进詹事府詹事教习庶吉士、充经筵讲官、充修两朝实录副总裁；（4）升礼部右侍郎、协理詹事府事；（5）三辞而三复，升礼部左侍郎兼翰林院侍读学士；（6）一罢一追，罢官落职，卒逝复官、追赠礼部尚书。其阶衔，初为朝议大夫，后为通议大夫。

公鼒为政，职涉仪礼、祠祭、典章、规制、制造、修史、教育、科举、外交、宗教、文化、皇帝顾问、太子经师等事务。未得功名，即理省政；在朝五年，要事有四。《明史本传》录公鼒事迹三宗，其主要政绩有：

一、上疏请修《光宗实录》

疏曰：“近闻南北臣僚论先帝升遐一事，迹涉怪异，语多隐藏。

恐因委巷之讹传，流为湘山之稗说，臣窃痛焉。皇祖在昔，原无立爱之心。只因大典迟回，于是缴还册立之后，有三王并封之事；忧危竑议之后，有国本攸关之事。追庞、刘之邪谋，张差之梃击，而逆乱极矣。臣尚备员官僚，目睹狂谋孔炽，以归向东宫者为小人，不向东宫者为君子。尽除朝士之清流，阴翦元良之羽翼。批根引蔓，干纪乱常。至今追想，犹为寒心。夫臣子爱君，存其真不存其伪。今实录纂修在即，请将光宗事迹别为一录。凡一月间明纶善政，固大书特书；其有闻见异词及宫闱委曲之妙用，亦皆直笔指陈，勒成信史。臣虽不肖，窃敢任之。"

公鼐此请，未获熹宗准。公鼐此时任两朝实录副总裁，肩负神宗、光宗两朝实录之实际总编之责，闻南京、北京两都文武之议论，即提出"修《光宗实录》"之请，乃职责分内之事，属忠于职守之举。其言真意切，直呼曰："存其真不存其伪。直笔指陈，勒成信史。"体现了身为朝臣者，在涉国家政治之大是大非面前，敢于担当的胸怀；有古太史之风。此事涉及一段公案。围绕《光宗实录》之争，连带"卫国本""梃击案""红丸案"。光宗常洛在位仅一月，崩而遗位于熹宗由校。光宗之继位于神宗，事涉曲折。神宗皇后无子，王妃生常洛，郑妃生常洵。依例当立长子常洛为太子，但神宗宠郑妃欲立常洵，乃至立太子事迁延不决。后迫群臣之反对，神宗终立常洛为太子、常洵为福王，但常洵迟不就藩，致太子事悬案长达二十余年，史称"卫国本"。神宗万历后期，福王就藩、"国本"之争余烬未熄之际，即有一丁名张差者，持枣梃进太子宫击门卫官；众疑此乃郑妃伙其弟谋害太子举也，致朝党大争又起：终以张差磔市、郑妃内侍庞保、刘成杖毙而了之。史称"梃击案"。光宗病，鸿胪寺丞李可灼进红丸二粒以医之，服之次日，光宗崩。朝党借以起争，指疑红丸害帝，史称"红丸案"。斯《光宗实录》争、"卫国本""梃击案""红丸案"，皆东林党、浙党、魏忠贤集团政治斗争之结果，公鼐乃此争之牺牲品也。

公鼐深明此理，而又无可奈何，故有《明史·公鼐传》之“见魏忠贤乱政，引疾归”之录，得荐李三才而遭劾罢之果。

二、上疏责朝政之失

《明史·公鼐传》曰：“天启元年，鼐以纪元甫及半载，言官获谴者十余人，上疏切谏，并规讽辅臣。忤旨，谯责。”熹宗，好木工、喜玩耍、宠任魏忠贤、不理朝政、不听劝谏，故有言官获谴事生。公鼐处此境而仍上疏劝谏，指责朝政之失，为获谴言官仗言，为求政明而不计己身之安危，何等心胸、何等豪气者也！真不负《明史·公鼐传》“磊落有器识”之赞也。

三、内举不避亲

《明史·公鼐传》曰：

初，廷议李三才起用不决，鼐扬言曰：“今封疆倚重者，多远道未至。三才猷略素优，家近辇毂，可朝发夕至也。”侍郎邹元标趣使尽言，以言路相持而止。后御史叶有声追论鼐与三才为姻，徇私妄荐，遂落职闲住。

《明史·李三才传》曰：

天启元年，辽阳失。御史房可壮连疏请用三才。有诏廷臣集议。通政参议吴殿邦力言不可用，至目之为盗臣。御史刘廷宣复荐三才，言“国家既惜其才，则用之耳，又何议。然广宁已有王化贞，不若用之山海”。帝是其言，即欲用三才，而廷议相持未决。詹事公鼐力言宜用，刑部侍郎邹元标、佥都御史王德完并主之。已，德完迫众议，忽变前说。及署议，元标亦不敢主。议竟不决，事遂寝。

为朝廷举荐贤才，本为大臣之职责，且公鼐效古风以“内举不避亲”，属无可指责之举。但政治斗争之需，驱使阉党叶有声于后来拾起旧料，以“徇私妄荐”而劾议公鼐，此亦乃明朝政治黑暗之一志也。

四、上疏请赈山东之灾

思宗由检于崇祯元年为公鼐所颁谕祭旨曰：“发粟赈饥，仁殚乡

间。”清康熙《蒙阴县志》载公鼐上疏赈饥之举，赞曰：“全活通省。”此乃公鼐告归家居之所为。公鼐睹家乡饥灾，全然不顾已不在官之窘境，慨然上疏，为民请命，获准而救万民于水火，可谓无量功德一件，可谓不政而政者也。

五、文功可记

公鼐为帝师、教太子、掌国教、修国史，其文功可圈可点。有思宗朱由检于崇祯元年为公鼐所颁谕祭为证：

惟尔真修卓品，博学宏词。承太史之家风，作述继美；掌先朝之典故，今古为昭。侍从讲帷，冰兢纳牖。震索收切磋之益，离明多献替之功。桃李盈门，编摩垂信。

六、修编山东省志

《东蒙公氏族谱》载：

巡按钟公化民，延修省志，待以殊礼。

钟化民，字维新，仁和人。万历八年进士，万历中巡按山东。钟在山东巡按任上续修省志，慕鼐父子文名，延聘鼐行志事，待以师礼。此时，鼐尚无功名，却以博学多闻著称乡里，是以布衣之身行修省志事，实为公鼐之奇才。

（公丕刚：沂源县开发区管委会主任）

斋居不厌寂，山意惬幽情

张　震

数椽茅屋野云间，曲水周围似璧环。
小隐何当劳筑室，幽情多是为看山。
忘机日月今如古，得意烟霞病亦闲。
犹恐兰亭莲社客，清空高邈未能攀。

诗中描绘的优雅居处，是明代文学家公鼐的书斋——问次斋。公鼐（1558—1626），字孝与，号周庭，山东蒙阴人，明万历二十九年（1601）进士，曾任翰林院编修、国子监祭酒、詹事府詹事、礼部侍郎，做过东宫讲官，追赠礼部尚书，谥“文介”。他学识渊博，见识卓远，被明光宗誉为“理学名臣”。他给书斋起名“问次斋”，是以斋名明志，别有深义。

斋，即书房。给自己的住所、书斋起个斋名或室名，是中国文人的一种雅趣，这种雅趣可算是中国特有的一种文化现象，始于西晋，明清盛极一时。也有人说最早的斋名，是西汉辞赋家扬雄的“玄斋”。对于书房或住所，很多叫斋的，也有叫堂、室、轩、楼、馆、庵、亭、屋的，不一而足。我们比较熟知的有许多，如杜甫的草堂、刘禹锡的“陋室”、欧阳修的“六一斋”、陆游的“老学庵”、洪迈的“容斋”、张溥的“七焚斋”、徐渭的“青藤书屋”、纪昀的“阅微草堂”、蒲松龄的“聊斋”、鲁迅的“俟堂”和“且介亭”等。斋名，或以庭院花木为名，或摘选诗文为名，或直抒心态，或抒发兴趣，或读谐自嘲，可谓彩丽竞繁。

公鼐的问次斋，出自《论语·子路》：“子贡问曰：‘何如斯可谓之士矣？’子曰：‘行已有耻，使于四方，不辱使命，可谓士矣。’曰：‘敢问其次？’曰：‘宗族称孝焉，乡党称弟焉。’曰：‘敢问其次？’

曰：'言必信，行必果，硁硁然小人哉，抑亦可以为次矣'。"这段话是孔子和子贡的问答语录。子贡，即孔子的学生端木赐，子贡是其字。子贡在问到怎样才可以称得上"士"时，孔子给出了三个等次的标准，大致来说，一等是对自己的行为保持耻辱感，出使外国不辱使命；二等是恭孝长辈，敬兄爱弟；三等是说话守信，办事果断。公鼐取"问次"为斋名，显然表达了他为"士"的志趣，其中还有虚心自谦的意思。"士"在孔子眼中是"仁"的践行者，也是社会道德的承载者，这在《论语》中多次提到，如"士志于道，而耻恶衣恶食者，未足与之议也"，"士不可以不弘毅，任重而道远。仁以为己任，不亦重乎？死而后已，不亦远乎"，"士见危致命，见得思义，祭思敬，丧思哀，其可已矣"，"志士仁人，无求生以害仁，有杀身以成仁"。现代学者钱穆对于这一点在《国史新论》中论述得很精当："惟孔子主张以道义士替代职业士。为士者，不仅为谋求职业，更贵在职业上尽其行道守义之更高精神。在《论语》中，孔子已把为士者之应有理想应有抱负，以及其应有修养与应有品德，一一具体指示出来。"公鼐出身馆阁世家，饱读诗书，任过翰林院学士、东宫讲官，对"士"的认识和理解自然会更深入更独到，由此可以看出他以"问次"命名书斋的深义，也由此可以看出他的人生价值取向和追求目标定位。正如他在《感遇·其三》中写的："丈夫志四海，舍然轻宇宙。登高望阊阖，披襟揖列宿。"在《感遇·其二》中说得更明了："予生志四海，总角慕荣名。少壮须努力，无愧前烈声。"他自谓"吾乡东鲁境，北有夷吾亭。蒙羽当南服，堂阜流滢滢。昔为齐鲁交，冠盖日纵横。多贤翊世运，人杰地亦灵"，加之"早岁出蒙山""弱冠游京洛，蜚英绝紫氛"，怎不意气风发、激昂文字、指点江山、志在作为？但是现实是无情的。我们知道，明朝中晚期，皇帝昏庸，阉奸弄权，朝廷内外乌烟瘴气；社会媚权媚俗，淫靡盛行，风气日下。忠介正直的公鼐身处朝枢，看得明白，却又无可奈何，只能感慨"仕途兢巧捷，夙秉独瀍㤞"。无奈的他只好求于归隐，"不随众芳竟炎景"，"藏拙希完故步归"，远离朝争臣斗，把自己的理想和抱负寄予山林，“逃名皂帽真相似，托命长镵自可倚”，甚至在《示二子》中告诫儿子：“尔辈既识稼穑苦，一任傍人羞颛蒙。有身自可随更贱，有田自可供祖庸。遨乐遨食不负汝，莫戴儒冠学而翁。”他诫示儿子要自立，要安于田耕稼穑，不要学儒入仕，这对于生于“五世进士、父子翰林”家族的公鼐是怎样的无奈和愤懑，甚至有些彻悟参透了。可他毕竟是一位传统的儒家知识分子，“感时思痛哭”，“肉食非吾事，羁栖忽有惊。三空今揔萃，念念是苍生”，“古生心尚在，无路问延津”，忧国忧民总是解脱不了的心结，“不习为吏学圃农，弃远轩裳偶甿隶”，心有不甘，于是他在矛盾苦闷中纠结，“问次斋”成了他心灵的栖所。他或于斋中独坐，或静夜沉思，或步出南溪，或把酒论诗，“文学尚余天性在，声歌莫使大风微。惜阴但叹东隅逝，顾椅桑榆指落晖”，把一腔抱负付之诗文，便有了洋洋洒洒的一百卷《问次斋集》。清人安箕《青社先贤·咏公鼐》中称颂他：“高枕东蒙间，寝食研图籍。撰书卷帙繁，与身同寸尺。”《问次斋稿》在明朝万历四十七年（1619）刊行，计一百卷。公鼐的好友明万历十七年的状元焦竑、明万历二十六年状元赵秉忠等四人作序。刻本后经明末战乱大都散失，据王重民《中国善本书摘要补遗》载，《问次斋稿》仅在美国国会图书馆藏有明万历刻本三十一卷。目前能看到的《问次斋稿》，是齐鲁书社于 1998 年影印的三十一卷本，底本为清光绪年间抄本，这个清抄本来之不易，原由公鼐后人抄录，历经近百年的战乱、灾害和人为破坏，多亏公氏后人将其视若珍宝、小心收藏，才得以完好至今，在 1992 年蒙阴县开展地名调查时在桃镇镇前城子村公鼐后人家中发现，共八册三十一卷。蒙阴县政协非常重视，专门组织文史人员和有关学者进行研讨、校勘，历经 5 年，终在齐鲁书社的支持下影印出版。该书收有序 4 篇、赋 4 篇、诗 2015 首，总计约 20 万字。近年又在中山大学图书馆发现《问次斋稿》明刻四十三卷本，包括《问次斋稿》三十一卷、《问次斋西游稿》七卷、《问次斋续稿》五卷，收序 1 篇、赋 4 篇、诗 2315 首。目前来说，这个刻本当属国内孤本。《问次斋稿》

（齐鲁书社 1998 年影印三十一卷本）的诗作从体裁看，有乐府、四言古诗、五言古诗、七言古诗、五言律诗、七言律诗、五言排律、七言排律、五言绝句、七言绝句，其中七言律诗八卷 608 首、七言绝句五卷 434 首，各占收录诗作总数的 29%、21%，尽管仅据三十一卷本统计不够全面，但仍从中可以看出，公鼐诗作众体兼备，尤擅绝、律，正如王士禛所说“万历中为词林宿望，诗文淹雅，绝句尤工，如《习家池》《南竺寺》诸诗，皆不减唐人风致”（《池北偶谈》），确是一代诗文大家，与于慎行、冯琦并称为“山左三家”，是当之无愧的。从内容上看，涵盖时政、田园、游记、送别、应制、咏物、怀古、悼亡等题材，尽管受时风影响，有些摹古之作，但大都根乎性情，本乎学问，所谓“发于情畅于旨”，“气质浑浑，不见雕刻而天度自全，铿然之音与渊然之色不可求之耳目之蹊，而至味出于齿舌流羡之外。以视步兵太冲辈，相与方驾而不啻过之”（焦竑《问次斋诗稿序》），也有人称他的诗作“逼真老杜”，这些评价是很有道理的。当然，无须讳言，他的诗文有的艰涩难懂，用典过多，还有些僻典，如本文开头引用的《问次斋成书意》，就化用了“小隐于野”“李白忘机”“羲之兰亭”“东林莲社”等典故，还不算很生僻。再如《问次斋闲居·其三》：“海岱奇归我，为庐汶水阳。三花繁出栏，五柳短垂墙。金版分龙虎，琼笙下凤凰。无弦琴自蓄，得趣不须张。”仅四句 40 字，连着化用“少室三花”“陶潜植柳”“吕望六韬”“萧史引凤”“陶潜蓄琴”等典故，须好好琢磨，才能全懂他的意思。

2010 年春于蒙阴县政协文史委

东蒙公氏老族谱再版序言

汲广运

东蒙公氏源于姬姓，出自鲁国公爵。宋宣和元年（1119），真儒公蕃自沂州迁蒙山之阴，为东蒙公氏，至元朝，已显名。进明代，逐代繁盛，入望族行列。公海、公铣、公评、公忠皆以孝友闻名，标志着东蒙公氏家族进入了家学、家风相对稳定的时期。随后，公勉仁、公跻奎、公一扬、公家臣和公鼐五世连中进士，且父子两翰林，遂光耀仕途、文坛，成为我国江北声势显赫的“馆阁世家”。

东蒙公氏家学以宋明理学为主，兼修文学、历史、医学、农学、道教、书法、易学等，类如琅琊名门诸葛氏之博采众长。东蒙公氏家风以孝友纯厚、睦族好善、正直不阿、平恕尚端、尚廉等为主要内容。

东蒙公氏族人尤以公鼐为优。史载他“生有异才，龆龄能诗，读书一目即记，载籍靡不腹笥之。弱冠，文名炳著海内”。进士及第，为官，先为翰林编修，后为国子监祭酒、帝师等，“志以人伦师表，掌建国之学政”，“言言精微，东宫肃然听受”；为文，则著作等身，是“三齐之彦”，万历山左诗坛之“巨擘”“宿望”，位列“山左三大家”，与著名诗人礼部尚书、东阁大学士于慎行和礼部尚书冯琦齐名，令人景仰。

东蒙公氏族人深谙族谱之“明辨世系，尊宗敬祖；寻根留本，承前启后；敦亲睦族，凝聚血亲；齐家治国，教化子孙；传承历史，问祖凭证”之道，十分重视族谱之修缮、保存。从南宋至民国初年，东蒙公氏先人已三次立碑刻谱，五次修续书谱。实录了东蒙公氏之历史渊源、支派迁徙、世系繁衍、人口变迁，涉及家族的科举、官封、名谥、义举、婚姻、文化、族规、家风等，映现了东蒙公氏家族与当时社会、政治、经济、文化的关系等，是研究中华民族传统文化不可或缺的可以弥补正史、方志不足的非常珍贵的史料。惜因年代久远、天灾人祸等，东蒙公氏先人所刻修之族谱损坏严重，完整文本所剩无几，亟须抢救、整理。

今有东事！

临沂大学教授汲广运沐手敬书于丁酉年春

《名门望族东蒙公氏》序言

赵元平

《名门望族东蒙公氏》即将付梓，这是广大文史爱好者的乐事，是家谱研究者的幸事，是东蒙公氏后裔的大事。

丕勤先生乃吾同乡，大半生从事公务，于蒙阴县委办公室出任县民政局局长之位内退。他做人诚信、做事谨慎、作文严谨，内退之后，写诗著文，佳绩不断。尤好古爱史，每有闲暇，辄查阅史料，研读古籍，踏访族人，《名门望族东蒙公氏》一书，即倾注其不少心血。

清人龚自珍在《怀宁王氏族谱》序中说："由是胪而为家谱，则史表之遗也；广而为家乘，则史传之遗也"，家谱实为家庭家族之历史也。上古时期的家谱，仅为君王诸侯和贵族所独有，为世系的说明。魏晋以后，随着门阀制度的兴盛，家谱内容随之增加。至宋代，官方修谱的传统被打破，民间编撰家谱的风气更加兴盛，其作用转移到尊祖、敬宗、睦族上。"敦孝弟以重人伦，笃宗族以昭雍睦，训子弟以禁非为，明礼仪以厚风俗"。清顺帝《乡谱诏》中的这几句话，实为家谱修纂之纲。程子曰："家法坏，谱牒尚有遗风，谱牒坏，人家不知来处，故谱不可不修。"是的，家谱"寻根、留本；清缘备查；增知、育人；血肉、联情；承前、启后"之作用，显而易见。

拔天之木，必有其根；万里江河，必有其源。沿波讨源，功不可没！

丕勤先生所撰《名门望族东蒙公氏》一书，实为东蒙公氏一部谱书，也是一部叙述公氏文明、文化发展的史书。此书共分五部分：一是公氏渊源；二是东蒙公氏族谱；三是东蒙公氏历史人物简略；四是东蒙公氏迁徙与分布；五是东蒙公氏历史文化宝典；六是有关历史资料选编。可谓包罗东蒙公氏荦荦大端及其根根脉脉、枝枝叶叶。此书与一般族谱相比，具有以下三大特点：第一，资料翔实。丕勤先生积几十年之心血，披阅家族史料达四十余种之多，踏访县内县外族人几百人次，勾沉钓奇，梳理筛选，辨伪取真，颇费精神。先生几成“每事问，每史问”，遇有不解，辄不远千里请教方家。第二，突出人物。东蒙公氏乃东蒙望族，亦可谓琅邪望族，在临沂的历史上，五代进士唯此一族。特别是有明一代，蒙阴公氏人才井喷，有文有武，享誉沂蒙，名震齐鲁，影响全国。尤其公鼐的文采人品，备受后人称誉。《齐鲁名家大明进士公鼐》，突出先辈人物传记，读之有血有肉，有细节有情节，引人入胜。第三，宝典可存。该书的第五和第六部分录存了很多敕封宝典及非常可靠的历史资料，可读、可查、可欣赏，对于进一步了解、理解东蒙公氏，增加了许多份量。

总之，一册在手，可以读史明鉴，可以馨香后代。

2010 年 3 月于临沂

附录二　新建纪念地、纪念物

蒙阴县云蒙湖生态区新官庄村“公鼐文化广场”

蒙阴县云蒙湖生态区新官庄村（原公家万村）修建“公鼐文化广场”，树立起公鼐石像，广场向东300米乃翰林太史公家臣墓陵福地。

传世大作，公鼐石像

（主持策划筹建人：新官庄村党总支书记公惟弜）

父子先后步龙门，四纪再会云鹤地。

灵隐凝聚黄山前，泽润桑梓百世计。

云蒙湖区新官庄村党总支书记公惟强（右）组织冬季捕鱼，备受市县媒体、广电记者们的关注。

新官庄村

湖光漪漪，山色灵净，地理位置得天独厚，公惟强观念更新，思路超前，发展水产，科学用地，使民生、村容焕然一新，展现出一幅秀美的乡村风貌。

公惟强热爱家乡，倾心文化建设，身正先行，勇立时代潮头。在推进生态旅游的基础上，延伸深度文化旅游项目，打造“五世进士·父子翰林”文化园。

已建成的文化园牌坊大门。

蒙阴县“鼐公家酒有限公司”树立的大型铸铜公鼐塑像

总高 5.58 米，塑像高 4.6 米，底座高 0.98 米，底座面积 3.92 平方米。

策划撰文：公丕勤，供资监制：公维任

精工雕塑：山东雷浩雕塑艺术公司（临朐）

镌刻：颜世恩　施工：侯安法

公鼐铜像出资监制人公维任与“鼐公家酒”

山东鼐公家酒有限公司位于公鼐故里、蒙阴县桃墟镇驻地，与公鼐故居相邻，工厂占地60亩，已建成启用厂房3000多平方米，科技研发楼600平方米，地下酒库1200平方米，发酵池80个，专用粮仓1200平方米，已达到年产白酒1000吨的规模。

国鼐集团董事长公维任

鼐公家酒发源于公鼐曾祖父公跻奎“进士及第”家府作坊，后扩建为“庆昌”酒店，其遗址在蒙阴县城东关“落花泉”边（今蒙阴县酒厂址）。公跻奎后世传承十一代人、经营380年后交给蒙阴抗日政府经管，1948后成为国营蒙阴县酒厂。

公鼐第十四代孙公维任，1994年从部队转业后分配到蒙阴酒厂工作，了解到“庆昌”酒店就是蒙阴酒厂的前身，于是立志要挖掘先祖的古法酿酒工艺，参与生产流程，掌握操作规序，毅然辞职下海，于2016年正式组建山东鼐公家酒有限公司，2017年纯粮白酒上市。为中国白酒产业做出贡献，促进了当地经济发展。

鼐公家酒传承人公维任现为蒙阴县人大代表，桃墟镇招商引资办公室副主任。鼐公家酒被评为“临沂市级非物质文化遗产”。

为弘扬先祖的历史文化，促进当地经济的振兴，公维任于2018年出资建成大型公鼐铸铜塑像，树立于公司内。2017年，公维任被举荐为蒙阴县公鼐文化研究会执行副会长。

山东鼐公家酒有限公司全景

蒙阴县城文化路“公鼐文化游园”

公鼐像（铁板刻）

游园入口

石刻公鼐诗篇

附录三　编著影像

山东大学美术考古研究所所长、山东大学历史文化学院书法文化研究所和骨刻文研究所所长、教授、博士生导师，山东大学艺术学院特聘教授，意大利博洛尼亚大学荣誉院士，当代书法名家刘凤君（左）题词与本书主编公丕勤（中）、蒙阴县一中前副校长公维富（右）合影。

山东师范大学齐鲁历史文化研究院院长江林昌教授在“新冠”疫情期间听取本书主编公丕勤书稿进展的情况汇报。

本书主编在济南大学与张廷兴教授合影。

蒙阴县政协原主席薛庆德为本书修稿、书诗。

蒙阴县政协原主席傅家传书写公鼐诗词。

蒙阴县人大原副主任李长义修稿、题跋。

本书主编与顾问公惟任在北京与庞士达副董事长公惟汉讨论书稿。

蒙阴县公鼐文化研究会、蒙阴县老年书画研究会组织书画纪念公鼐诞辰462周年。左起：崔中国、王玉财、王守秘、公丕勤。

公丕刚在校稿。

王业东在校稿。

本书主编和校稿者公茂峰合影。

本书主编和公丕鹏登上云门极顶，在公鼐吟诗处考察。

附录四　书画纪念公鼐诞辰 462 周年

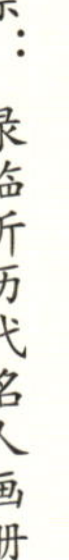

蒋怀宗：录临沂历代名人画册（临沂市博物馆提供）。

题词：陈建贡（陕西省书法家）

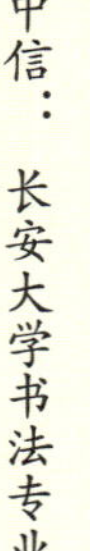

杜中信：长安大学书法专业教授。

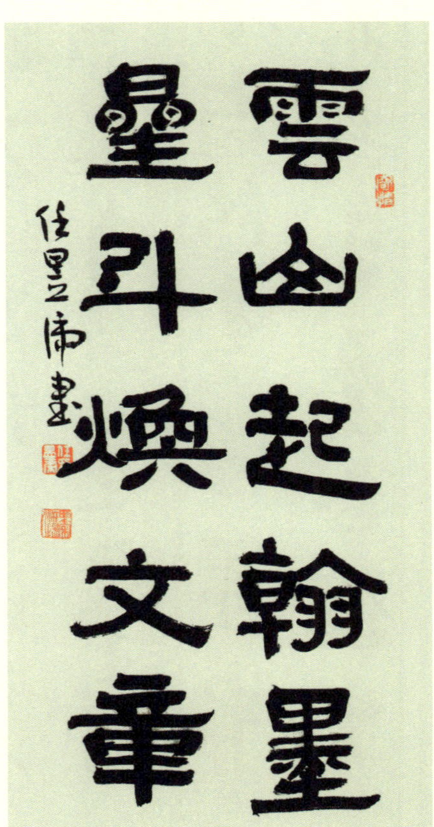

任昱虎：陕西省书法家。

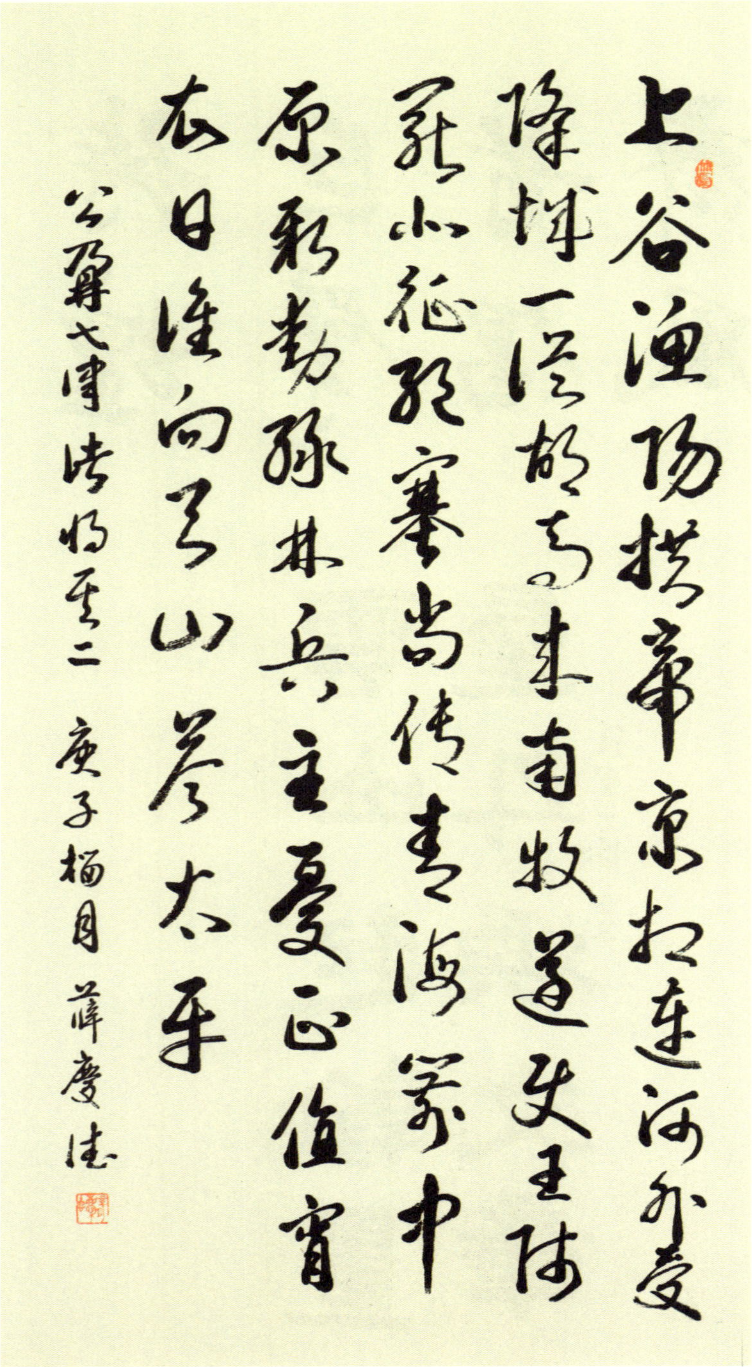

薛庆德书公鼐诗《诸将》。

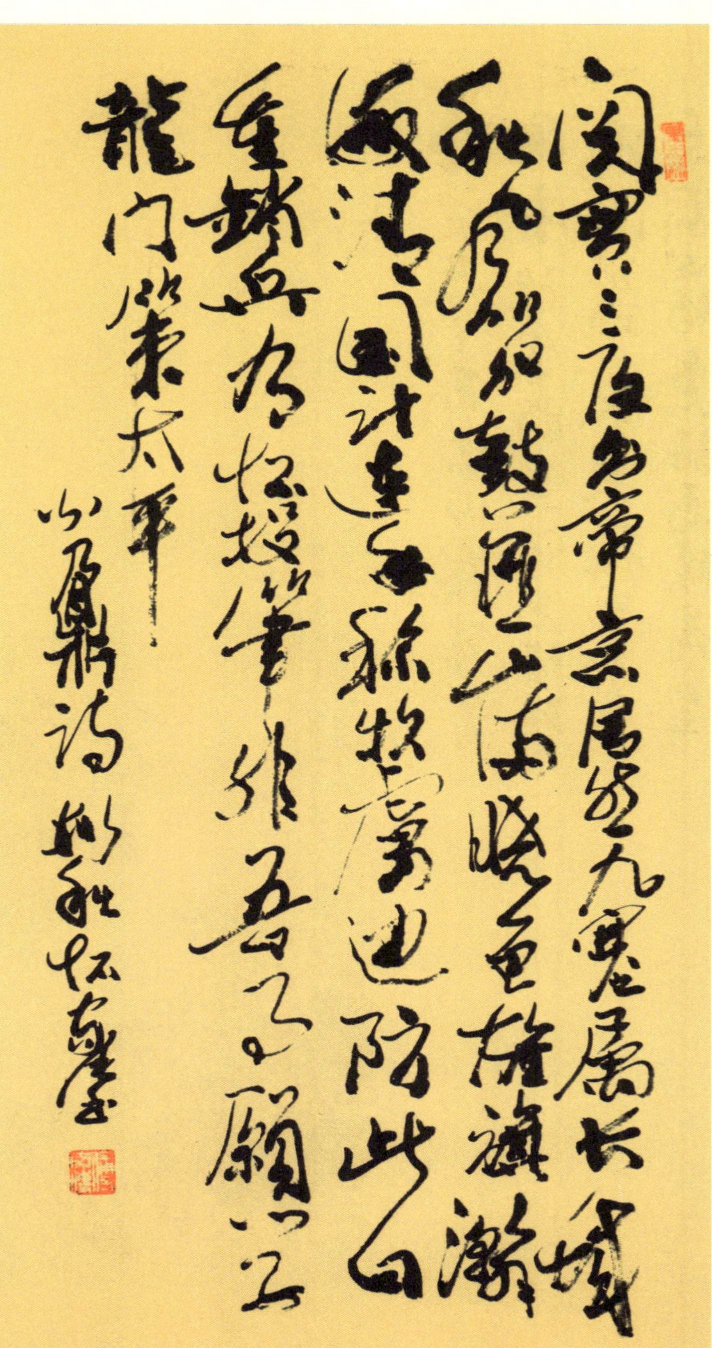

傅家传：蒙阴县政协原主席书公鼐诗《拟秋怀》。

王玉财：蒙阴县文化馆原馆长、县老年书画研究会会长。

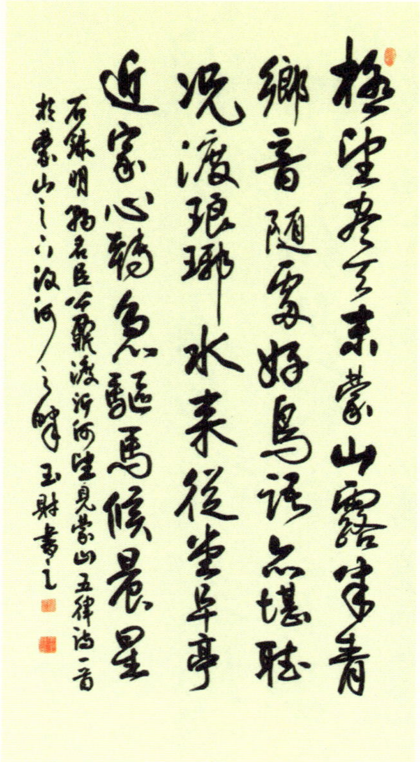

公茂鹏：泰安市『毛体』书法院副院长。

公丕刚：沂源县文联、书画协会名誉主席。

焦念玉：蒙阴县人大常委会原常委、人大办公室原主任。

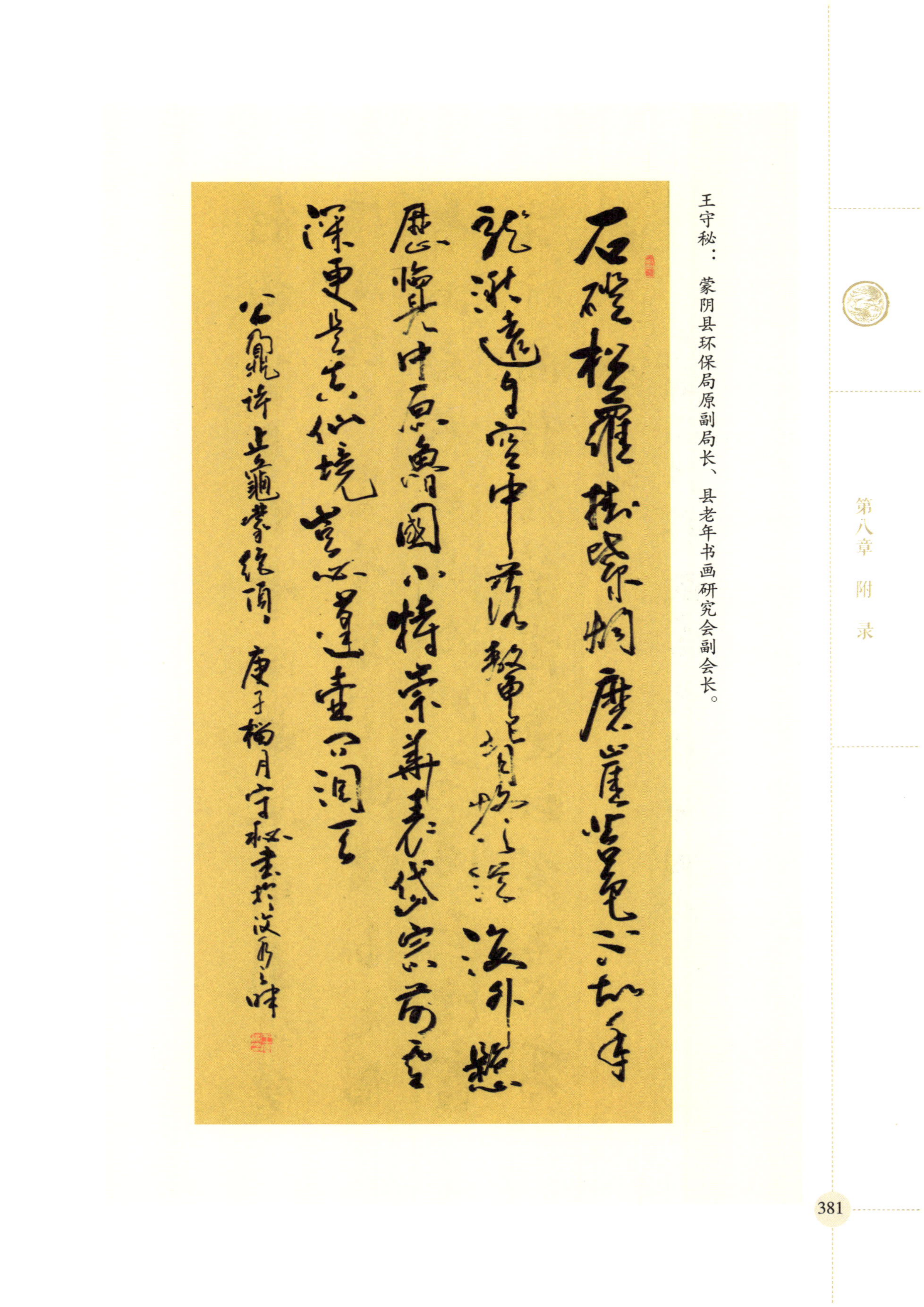

王守秘：蒙阴县环保局原副局长、县老年书画研究会副会长。

崔中国：蒙阴县总工会原副主席、县老年书画研究会副会长兼秘书长、沂蒙书画院院长。

十秊安田里中山只
两游僧寮多落落佛
日自悠悠深谷遲花
信斜陽付酒籌最哉
髮齡侶末路好相謀
明公鼎詩丁亥至中山寺之四 庚子 王吉賢敬書

王吉贤：蒙阴县文旅局主任科员，现老年书画研究会副会长。

房显庭：历任蒙阴县文化馆副馆长、山东省美协会员、临沂市美协主席团委员、蒙阴县美术家协会主席。

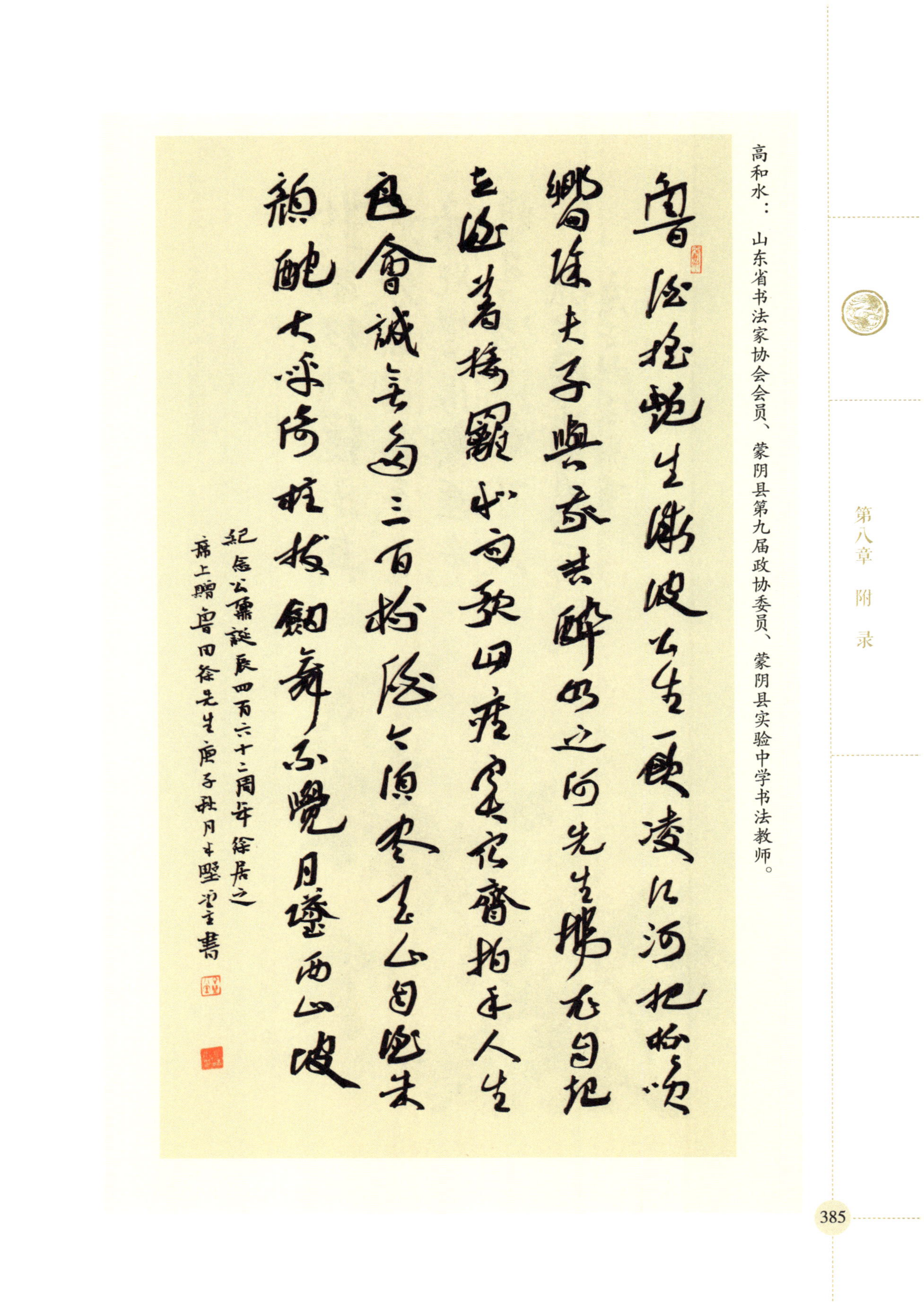

高和水：山东省书法家协会会员、蒙阴县第九届政协委员、蒙阴县实验中学书法教师。

尚秀霞：蒙阴县天香书画院院长。

张昌军：蒙阴县东山书院院长。

明季人文顯星魁數鼐公書讀萬帙破
問學五史窮名炳翰林榜繼父史筆秉
講學東宮苑帝子兩代從奈何君道失
國祚落宦宮徒有經國略空懷濟民謀
聊作問次齋以寄屈子情一代揆棟才
可憐掩蒿家於斯幾百世是處有遺誦

悼鼐公庚子孟夏於東山書院蒙山張昌軍撰書

编著依据

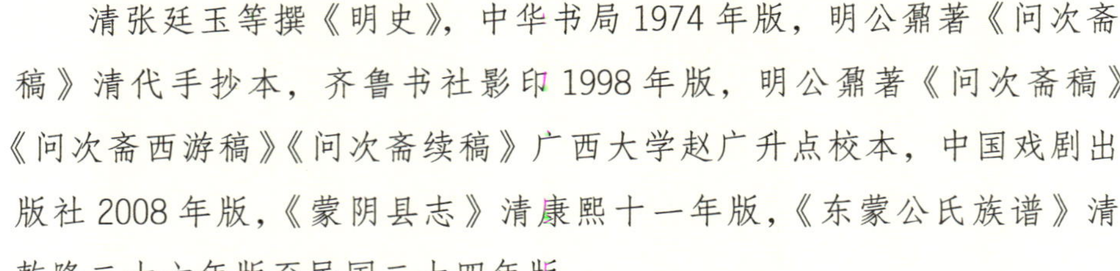

清张廷玉等撰《明史》，中华书局1974年版，明公鼐著《问次斋稿》清代手抄本，齐鲁书社影印1998年版，明公鼐著《问次斋稿》《问次斋西游稿》《问次斋续稿》广西大学赵广升点校本，中国戏剧出版社2008年版，《蒙阴县志》清康熙十一年版，《东蒙公氏族谱》清乾隆二十六年版至民国二十四年版。

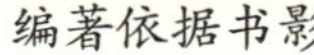
编著依据书影

参考文献书影

参考书目

[1] 临朐冶源车家沟藏《冯氏世录》，冯益汉校点重印本。

[2] 青州明季工部尚书钟羽正《崇雅堂集》(重印本)。

[3] 山东师范大学王志民主编、张秉国著《临朐冯氏家族文化研究》，北京中华书局，2013。

[4] 北京大学王天有审订《正说明朝十六帝》，北京中华书局，2005。

[5] 山东大学王小舒、苏州大学袁鳞《晚明山左公氏昆仲的诗学观及其创作取向》，2017。

[6] 兰州大学冯兆娜《公鼐年谱》，中国石油大学出版社，2015。

[7]《临沂历史名人》，中国出版社，2005。

[8] 明《邢侗集》宫晓卫、修广利辑校，齐鲁出版社，2017。

[9] 上海师范大学张永恒论《明代青州府作家研究》，2015。

[10] 山东师范大学魏龙论《公鼐〈问次斋稿〉研究》，2017。

[11]《临邑文史资料》第十二辑，1998。

[12]《名门望族 东蒙公氏》，北京西苑出版社，2011。

跋

李长义

老友丕勤，年逾七旬，仍不辞辛苦，执着于家族文化、历史名人的考察研究，笔耕不辍。他白天四处奔波，拜访名家，晚上伏案创作，历时四年终成大作——《大明进士公鼐》。这种精神，令我佩服、赞赏。

作为丕勤的老友，我有幸先读书稿，深受教育。此书资料翔实，内容丰富，充分展现了公鼐一生的辉煌。对了解蒙阴明代晚期的历史文化有一定价值，可谓一部好书。

公鼐为明代蒙阴三大乡贤之一，是一位大文学家、大诗人，一生著述等身。他在晚明诗坛居于较高的地位，他的诗作在当时及对后世都有较大的影响。

公鼐是高官、朝廷重臣、帝师、理学名臣。历任翰林编修、国子监司业、国子监祭酒、詹事府詹事、礼部右侍郎兼两朝实录副总裁、礼部左侍郎、翰林院侍读学士等。故后诰赠礼部尚书，谥号“文介”，崇祀乡贤。

公鼐是好官。他同奸党势不两立，宁辞官隐退坚守气节，也不与奸党通流。他关注国防，崇儒施教，重农恤民，心系百姓。万历四十三年（1615）山东大饥，泰安、蒙阴尤甚，公鼐疏请发赈，一路赖以全活。

公鼐是清官。他的墓地在特殊时期被毁，墓里除了书籍外，值钱的东西只有一副金坠子，被毁墓人卖了26元钱。

公鼐是中国历史名人。从《明史》古县志、州府志，到当代《辞海》《中国古代文学词典》《中国名人大词典》都有对公鼐的介绍。他是故乡人的骄傲。

家族文化是地域文化的重要组成部分，是国家民族文化的根基。丕勤对家族历史名人的研究及成果是对蒙阴公氏大家族的贡献，也是对当地及国家民族文化的贡献，值得赞扬和学习。

本人才疏学浅，不太会写跋文，老友之邀盛情难却，仅缀数言以为跋。

2020年春于蒙阴

编后记

《大明进士公鼐》是在山东大学博士生导师王小舒教授的鼓励下编写的。2014 年秋，王教授自济南乘客车来到蒙阴，由四中他的学生陪同亲莅我家，动员鼓励我写公鼐，他说："全省历史名家已有二十八位出了研究成果，唯独没有公鼐，太遗憾了。"当时我有病，加之能力不足，没敢答应。王教授又说："淄博的王士禛是我主持写的，相信你能写名门望族那本，就能写出公鼐，你大胆写，我帮你。"太感动人了！王教授给我留了电话并嘱咐到山东大学、山东师范大学都能找到他。到了 2015 年 8 月我才动笔，电话联系上王教授时，他在上海治病，至 2017 年三次电话询问指导。最后一次电话联系是在 2017 年 10 月，他说："我可能帮不上你忙了，写了点儿您公家的文章，在苏州大学我的学生袁鳞处。你联系不上可找临沂大学的汲教授帮你。"2018 年 1 月，得知王教授在上海中山医院去世，我心情沉痛，长时间放不下，致使编写停笔。后来临沂大学汲广运教授联系上苏州大学的博士袁鳞，发来了王教授的论文并鼓励我写出来。为不辜负王教授生前对公鼐文化研究的关注，我又坚定了不惧困难、寻求帮助写下去的信心。2018 年 8 月毅然决然再次上阵。

在整个编写过程中，蒙阴县德高望重的前政协主席薛庆德、傅家传主席、前人大李长义副主任等老领导，一如既往地予以关注，把自己积累的资料给我，并写书法支持，撰写跋文。得到了中共蒙阴县委宣传部、蒙阴县文旅局领导的支持，还有临沂市博物馆、蒙阴县老年书画研究会的鼎力相助，以及县志办《蒙阴县志》(2013)版主编曹传韵同志、实验中学副校长公茂峰、鸿信会计师事务所所长刘长利等人的诚心帮助。经过五个寒暑编成此书稿，这是群体的力量。在此，真诚地向他们道一声“谢谢”！

2020年书稿送审，承蒙山东师范大学江林昌院长亲自审阅并题序，济南大学张廷兴教授审稿题序，给予我们莫大的鼓舞。山东师范大学石运友副教授、山东大学郑延民教授等同志给予大力帮助。陕西书法家陈建贡先生、任昱虎先生，长安大学杜中信教授赠予墨宝。在本书即将付梓之际，山东省政府原副省长王裕宴题写书名，山东大学教授、博士生导师刘凤君欣然题词，在此一并谨致谢忱。

在外出采访、考察过程中，得到诸多地方政府部门领导同志和公鼐的恩师、挚友故里后裔、学者、朋友们的热情相待。主要有：河南尉氏县史志办老主任韩丙寅同志及夫人、从事阮籍文化研究的阮秀荣女士；临邑县文化局修广利局长、广电局李保第局长、邢侗纪念馆马娜馆长，文化站李培勇先生；临朐县冶源镇退休老干部冯益汉、老支书冯益寿；青州市城关钟正读先生、钟羽正纪念馆；平阴东阿县古城，“阁老故里”文化站学者王化琦站长；沂源县神清宫景区王清杰先生等热情接待。在此向你们表示衷心的感谢。也要感谢帮助过我们的图书馆、档案馆、博物馆的同志们为本书付出的辛劳。还要感谢北京人文在线文化艺术有限公司的大力支持。

由于编者水平有限，书中的错讹、欠妥之处在所难免，在此诚望热心的读者不吝赐教，我们定能虚心接受，认真更正。

公丕勤

2020年9月于蒙阴